대충 ___ 살기를
권합니다

HALF-ARSE HUMAN

Copyright ⓒ Leena Norms 2024
Illustrations ⓒ Leena Norms
All rights reserved.

Korean translation copyright ⓒ 2025 by HANMUNHWAMULTIMEDIA
Korean translation rights arranged with HODDER & STOUGHTON LIMITED
through EYA Co.,Ltd

이 책의 한국어판 출판권은 EYA Co.,Ltd를 통해
HODDER & STOUGHTON LIMITED와 독점 계약한 한문화멀티미디어가 소유합니다.
저작권법에 따라 한국 내에서 보호받는 저작물이므로 무단 전재 및 복제를 금합니다.

'열심히'의 저주를 끝내는 '적당히'의 지혜

대충 살기를 권합니다

Half-Arse Human

리나 놀스 지음 — 김미란 옮김

한문화

차례

대충 살기 선언문 ⋯ 006

대충 선택하기 ⋯ 027

대충 스타일링 하기 ⋯ 051

대충 경력 쌓기 ⋯ 077

대충 비건식 하기 ⋯ 111

대충 집 꾸미기 ⋯ 145

대충 몸 챙기기 ⋯ 176

대충 희망 품기 ⋯ 216

전력을 다할 일 찾기 ⋯ 255

감사의 말 ⋯ 273

참고 자료 ⋯ 275

규칙 다시 세우기

내 이름은 리나, 나는 '대충주의자'다. 솔직히 예전 같았으면 내가 뭐든 대충 하는 사람이란 사실을 입 밖으로 꺼내지도 않았을 것이다. 대충주의자라고 하면 보통 불성실하고, 믿을 수 없고, 진지할 줄 모르고, 허술하고, 게으른 사람을 떠올리게 마련이니까. 누가 그런 사람이 되고 싶겠는가? 대충주의자는 모든 면에서 내가 되고 싶었던 사람, 그러니까 열정적이고, 추진력 있고, 성공적이고, 계획적인 사람과는 완전히 반대되는 이미지였다.

그렇다. 나는 소위 말해 '완벽한 사람'이 되고 싶었다. 서점에 가면 '간단히' 몇 단계만 따라 하면 완벽한 사람이 될 수 있다고 호언장담하는 책들이 한 코너를 통째로 차지한다. 미라클 모닝, 성공적인 커리어, 건강한 관계, 완벽한 워라밸, 완벽히 정돈된 집. 책 몇 장만 넘기면 이 모든 것이 가능하단다. 그렇다면, 내가 해야 할 일은 단 하나, 내 에너지의 110퍼센트를 쏟아붓는 것이다. 내가 가진 전부를 바치는 것 말이다.

그런데 문제가 하나 있다. 나는 애초에 배터리가 반쯤밖에 안 남은 사람이라는 점이다. 늘 거의 바닥인 상태로 살아왔다. 비축해 둔 에너지를 찾으려고 영혼의 주머니를 탈탈 털어도 나오는 건 잔돈 몇 푼과 좀벌레뿐인(이게 왜 여기서 나와? 몰라!) 사람이다. 그러니까 자기계발서라는 책들에서 요구하는 건 내가 아예 갖고 있지도 않은 것들이었다.

나는 항상 글쓰기든, 자기 관리든, 책임감이든, 식단이든 뭔가를 시작할 때 최선을 다하려고 마음먹는다. 하지만 결국 처음의 열의는 금세 사그라들었다. 계획대로 착착 진행하고 싶은데 현실은 억지로 질질 끌려가는 기분이었다. 성공으로 가는 내 여정은 함정과 늪투성이였고, 첫 전환점을 돌기도 전에 "넌 틀려먹었어!"라고 외치는 방해꾼들로 가득했다.

그래서 말하기 부끄럽지만, 나는 그냥 아무것도 하지 않았다. '대충'조차 하지 않았다. 죄책감에 휩싸인 채 늪 속 괴물처럼 고립된 채 멍하니 시간을 보내며 억지로 쉬어보려 애썼다. 그리고 속으로 생각했다. '그래도 위선자는 아니잖아. 완벽하게 할 수 있을 때 그때 하면 되지. 지금은 준비가 안 됐을 뿐이야.' 이렇게 결정한 게 은근히 자랑스럽기까지 했다. 적어도 '대충' 하지는 않았으니까. 대충은 모욕적이고, 성의 없고, 민망하니까.

대충주의자의 부활

대충 하는 것에 대한 나의 반감은 도대체 어디서 온 걸까? 내가 그렇게까지 끔찍하게 여기는 모습은 정확히 뭘까? 문자 그대로 이해하자면 '대충'이란, 인생을 사는 내내 의자에 엉덩이를 반쯤만 걸친 채 앉아 있는 것과 비슷하다. 몸을 완전히 맡기지 못한 채 언제든 빠져나갈 준비가 되어 있는 자세. 그런 자세로는 어떤 일에도 온전히 몰입할 수 없다. 하지만 어쩌면 그런 자세가 꼭 나쁜 것만은 아닐지도 모른다. 어쨌든 의자 끝에라도 앉아 있지 않은가. 다만 무대 밖에서 벌어지는 모든 일을 놓치지 않으려는 마음에, '앉아 있는 경험' 자체를 누리는 걸 잊은 것이다. 의자를 온전히 활용하지는 않지만, 그래도 접촉은 하고 있다.

완벽주의자　　　　대충주의자　　　　관망주의자
(전력 투구형)　　　　(대충형)　　　　　(회피형)

문제는 엉덩이를 의자 어디에 둘지 고민하는 사이에 나와 내 주변의 상황은 점점 더 나빠진다는 것이다. 내 엉덩이는 떠 있는 상태다. 공중에 붕 떠 있는 엉덩이는 대충주의로도 가지 못한 애매한 위치다. 떠날 준비가 돼 있으면서도 자리 잡고 버틸 준비도 돼 있는 그 어정쩡한 경계선. 이들은 대충 하는 모습이 위선처럼 보일까 봐 경계하고, 뭔가를 잘못 선택해 실패하거나 수치스러워질까 봐 두려워한다. 그래서 어떤 사람은 그렇게 몇 년씩 앉지도 못하고 공중에 떠 있다. 나는 이 상태를 '죽음의 스쿼트'라고 부른다.

다음의 그림이 왠지 자기 같다면 당신은 엉망진창인 인간이다. 오해하지는 말자. 이건 정말 애정을 담은 표현이니까. 진정으로 원하는 게 뭔지, 뭘 해야 하는지도 아는데 실행에 옮길 힘이 없다고 느낄 때 찾아오는 묘한 공허

함이 있다. 그 마음에 '이렇게 좋은 조건에서 사는데 내가 왜 이런 기분을 느끼지?'라는 죄책감까지 더해진다면? 지금 당장 무너져 내리지 않는 게 다행이다.

원래 인생의 계획이 있어야 할 자리에 구멍이 뚫려 있다는 건데, 꼭 당신 잘못은 아닐 수도 있다. 그런데 시작도 하지 않고 가만히 있는 건 함께 사는 가족에서부터 같은 공동체 사람들, 심지어 평생 만날 일 없는 사람들에게까지 피해를 줄 수 있다. 그보다 더 심각한 건 결국 자신에게 제일 못되게 구는 일이라는 것이다.

마치 당신 이야기 같은가? 그래서 이제 공중에 떠 있기를 멈추고 제대로 온몸을 던져 모험을 시작해 볼 생각이 드는가? 안타깝지만 내가 당신을 그곳으로 데려다줄 수는 없다. 이 책은 인생에서 성공하는 방법에 관한 것이 아니기 때문이다. 그건 너무 어려운 요구이며, 솔직히 말해 나도 포기한 일이다.

나는 무한한 에너지, 완벽한 타이밍, 기막힐 정도로 좋은 운 같은 건 가질 수 없다는 사실을 받아들였다. 인생이란 불황, 예기치 않은 질병, 새벽 2시에 걸려 오는 한 통의 전화처럼 모든 걸 송두리째 흔드는 일로 가득하다. 경제, 영향력, 기술이라는 지각판은 지금도 우리 발밑에서 끊임없이 움직이고 있다. 이런 세상에서 계획대로 인생의 상승 곡선을 그리겠다고 마음먹는 게 처음부터 말이 안 되는 이야기 아닐까?

지난 몇 년 사이 이런 깨달음을 얻은 건 비단 나만이 아닐 것이다. 누군가는 선거 결과를 지켜보면서, 장을 보고 돌아와 식료품을 정리하면서, 거대한 먹구름이 마을로 다가오는 걸 지켜보면서 그런 현실을 받아들였을지도 모른다. 그리고 기이한 세상은 점점 더 기이해져 가고 있다.

그런 상황에서도 나는 '전력투구' 하고 싶은 프로젝트와 사람들이 있다. 세상은 대부분 내 뜻대로 안 되지만, 그 속에서도 분명 바꿀 여지는 있을 것이다. 어떻게든 말이다. 당신도 그럴 거라고 믿는다. 이 책은 지나치게 높았던 기대를 내려놓고, 모든 걸 다 하지 않아도 괜찮다는 걸 인정하는 방법에 관한 이야기다. 동시에 아무것도 하지 않는 삶으로 주저앉지 말라는 이야기이기도 하다. 다시 말해 정말 시간을 들일 가치가 있는 것이 무엇이고, 대충 해도 괜찮은 건 무엇인지 찾아가는 여정이다. 그리고 어쩌면 대충 해도 괜찮은 것이 생각보다 많을지도 모른다.

나는 세상이 전략적인 대충주의자로 이루어졌다는 사실을 (막판에 겨우) 깨달았다. 그들은 '머리로 생각할까, 마음으로 따를까'와 같은 이분법적 사고를 버리고 그냥 되는 대로 할 수 있는 것을 해 나간다. 그런데도 세상을 바꿀 뿐 아니라 그 과정을 즐기기까지 한다.

대충 하기가 필요한 네 가지 유형

'대충 하는 능력'에 결함이 생긴 것 같은 기분이 든다면 걱정하지 마라. 여기 그 구멍을 메울 방법이 있다. 우선 "대충 해도 괜찮아!"라고 말해주는 신호를 함께 살펴보자.

기력 제로형 - 아무것도 해낼 수 없다고 느끼는 사람

우리는 속성 다이어트 서사에 익숙하다. 식습관을 완전히 갈아엎고 며칠 잘하다가 결국 폭식으로 돌아서며 자책하고, 그 괴로운 사이클을 반복한다. 그런데 자기 계발도 다르지 않다. 속성 다이어트처럼 '속성 자기 계발'도 있다. 자기계발서나 팟캐스트에 나오는 조언을 무턱대고 따라 하다가, 지나치게 극단적이거나 현실과 동떨어져서 장렬하게 실패하고 만다. 그러고는 자신을 탓하기 시작한다. '난 왜 이렇게 의욕이 없지?' '난 진짜 뭘 해도 안 되는 인간인가 봐.'

하지만 그건 당신이 무관심해서가 아니라 그냥 너무 지쳐버린 것뿐이다. 남은 에너지가 너무 적어서 뭔가를 시작하거나 유지할 힘이 없는 것이다. 그렇지 않은가?

선택 불가형 - 할 일이 너무 많아 아무것도 못 하는 사람

세상에는 신경 써야 할 일이 너무 많다. 배워야 할 기술, 감탄해야 할 풍경, 쌓아야 할 커리어. 그뿐인가. 고쳐야 할 것도 끝이 없다. 바꿔야 할 법, 쟁취해야 할 트로피, 무너뜨려야 할 여성의 사회적 장벽. 완벽을 요구하는 항목들도 넘쳐난다. 신념, 몸매, 책장 정리, 육식에 대한 견해, 미용 습관, 심지어 아침 메뉴까지. 이 모든 것에 압도당한 뇌는 결국 과열되다가 푹 꺼져버린다. 당신은 세상의 경이로움에 무감각해진 게 아니다. 오히려 너무 많은 것에 눌려 아무것도 할 수 없게 된 것이다. '혹시 잘못된 목표를 세우면 어쩌지?' '나쁜 사람을 사랑하면?' '괜히 나 또는 세상의 괜찮은 부분을 망가뜨리는 건 아닐까?' 이런 두려움이 당신을 얼어붙게 만든다. 결국 무언가를 놓칠지도 모른다는 불안 때문에 모든 것을 그냥 놓아버리는 쪽을 택하고 만다.

욕심 폭주형 - 하고 싶은 건 많은데 역량이 부족해 자꾸 무너지는 사람

당신은 결심 자체에서 짜릿함을 느낀다. 무언가 가질 수 있다거나, 이룰 수 있다거나, 그렇게 될 수 있다는 말을 들으면 누군가 '그건 사기야!'라고 말하기도 전에 이미 달려든다. 문제는 몸은 하나고 하루는 24시간뿐이라는 사실이다. 결심이 쌓일수록 물어뜯어 버린 손톱도 같이 쌓여간다. 불안 속에서 억지로 버텨보지만, 삶의 균형을 되찾을 수는 없다. 해야 할 일은 불어나고, 마감은 눈 깜짝할 사이에 지나간다.

결국 손에 쥔 건 서로 안 맞는 퍼즐 조각뿐이어서 다 모아놓고 보면 뭔가 안 맞고 더 엉망이다. 당신은 실패자, 몰락한 재능인, 특권만 잔뜩 누린 무능한 세대의 찌꺼기 같은 존재라고 느낀다. 적어도 스스로는 그렇게 생각할 것이다. 남들은 당신이 잘나간다고 생각하지만, 당신은 알고 있다. 겉으론 멀쩡해 보여도 속으로는 다 말아먹고 있다는 걸. 여러 개의 접시를 빙글빙글 돌리며 환하게 웃고 있지만, 사실은 재채기 한 번이면 전부 와르르 무너질 위기에 놓여 있다.

어영부영 버티기형 - 애쓰는 척만 하며 제자리걸음 중인 사람

당신은 그저 어영부영 버티며 살고 있다. 마음 한구석에서는 거창한 계획이라도 세우고 억지로라도 노력해야 하지 않을까, 생각한다. 하지만, 현실은 작은 변화조차 제대로 만들지 못한 채 멈춰 있다. '나쁜 소비자'는 되지 않으려고 마트 식료품 코너에서 한참을 서서 머리가 지끈거릴 정도로 따져본다. '팜유는 안 되겠지? 아보카도는 괜찮나? 방목 달걀은 진짜일까?' 잘하고 싶은 게 있어서 결제한 온라인 강의는 한 번도 들어본 적 없고, 가구 배치를 네 번이나 바꿨지만, 당신의 거실은 소셜네트워크 속 이미지에 비하면 여전히 촌스럽기만 하다. 더 나아지고 싶다는 절실함이 이젠 무겁게만 느껴지고, 어느새 이렇게 중얼거리게 된다. "그냥 이대로 살아야 하나 봐. 나는 원래 이런 사람인가 봐."

혹시 이 중에 당신의 모습이 있는가? 당신은 어떤 유형에 가까운가? 아니 어쩌면 두 가지나 네 가지 유형을 모두 섞은 칵테일 같은 사람일지도 모른다. 정말 대단하다! 당신만의 달콤한 이름 하나쯤 붙여보는 건 어떨까? 내 이름은 '멘붕 블루베리 칵테일'이다. 이제 문제를 진단했으니 함께 해결의 실마리를 찾아보자.

'대충 하기' 수학 입문서

단언컨대 나는 수학에는 영 소질이 없다. 남동생은 내가 미술 숙제를 대신해주는 조건으로 내게 GCSE(영국 중등 교육 과정) 수학을 가르쳐 주었다. 남동생은 나보다 세 살이나 어리다. 어릴 땐 수학이 늘 골칫덩이였지만, 지금은 혼란스러울 때 의외로 쓸 만한 도움이 된다. 이번에도 아주 간단한 차트 몇 개만 있으면 우리가 대충 하기에 관해 감을 잡는 데 도움이 될지도 모른다.

더닝 크루거 효과(Dunning-Kruger Effect)는 특정 분야에 능숙하지 못한 사람이 자신의 실력을 과대평가하는 인지적 편향을 뜻한다. 1999년 사회 심리학자 저스틴 크루거Justin Kruger와 데이비드 더닝David Dunning이 처음 제시한 이 이론은 자신감과 능력 사이의 실제 관계를 밝히는 연구가 시작이었다. 연구 결과를 발표한 이후 체스, 의학, 정치, 비즈니스, 항공, 스포츠, 읽기와 쓰기 등 다양한 분야에서 초보자와 전문가를 대상으로 한 수많은 연구를 통해 자기 평가(스스로 평가하는 실력)와 객관적 수행 능력(실제 실력)의 간극이 밝혀졌다.

연구에 따르면, 기술을 막 배우기 시작한 초기 단계에서는 자기 성과를 제대로 평가하지 못해 자신감이 지나치게 높다. 그러나 점차 '능숙함'의 기준을 이해하고 자신의 실력을 더 정확히 인식하면, 예전과 같은 속도로 꾸준히 성장해도 자신감은 오히려 떨어지는 현상이 나타난다.

완벽해야 한다는 강박에서 벗어나 지금의 나를 있는 그대로 받아들일 수 있다면 X축의 끝에는 분명 달콤한 성취감이 기다리고 있다! 하지만 그래프 중간에서 자신의 '최선'이 충분하지 않다고 느끼는 순간 좌절하고 포기할 가능성이 커진다. 나는 이 과정을 이해하고 나서야 왜 그토록 많은 사람이 성

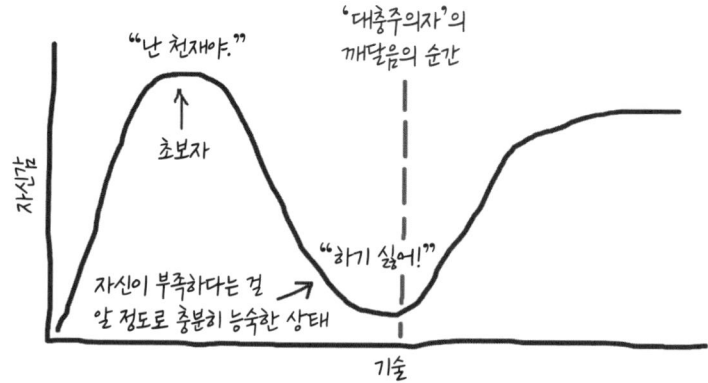

장 초반에 갇혀 현실을 제대로 평가하지 못한 채 진짜 성장이 시작되려는 순간에 포기하고 마는지 비로소 깨달았다.

더닝 크루거 효과의 원리는 단지 능력이나 직업에만 제한되지 않는다. 삶의 다양한 영역에서도 우리는 이 그래프 위 어딘가에 존재한다. 집 꾸미기, 소극적인 정치 참여, 자기 가치관 이해하기처럼 우리가 실패하고 있다고 느끼는 모든 영역에 이 이론을 적용할 수 있다. 한 번의 쇼핑으로 '나만의 스타일'을 완성하거나 하루아침에 모든 동물성 제품을 끊는 일은 단기적으로 짜릿할 수 있다.

하지만 X축이 진행되고 시간이 흐르면 그 결심을 유지하기가 생각보다 훨씬 어렵다. 변화의 과정보다 변화라는 서사에 집착하는 태도는 진짜 변화에는 도움이 되지 않는다. 우리는 변화 자체보다 그것이 완벽한 이야기로 정리되기를 원하고, 때로는 변화를 시작하기도 전에 한 편의 드라마 같은 '변신 서사'를 만들어내려 무의식적으로 애쓴다. 그래서 우리의 뇌는 다음과 같은 제목을 좋아한다.

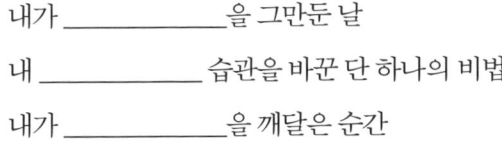

내가 _____을 그만둔 날
내 _____ 습관을 바꾼 단 하나의 비법
내가 _____을 깨달은 순간

우리의 변화를 SNS에 공유하든 친구나 가족에게 말하든 결국 중요한 건 변화의 이야기다. 우리는 그 이야기 속에서 주인공이며 변화를 이뤄낸 영웅이다. 전과 후가 선명하게 나뉘고, 과거의 나는 지금의 나와 완전히 다른 사람처럼 느껴진다. 이제는 과거의 행동에 대해 답할 필요도 없고, 이전의 실수나 잘못에 대한 죄책감에서도 자유로워진다. 나는 그때의 내가 아니라 완전히 새로운 나이기 때문이다. 그런 점에서 새해 결심만큼 매력적인 변화의 이야기도 없다. 하지만 내가 왜 그 결심들이 효과가 없다고 생각하는지 설명하려면 수학의 도움이 좀 필요할 것 같다.

버트 VS 어니

1월 1일, 숙취에 시달리며 소파에 널브러져 있던 버트와 어니는 충격적인 다큐멘터리를 본 뒤 육류와 유제품 소비를 줄이기로 결심한다. 두 사람은 1월 한 달 동안 채식을 실천할 때마다 병에 구슬을 하나씩 넣기로 한다. 버트는 한 달간 채식을 실천하는 '비거뉴어리Veganuary(vegan과 January의 합성어로, 1월 한 달간 육식을 하지 않으며 보내는 일을 뜻함-편집자)'에 도전하기로 하면서 비거뉴어리 티셔츠도 주문하고, 펍에서 치즈 감자칩이 나와도 '먹고 싶어도 참아야지'라는 아쉬운 표정을 지을 각오까지 다진다. 그는 자신의 결심을 주변에 알리고 철저히 실천에 옮긴다.

한편, 어니는 몇 주 후 결혼식에 참석할 예정이고, 이미 몇 달 전에 신랑 신부에게 '육식 선호자 식단 양식'을 보냈다. 또 자신의 생일을 맞아 치매를 앓는 할머니를 방문한다. 할아버지가 세상을 떠난 후, 그는 할머니가 손자를 위해 만들 수 있는 유일한 음식인 허니 로스트 햄을 늘 함께 만들어왔다. 어니는 할머니가 정성껏 준비한 음식을 거절할 수 없다.

게다가 도시 출신의 세련된 도시 남자인 버트와 달리 어니는 시골에 살고 있다. 반경 80킬로미터 이내에서 선택할 수 있는 샌드위치는 마요네즈와 고기가 듬뿍 들어간 메뉴뿐이다. 어니는 습관을 바꾸기 위해 노력하지만, 업무 스트레스도 크고 하루아침에 변하기는 쉽지 않다고 느낀다. 결국 그는 자신이 할 수 있는 만큼만 실천하기로 한다.

그렇게 한 달이 지나고, 2월 1일 드디어 두 사람의 병에 담긴 구슬 개수를 공개했다. 승자가 누구인지는 뻔하지 않겠는가! 버트는 낄낄 웃으며 펍에서 한잔 사라고 거들먹대더니, 이 모든 일이 시작된 소파에 늘어져 가장 좋아하는 미트 피자를 들고 자축한다.

하지만 어니는 그 후에도 계속 병을 채워나간다. 잭프루트의 맛에 익숙해졌고, 3월쯤에는 커피에 오트밀 우유를 넣어 달라고 말하게 되었다. 5월에는 마을에서 정말 맛있는 견과류 빵을 만드는 펍도 발견한다. 물론 여전히 생일에는 큼지막한 스테이크를 먹고, 휴일에는 누텔라 팬케이크를 즐긴다.

하지만 예전에는 아무렇지 않게 소비하던 동물성 제품을 하나둘 줄여나가고 있다. 가끔은 자신이 가장 좋아하는 간식인, 캐러멜이 듬뿍 묻은 소용돌이치는 사다리 모양의 초콜릿바 컬리월리도 맛본다. 어니는 자신을 과대평가하지 않고 목표에 너무 집착하지 않으면서 적당히 조절하며 나아간다. 어니는 대충주의자다.

그 후 12월 31일, 두 사람의 병을 다시 보자.

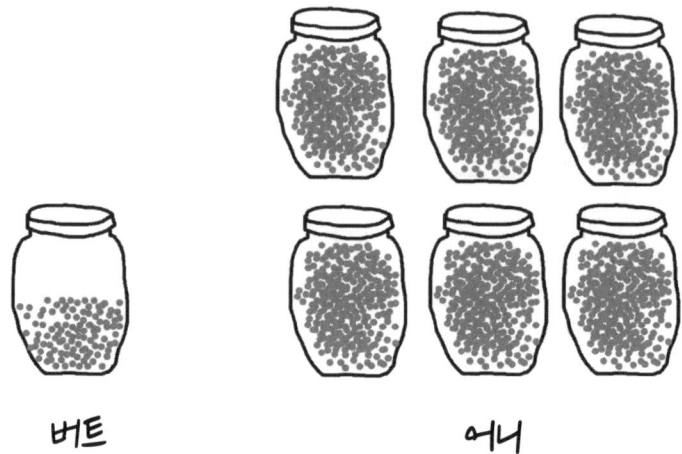

버트   어니

당신의 뇌도 버트처럼 절대적인 사고방식에 길들어졌을지 모른다. 실제로 비거뉴어리를 시작하는 많은 사람이 완벽한 채식을 평생 지속해야 한다고 생각한다. 하지만 꼭 완벽하고 흠잡을 데 없는 비거뉴어리를 실천할 필요는 없다(이 부분은 '대충 비건식 하기'를 다룬 장에서 더 자세히 설명하겠다).

  내가 정말로 말하고 싶은 핵심은, 결국 도축될 돼지들에게는 버트와 어니 중 누가 "나는 채식주의자야!"라고 선언하는지 아무 의미가 없다는 것이다. 누군가 인스타그램에 '물고기는 친구야, 음식이 아니야!'라는 인포그래픽을 공유한다고 바다가 안도의 숨을 쉬지는 않는다. 누군가 '#비거뉴어리'라는 해시태그를 단 게시물을 올린다고 대기 중 메탄 수치가 줄지도 않는다. 변화는 한 끼, 한 끼가 쌓여서 이루어진다.

대충 할 때 생기는 뜻밖의 즐거움

이 책을 다 읽을 무렵이면 당신은 완벽한 사람이 되어 있을 것이다! 농담이다. 하지만 반쯤은 진심이기도 하다. 이 여정을 따라가다 보면 당신은 마음속 서랍들을 구석구석 훑어보며 꼼꼼히 점검하고, 스스로에 대한 부정적 이미지도 말끔히 씻어낸 다음 당신이 생각했던 '완벽'이라는 말의 진짜 실체를 마주하게 될 것이다. 당신의 야망, 집 안에 들인 식물, 피부 관리 루틴(또는 그런 게 아예 없다는 사실까지)도 살펴볼 것이다.

당신이 세운 인생의 목표에 구멍이 난 곳은 없는지 점검하고, 경력에 대한 이상을 공중에 흩뿌려 향기를 맡아보며, 냉장고, 옷장, 지갑까지 당신의 일상을 낱낱이 살펴볼 것이다. 그렇게 대청소를 마치고 나면 당신만의 진짜 '완벽함'이 무엇인지 정의 내린 후, 그것을 현실로 만드는 토대를 함께 쌓아갈 것이다. 그리고 그 과정에서 전혀 예상치 못한 뜻밖의 기쁨들을 하나씩 발견할지도 모른다.

전략적 대충주의

나는 가끔 아무것도 하지 않던 시절을 떠올린다. 그리고 '아무것도 하지 않는 것' 자체에 엄청난 정신적 에너지를 쏟았다는 사실에 놀란다. 이왕 할 거라면 완벽하게 해야 한다고 자신을 설득하면서도 정작 시작하지 않았다는 죄책감과 불안감에 더 많은 에너지를 소모하고 있었다. 내 부족한 점들을 곱씹으며 '그때 시작했더라면 지금쯤은…' 같은 헛된 상상 속에 머물렀고, 시작할지 말지를 수없이 저울질하며 조만간 시작하겠다고 나 자신을 달래곤 했다.

심리학자 빅터 E. 프랭클Viktor E. Frankl은 정신적 고통이 사람에게 어떤 영향을 주는지 자주 언급했다. 정신적으로 괴로우면 생각, 감정, 자아 같은 내면세계가 위축되고, 그러면 단 음식, 자극적인 콘텐츠, 중독적인 무언가처럼 즉각적인 만족을 주는 원시적 욕망에 점점 매달리게 되어 결국 무기력 상태로 빠져들기 쉽다고 한다.

나는 한때 뭔가를 시도했다가 실패하면 그 상처가 나를 더 괴롭힐 거라고 믿었다. 그래서 의자에 완전히 앉지 못한 채 시작은 하지 않고 마음만 맴돌며 상처받지 않으려고 애썼다. 하지만 이제는 안다. 대충이라도 해보자고 결심하고, 그 결심을 현실적인 목표로 바꿔 실천하는 것이 과거의 회의감으로 가득한 내 안에 신뢰를 쌓는다는 것을 말이다.

기대치를 절반으로 낮추고 그만큼을 해낸다는 것은, 언젠가 더 큰 목표 앞에서 흔들릴 때 나에게 자신 있게 내밀 수 있는 내면의 실적표가 돼줄 것이다. "재판장님, 이의 있습니다! 리나는 이번 주에 무려 두 번이나 치실을 사용했기에 자신의 목표를 대충 달성했습니다. 따라서 완전히 엉망진창인 인간이라고는 할 수 없습니다."

'좋은 사람'이나 '성실한 사람'이라는 정체성에 혼란을 느낄 때조차 대충 하기는 그 무거운 정체성을 잠시 내려놓게 한다. 자기혐오는 잠시 얼려두고 '존재하는 사람(being)'이 아니라 '행동하는 사람(doing)'이 돼볼 수 있게 한다. 이것은 '나는 누구인가?'를 고민하는 문제가 아니다. 당신은 지금, 명사가 아니라 동사다. 그러니 '나 자신을 바꿀 수 있을까?' 같은 생각은 하지 말자. 그건 너무나 큰 과제이며, 어쩌면 꼭 해야 할 일이 아닐지도 모른다. 그보다는 지금 내가 가진 자원으로 무엇을 할 수 있을지 계획을 작게 세워보는 편이 훨씬 부담이 없다.

'대충 하자'고 나에게 허락하면 충족시켜야 할 기준도 낮아진다. 이건 특히 자기혐오가 깊은 사람에게 유용하다. '나는 할 수 없어'와 '할 수는 있지만 아마 완벽하진 않을 거야'는 생각보다 차이가 크다. 계획을 세운다는 행위는 내가 계획을 세울 수 있는 사람이고, 어느 정도면 충분히 끝났다고 판단할 능력이 있다는 뜻이다. 그리고 어떤 건 중요하고, 어떤 건 생략해도 괜찮다고 판단할 자격이 있다는 뜻이기도 하다. 내 수행 능력을 믿지 못하더라도 적어도 내 부족함을 잘 관리할 수 있는 꽤 괜찮은 '프로젝트 매니저'는 될 수 있다.

거울 앞에서 "나는 할 수 있어! 나는 대단해!"라고 속삭이는 것도 좋다. 하지만 자기 확신을 쌓기 위해 '작은 증거들'을 모아가는 일은 훨씬 더 강력하고 오래가는 프로젝트다. 나는 아주 작더라도 '나'라는 배심원 앞에 꺼내 보일 수 있는 증거들을 차곡차곡 모으고 싶다. 나는 내게 찬성표를 던지고 그 표를 진심으로 믿고 싶다.

대충이라도 해 봐야 문제를 알 수 있다

비건 식단 실천이든, 집 꾸미기든, 이메일함 정리든 시작하기 전에는 어떤 어려움이 생길지 미리 알 수 없다. 짐작은 할 수 있겠지만 실제로 부딪쳐보기 전까진 그 일에 따르는 진짜 난관은 드러나지 않는다. 매주 한 시간이라도 자유롭게 뭔가를 하려고 일정을 정리해 보면, 그제야 당신의 스케줄이 얼마나 불필요한 일로 가득했는지 깨닫는다. 대부분은 그냥 습관적으로 하던 일일 가능성이 크다. 또는 밖에 더 자주 나가 보자고 결심한 뒤에야 동네에 공원이나 초록 공간이 얼마나 부족한지 깨닫고 분노할 수도 있다. 좋은 일이라 믿고 자선단체에 기부했는데, 정작 내가 다니는 회사는 그 단체가 반대하는 일을 하는 기업에 당신의 연금을 투자했단 사실을 아는 경우도 있다.

이처럼 개인 차원에서 변화를 시도하다 보면 대충이라도 해보려는 마음조차 방해하는 외부 요인들이 서서히 눈에 들어오기 시작한다. 짜증 나는 일이지만 꼭 필요한 과정이다. 그래도 '대충 하기'는 그 좌절이나 분노를 절반쯤 덜어주고 진짜 문제와 싸울 에너지를 조금이나마 남긴다. 나는 늘 농담처럼 내가 이타적인 사람이 아니라 그저 조용히 분노하는 사람이라고 말한다. 물론 반은 진심이다. 이제 나는 '왜 나는 아무것도 다 해내지 못하지?'라고 자책하던 시간만큼 우리를 가로막는 사회구조를 다시 들여다보고 재구성하는 데 시간을 쓴다. 이 정도면 꽤 진전한 것 아닌가? 우리는 외부 환경의 영향을 받으며 살아간다. 그렇기에 모든 문제가 온전히 내 탓은 아니라는 사실을 깨닫고 나면 남은 에너지는 세상을 뒤흔들 작은 반란을 일으키는 데 보태야 한다.

대충 하면 인생의 방향을 찾는 데 도움이 된다

당신의 머릿속을 비우려는 데는 이유가 있다. 바로 진짜 중요한 일에 몰입할 수 있도록 공간을 만들기 위해서다. 또는 당신만의 진짜 중요한 가치를 탐색할 여유를 주기 위해서이기도 하다. 이미 집중하고 싶은 대상이 있다면 그건 훌륭한 '북쪽 엉덩이'가 될 것이다(북극성은 잊어라! 자기 계발 분야에서는 이를 '삶의 방향성 찾기'라고 부르지만, 나는 개인적으로 '북쪽 엉덩이 찾기'라는 말이 훨씬 더 영감을 준다고 생각한다). 북쪽 엉덩이가 있으면 다른 일은 좀 대충 해도 죄책감을 덜 수 있기 때문이다.

아직 집중할 대상을 찾는 사람도 있을 것이다. 그리고 내가 어떤 것은 대충 해도 괜찮다고 제안하는 장을 읽고 전혀 동의하지 않을 수도 있다. 대충 한다는 생각 자체가 뭔가 잘못됐다거나 중요한 걸 놓치는 것처럼 느껴지기 때문이다. 그거다! 바로 그게 당신의 '북쪽 엉덩이'일지도 모른다. 또는 대충이라도 시작했다가 어디서 문제가 생기는지 깨닫고 이번엔 제대로 해보고 싶은 마음이 슬며시 올라올지도 모른다. 누가 알겠는가! 이 책을 다 읽을 때

쯤이면 당신의 엉덩이에 다시 불을 붙일 수 있을 만큼 의욕이 불타오를지 말이다.

대충 하면 생기는 관계 회복

대충 하기는 단순히 시간을 벌어주고, 시야를 넓혀주고, 마음을 차분하게 해 줄 뿐만 아니라 다른 사람의 불완전함을 이해하게 도와준다. 삶의 모든 영역에서 100퍼센트를 요구하는 것은 애초에 불가능하다는 사실을 인정하면 다른 사람들이 기대에 못 미칠 때도 훨씬 너그러워질 수 있다. 반대로 모든 일에 늘 최선을 다해야 한다는 강박은 오히려 인간관계를 쉽게 망친다.

"그게 생각보다 나한테 중요한 건 아닌 것 같아."

"그 기준은 지금 내 상황에선 좀 무리야."

"이 일에 집중하고 있어서 그건 이 정도밖에 못 하겠어."

이렇게 인생의 여러 부분에서 대충 하는 이유를 공개적이고 솔직하게 말할 수 있으면, 다른 사람도 자신의 진짜 우선순위와 당신이 그 우선순위에서 어느 위치인지 더 편하게 이야기할 수 있다.

바닥은 끓어오르는 용암

'바닥은 용암'이라는 놀이는 어릴 때 아주 좋아하던 놀이 중 하나였다. 비 오는 날이면 우리는 집 안 가구들을 장애물 삼아 대결을 벌였다. 방 한쪽 끝에서 다른 쪽 끝으로(고수는 집 전체를 통과하기도 한다) 바닥에 닿지 않고 이동하는 것이 목표였다. 우리는 창턱에 위태롭게 올라서고, 안락의자 등받이에 올라타고, 커튼에 매달리며 건너갔다. 심지어 스페이스 호퍼(공처럼 튀는 장난감)를 타고 이동하기도 했다.

유일한 규칙은 바닥에 닿지 않는 것이다. 바닥은 끓어오르는 용암이었으니까! 꽃무늬 카펫은 순식간에 붉게 끓어오르는 마그마로 변했다. 빠지면 끔찍하고 질식하는 듯한 죽음을 연기하는 것이 필수였고, 입에 거품을 물고 팔다리를 휘젓는 시늉까지 하면 더 좋았다. 살벌한 긴장감과 몸 개그가 절묘하게 어우러진 최고의 놀이였다. 솔직히 이런 멋진 놀이를 왜 그만두었는지 모르겠다.

기후 위기에 관한 첫 책을 두려움을 삼키며 펼쳤을 때, 나는 그 놀이를 불쑥 떠올렸다. 눈이 핑글핑글 도는 복잡한 그래프와 폭력이 난무하는 영화 '더 퍼지The Purge'가 오히려 유쾌하게 느껴질 만큼 암울한 예측으로 가득했다. '지구', '환경', '우리 행성' 같은 단어들은 학교에서도 수없이 들었지만, 반복과 무관심 속에서 내 머릿속에서는 실감 나지 않는 말이 되어 있었다.

나는 무의식적으로 이 '문제'를 나와는 별개의 것으로 치부해 버렸다. 시간이 나면, 여유가 생기면 구해야 할 어떤 것. 불행하게 들리지만, 전적으로 내 문제는 아닌 재앙. 하이킹을 좋아하거나 새들에 지나치게 감성적인 사람들에게나 절박한 문제라고 말이다.

그런데 그게 아니었다. 과학자들이 말하던 건 바로 그 '바닥'이었다. 퀴퀴하고, 꽃무늬 가득하고, 이상한 냄새가 나지만 세상 모든 것이 그 위에 세워져 있는 생명의 바다, 개털이 잔뜩 엉켜 있고, 차를 쏟아 얼룩지고, 장난감과 옛날 잡지들이 널브러진 우리가 가진 유일한 바닥. 우리가 아무리 가구 위에서 균형을 잘 잡고 있어도 바닥이 사라지면 우리도 함께 사라진다.

잠깐, 여기서 비명 좀 질러보자. 당신을 향한 것이 아니다. 이야기를 이어가기 전에 내 가슴 속 가득 찬 불안의 밸브를 살짝 풀어주는 것뿐이다. 필요하다면 함께 외쳐도 좋다.

"바아아아아닥은 용아아아아아암이야!"

후유, 이제 좀 낫다. 누군가는 이렇게 생각할 수도 있다. '아니, 이 여자 뭐야! 난 그냥 양말 정리 꿀팁이나 얻고 일을 좀 더 효율적으로 하고 싶을 뿐이라고!' 또는 이렇게도 말이다. '잠깐, 난 환경운동 책 읽으려던 거 아닌데?' 하지만 내게는 이렇게 들린다. "바다 이야기가 나올 줄은 몰랐어!"

이 책은 당신을 환경운동가로 만들려는 게 아니다. 나 또한 환경운동가는 아니다. 하지만 나는 개인적으로든, 또는 환경운동가가 되기로 마음먹었다면 정치적으로든 '대충 하기'는 더 나은 삶을 위한 실용적인 방법이라고 믿는다. 그 시작은 모든 걸 완벽하게 해내야 한다는 집착을 내려놓는 것이다. 우리는 종종 '세상을 직접 구하든가' 아니면 '아예 손 떼든가' 둘 중 하나만 가능한 것처럼 생각하지만, 사실 그 사이에는 수많은 대충의 가능성이 존재한다. 이런 대충주의를 받아들이고 주변 사람들이 그렇게 할 때도 우리가 놀라지 않는다면, 삶은 훨씬 효율적일 수 있다. 바닥이 용암인 지금, 대충이라도 해보기에 이보다 더 좋은 때는 없다.

이 책을 덮는 순간, 당신이 해야 할 일들을 가로막던 불필요한 것들은 털어내고 당신만의 실천 계획을 손에 쥐게 되길 바란다. 대충 하기는 어설프게 성공을 시도하는 것이 아니다. 시작하기도 전에 실패를 인정하는 것도 아니다. 핑계도, 도망도 아니다. 대충 하기는 지금 내가 가진 자원과 지금 내가 딛고 있는 바닥을 바탕으로 스스로 세우는 최적화 전략이다. 이것이야말로 복잡하고 아름답고 위태로운 이 세상에서 우리가 할 수 있는 가장 낙관적인 선택일지도 모른다.

대충 하기는 꽁무니 빼기가 아니라 끝까지 해내겠다는 선언이다. 나 자신과 바다 그리고 그 바다 위에 있는 다른 사람들과의 약속이다. 아직 끝나지 않았다고, 이제 겨우 엉덩이를 들썩이며 시작했을 뿐이라고.

어떤 면에서 이 책은 한계에 관한 이야기다. 나의 한계, 시간의 한계, 세상의 한계. 하지만 동시에 확장의 이야기이기도 하다. 우리가 가진 것을 반죽처럼 눌러보고, 늘려보고, 찢어보고, 흔들어보고, 반짝이도 뿌려보며 실험해보는 이야기. 또한 우리가 무엇을 하느냐가 곧 우리가 누구인지를 보여주는 '동사'에 관한 이야기다. 세상에서 가장 무기력한 사람조차도 서두르지 않고 천천히 엉덩이를 의자에 붙이고, 엔진을 켜고, 모험 가득한 새벽을 향해 조용히 출발할 수 있다.

나는 어떤 이들의 삶이 한때 엉망으로 풀어졌다가 다시 너무나 아름답게 엮이는 걸 보았다. 그 모습은 눈물이 날 만큼 감동적이었다. 시간이 흐르며 더 친절하고, 더 온화하고, 더 강해진 도시와 국가에 관한 이야기도 읽었다. 거기에는 혁명적인 슈퍼스타도, 무리를 이끈 영웅도, '모든 것이 한순간에 변한' 기적의 순간도 없었다. 단지 수천 명의 사람이 틈틈이, 되는 대로, 자신이 할 수 있는 걸 일단 던져보고 그중 뭐라도 남길 바라며 한 발짝씩 나아갔을 뿐이다. 이건 할리우드 영화로 만들자고 하면 너무 밋밋하다고 퇴짜 맞을 이야기다. 하지만 그게 바로 진짜 좋은 삶을 위한 비결이다.

이제 페이지를 넘기며 나와 함께 이렇게 말해보자.

"할 가치가 있는 일이라면 대충이라도 해야 한다."

대충 선택하기

진짜 중요한 일과 아닌 일을 구분하려면 먼저 우리가 가진 탄알부터 점검해야 한다. 우리가 정말로 어떤 일을 '대충' 하겠다고 선택하고 그 결정을 꾸준히 유지할 수 있다는 자기 확신과 더불어 결정하는 전략도 중요하다. 각 장을 거치며 이 책은 우리에게 '할 일'과 '되고 싶은 것' 중 일부를 과감히 덜어내라고 요구할 것이고, 의도적으로 대충 사는 삶을 살아가려면 잘 선택하는 분별력이 꼭 필요하다.

그러니 우리가 결정을 어떻게 하는지 먼저 살펴보자. 앞으로 나아갈 길을 모색하기 위해서뿐만 아니라 애초에 우리가 어쩌다 이런 엉망인 상황에 빠졌는지 그 원인을 밝히기 위해서이기도 하다.

먼저 선택에 관한 문구들을 보자면 대부분이 희망차고 멋지게 들린다. 그런데 사실 그런 말들은 형편없는 조언일 때가 많다.

• 과정을 믿어라!
　(대체 무슨 소리인가? 그 과정 자체가 문제일 수도 있는데?)

- 후회는 금물!

  (저런 사람들은 후회 좀 했으면 좋겠다고 생각한 적이 있지 않은가?)
- 되돌릴 수 없는 결정은 없다!

  (이건 시간 여행자와 마법사한테나 해당하는 말이다.)
- 당신 선택이 곧 당신이다!

  (우리 모두를 위해 제발 사실이 아니길 바란다.)

그리고 내가 제일 싫어하는 말. 그냥 끌리는 대로 해라! 이건 마치 사람이 매 순간 자기감정을 정확히 알기라도 하는 듯한 말이다. 나는 내가 배가 고픈지, 그냥 심심한 건지조차 헷갈릴 때가 많은데 말이다. '끌리는 대로 하라'는 말을 쉽게 내뱉는 사람은 아마도 호르몬 변화를 겪어본 적이 없거나, 날씨란 게 존재하지 않은 곳에 살면서 밤마다 꿀잠 자는 사람일 것이다. 아니면 그냥 거짓말하고 있거나. 감정이 어떻든 어른이라면 결국 결정을 내려야 한다. 그것도 꽤 중요한 결정을 내려야 하는 게 현실이다. 시간은 넉넉하지 않고 완벽한 지혜도 도움도 없는 상황에서 말이다.

내가 인생에서 가장 크게 깨달은 건 '매번 실수 없이 완벽한 결정을 내리는 법'이 아니라 '일단 결정하기로 마음먹는 것' 자체가 이미 절반은 해낸 거란 사실이다. 나는 미루기 대장이라 미룰 수 있는 결정이라면 기를 쓰고 미루고 본다. 그러면 결과는 늘 똑같았다. 결정은 더 어려워지거나 결국 다른 사람이 나 대신 결정했다. 결정할 수 있는 타이밍은 지나가고, 설령 애초에 안 하려던 일이었다 해도 '하지 않겠다'고 스스로 결정한 게 아니었다면 결국 후회가 남는다. 그래서 뼈저리게 깨달았다. 힘든 결정을 피하는 건, 감당할 수 있는 수준의 나쁜 결정을 내리는 것보다 훨씬 더 빨리 인생을 망칠 수 있다는 사실을 말이다.

사람들이 '어바웃 타임About Time', '쥬만지Jumanji', '완벽한 그녀에게 딱 한 가지 없는 것(13 going on 30)', '사랑의 블랙홀(Groundhog Day)'과 같은 영화를 좋아하는 데는 다 이유가 있다. 결정을 잘못 내려도 되돌릴 수 있다는 걸 안다면, 누구라도 인생이 훨씬 쉬워질 거라고 생각하지 않을까? 전지전능한 존재도 아니고, 완벽한 자아 인식이나 내가 진짜 원하는 것에 대한 확신도 없다면 결정이란 객관적으로 거의 공포에 가까운 일이다.

'모든 결정은 돌이킬 수 없다'라는 말은 독한 테킬라 한 잔 들이켠 뒤 달콤한 초콜릿으로 위로하며 내뱉을 수 있는 말이다. 테킬라를 마시든 말든 그 말이 사실이라는 건 변하지 않지만 말이다. 돌이킬 수 없는 결정, 그 뒤에 따라오는 건 바로 무시무시한 후회라는 놈이다.

문신이 가르쳐 준 후회라는 교훈

내가 처음으로 문신을 한 곳은 네바다주 리노였다. 그때 나는 환경 보호 단체에서 자원봉사 중이었다. 낮에는 사막에 길을 깔고, 밤에는 미국 각지에서 모인 친구들과 별빛 아래에서 잠들었다. 그 무리에서 문신이 없는 사람은 나뿐인 것 같았다. 그래서 나는 모닥불 주위에서나 긴 산행 도중에 친구들에게 문신을 어디서, 언제 했는지(무례하지 않게) 묻는 사람으로 통했다. 변명을 좀 하자면, 한 남자아이는 외계인을 껴안고 있는 오사마 빈 라덴 문신을 하고 있었다. 아무리 점잖게 있으려고 해도 그런 문신 앞에서는 질문이 절로 나오지 않을까?

누군가는 상실의 아픔 때문에, 누군가는 무언가를 지키고 싶은 마음에, 또 누군가는 엉뚱한 이유로 문신을 했다고 말했다. 밖으로 나가 광란의 밤을 보내던 날들과 대낮에도 커튼을 친 채 방 안에만 숨어 지냈던 기억들도 고백했다. 한 원주민 친구는 쇄골에서 손목까지 이어지는 슬리브 문신에 담긴 의미를 손가락으로 하나하나 짚어가며 설명했다. 조상의 숨결이 마치 혈관처럼 그녀의 팔을 감싸며 흐르는 것 같았다. 또 다른 친구는 어깨를 씰룩이며 무지갯빛 수탉 문신을 생동감 있게 보여줬는데, 그녀에게 수탉은 어둡고 눅눅한 것들로부터 마음을 지켜주는 수호자 같은 존재였다.

그러다 마침내 내 차례가 왔다. "너는 어떤 문신이야?" 다들 내게도 문신이 있어서 셔츠를 걷고 감동적인 이야기를 들려줄 거라고 기대하는 눈치였다. "아, 나는 문신 같은 건 안 하는 사람이라…" 순간, 무리 사이에서 당혹감이 느껴졌다. 문신을 별로 안 좋아한다는 사람이 남들 문신에 관해서는 왜 꼬치꼬치 캐물었을까, 했던 것이리라. 그날 밤, 내가 했던 말이 계속 머릿속을 맴돌았다. '문신 같은 건 안 하는 사람이라…'

그때 열아홉 살이었던 나는 '내 젊음'에는 별로 관심이 없었다. 대신 어떻게든 성숙해 보이고 싶었고, 어른스럽고, 완성된 사람처럼 보이고 싶었다. 하지만 문득 지금 내가 아주 멍청하게 굴고 있는 건 아닐까 하는 생각이 들었다. '난 이런 사람이 아니야, 난 저런 사람이 아니야'라고 말하기엔 아직 좀 이른 게 아닐까? 내가 뭐라도 되는 사람인가?

인류 역사상 기록으로 남은 모든 문화권에서 사람들은 뾰족한 막대기로 자기 피부를 찌르고 그 안에 잉크를 밀어 넣어 영원히 간직하려 했다. 문신은 결코 요즘 생긴 유행이 아니다. 신석기 시대의 아이스맨부터 고대 브리튼인에 이르기까지 수천 년간 이어진 행위다. 문신은 새긴 이에게 위안과 소속감, 안락함과 자기표현까지 다양한 의미가 있었다. 어쩌면 나처럼 우리 조상들도 문신을 꽤 멋지다고 생각했을 것이다. 그런데 왜 나는 문신을 그토록 두려워했을까? 왜 그렇게 많은 사람이 문신을 두려워할까?

그로부터 15년이 지났고, 지금 내 몸에는 여섯 개의 문신이 있다. 그동안 가족은 물론 처음 보는 사람이나 동네 컴퓨터 수리점 아저씨에게까지 내 문신을 걱정하는 질문을 수도 없이 들었다. 질문은 세 가지 유형으로 나눌 수 있었다.

"아프지 않아요?"

"취업은 할 수 있겠어요?"

"나이가 들면 어쩔 건데요?"

그런데 이런 걱정은 문신에만 국한되지 않는다. 이 질문들은 사실 우리 모두의 마음속에 자리한 아주 본능적인 불안을 드러낸다. 그리고 이 불안은 문신처럼 영구적일 수 있는 모든 결정에도 그대로 적용된다. 결국 우리 곁에는 늘 따라붙는 세 가지 근본적인 두려움이 있다.

- 고통에 대한 두려움
- 결핍에 대한 두려움
- 노화에 대한 두려움

정신과 육체에 남는 고통의 흔적은 쉽게 지워지지 않는다. 한 번 잃어버린 자원은 되찾기 어렵고, 나이가 들면 시간을 되돌릴 방법은 없다. 아이를 가질지 말지 고민할 때 우리는 이렇게 생각한다. '수박만 한 걸 레몬만 한 구멍으로 밀어내는 게 아프면 어떡하지?', '그만큼 무언가를 사랑하는 고통은 또 어떨까?', '내가 아이를 경제적으로 책임질 수 없다면?', '정서적으로 충분히 채워주지 못하면?', '그럴 수 있는 여건이 되기도 전에 내가 늙어버리면?' 반대로 아이를 갖지 않기로 했을 때는 또 다른 고민이 시작된다. '나중에 후회하고 괴로우면?', '내 곁에 아무도 없어서 인생이 외로우면?', '늙어서 나를 돌

봐줄 사람이 아무도 없으면?'

어쩌면 지금 당신은 회사를 그만둘지 말지 고민하고 있을지도 모른다. '내가 그만뒀다고 상사·동료·파트너가 화내면 어쩌지?', '옮기는 직장이 지금만큼 만족스럽지 않고, 급여도 적은데 다시 돌아갈 수도 없다면?', '재정적으로 어려워져 나이 들어서 스스로를 돌볼 수 없으면?' 반대의 두려움도 있다. '이 직장에서 계속 불행하게 지낸다면?', '지금 내 경력은 정체되어 있는데 이번이 빠져나갈 기회라면?', '이런 기회가 다신 오지 않아서 나이 들어 퇴사하지 않은 걸 후회한다면?'

어느 쪽을 선택하든 소름 끼치고 되돌릴 수 없는 결과들이 도사리고 있다. 세상은 정말 섬뜩한 곳이다. 중요한 건 유령의 집 한복판에서도 용기를 내어 앞으로 나아가는 것, 계속해서 선택하고 현실에 머무는 것이다. 결정을 내린다는 건 사라지기를 거부하고 세상이 나를 무력한 존재로 만들지 못하게 하는 일이다.

그런데 이보다 더 무서운 게 있다. (듣기 전에 술 한 잔 먼저 받아라!) 모든 결정은 어느 정도는 완전히 되돌릴 수 없다는 사실이다. 물론 어떤 잘못된 선택은 시간이 지나면 만회할 수도 있고, 애써 바로잡을 수도 있다. 하지만 '되돌릴 수 있다'라는 말은 진짜 되돌린다는 의미와는 다르다. 우리는 과거의 발자취를 똑같이 되짚을 수 없고, 잘못된 선택으로 잃어버린 시간을 온전히 되찾을 수는 없기 때문이다. 그래서 어떤 선택이든 후회할 가능성이 있다는 걸 받아들이는 순간, 오히려 눈앞의 결정을 덜 두려워하게 된다.

나는 결국 리노에서 문신을 새겼다. 그 문신을 평생 사랑할 거라고 믿어서도, 나중에 지우거나 되돌릴 수 있을 거라고 생각해서도 아니었다. 그 순간의 내 욕망과 취향 그리고 내가 가진 정보를 바탕으로 내린 결정이 괜찮은 거라는 걸 기억하고 싶었기 때문이다. 또 하나, 미래의 내가 과거의 내 결정을 웃어넘기고, 용서하고, 감당해 줄 거라는 걸 스스로 믿어야 한다는 사실을 되새기고 싶어서였다. 모든 선택은 어차피 사라지지 않고 남으니 그냥 익숙해지는 편이 낫다는 것을, 내가 어떤 사람인지 제대로 경험해 보기도 전에 스스로 한계를 정하지 말자는 것을 새기기 위해서였다.

영속성과 몸에 남는 흔적이 언제나 우리를 두렵게 했던 건 아니다. 문신이 반항의 상징이거나 사회적 낙인으로 여겨진 건 사실 그리 오래되지 않았다. 오히려 정반대였다. 문신은 '나는 이곳에 속해 있다. 나는 이것에 헌신한다. 나는 선택에 동참하고 싶다. 선택이야말로 우리를 인간답게 만드는 것이니까!'라는 의미를 품고 있었다. 나는 '인간답다'라는 말의 울림이 좋다.

자, 그 뾰족한 것으로 나를 찔러보자! 성가시고 번거로운 결정을 내릴 준비가 되었는가? 그렇다면 이제 그 결정이라는 녀석을 만나러 가보자.

멘붕 없이 결정하는 법

'선택'의 문제를 해결하기 위해 여러 가지 선택지를 제시한다는 게 좀 아이러니하게 느껴질 수도 있다. 변명하자면 이 방법 중 굳이 하나만 고를 필요는 없다. 딱히 마음 가는 게 없다면 그냥 다 해보면 어떨까? 풍요로운 사고방식을 가지는 거다! 방법들은 가볍게 시도하는 단계부터 완전 멘붕 방지용까지 단계별로 정리했으니 순서대로 따라가면서 나한테 맞는 방법을 찾아보자.

특별한 장단점 목록 쓰기

이별을 앞두고 장단점 목록을 작성해 본 적이 없다면 당신은 인생을 헛산 것이다. 믿기 어렵겠지만, 나는 지금까지 숱한 인생의 중대한 결정을 고작 찬반 양쪽을 나눠 적는 방식으로 해왔다. 가능하다면 종이 위에 직접 써보기를 추천한다. 핫초코 한 잔을 곁들이면 더 좋다. 손으로 직접 써보면 마음속에서 뭉근히 올라오는 감정이 훨씬 또렷이 드러나고, 무엇보다 다 쓰고 나서 찢어버릴 수 있다. 그게 왜 중요하냐고? '완벽하게 대충 만든 찬반 목록'의 핵심은 바로 가혹하리만큼 솔직한 자기 고백에 있기 때문이다.

디지털 화면 위에서는 자신도 모르게 검열하게 된다. '그녀랑 책상을 같이 쓰는 건 일론 머스크랑 해먹을 나눠 쓰는 기분이다', '내 프레젠테이션에 대한 그녀의 반응이라니, 교통사고가 났어도 이보단 덜 우울했겠다'와 같은 말을 솔직하게 쓰기는 쉽지 않다. 상사의 눈에 띌 수도 있다는 생각이 드는 순간, 글은 왜곡될 수밖에 없다. 그러니 마음 놓고 불태워 없애버릴 수 있다는 각오로 종이에 써보라. 의외로 당신의 가장 진실한 마음이 드러날 수 있다.

두 번째 핵심은 가중치를 반영한 순위 정하기다. 인문학을 전공한 사람으로서 인정하기는 좀 억울하지만, 때로는 수학이 해답일지도 모른다. 장점이라고 해도 전부 무게가 같지는 않다. 모든 항목을 똑같은 비중으로 나열해두면 종이 위에서는 완벽해 보여도 막상 실행에 옮겼을 땐 끔찍한 후회를 낳는 결정을 내릴 수도 있다.

멀리서 열리는 결혼식에 참석할지 말지 고민한다고 가정해 보자. 한때 충동적으로 사놓고 한 번도 입지 못해 죄책감만 쌓인 반짝이 드레스를 입을 절호의 기회라는 게 장점으로 떠오르겠지만, 중요도로 따진다면 5점 만점에 고작 2점 정도일지 모른다. 반면, 신부가 사실 학창 시절 나를 괴롭히던 아이고 그 애가 행복해 하는 걸 보느니 차라리 사약을 마시는 편이 낫겠다면? 이 항목에는 단연코 5점을 줘야 한다.

다른 예로, 내가 이십 대를 보낸 아름답지만 터무니없이 비싼 수도를 떠날

런던에 살면 좋은 점

- 일자리 기회가 많다. (3점)
- 친구들이 모두 런던에 있다. (4점)
- 대중교통이 잘 되어 있어 운전면허가 필요 없다. (5점)
- 공연이나 전시회를 보러 멀리 갈 필요가 없다. (2점)
- 다채로운 경험을 할 수 있다. (2점)
- 좋은 비건 음식이 많다. (3점)

런던에 살면 안 좋은 점

- 쫓겨나거나 임대료가 오를까 봐 늘 불안하다. (5점)
- 평생 내 집을 갖지 못할 수도 있다. (5점)
- 어딜 가든 한 시간은 걸린다. (4점)
- 가족이나 어린 시절 친구들을 자주 볼 수 없다. (4점)
- 삶이 늘 정신없이 돌아간다. (3점)
- 코에 매연이 낀다. (2점)

지 말지 고민할 때 작성했던 장단점 목록을 살펴보자. 물론 이건 다소 순화된 버전이다.

장단점은 어느 정도 정리했지만, 도무지 어느 쪽이 더 중요한지 감이 오지 않는다면? 이럴 땐 믿을 만한 친구 몇 명에게 머리를 빌려도 좋다. 친구들은 단순한 조언을 넘어 목록에 적힌 항목들이 진짜 '사실'인지, 당신에게 얼마나 중요한지 집요하게 짚어줄 수 있다.

"네가 원하는 일자리를 얻으려면 꼭 런던에 살아야 해?"
"그 일자리가 진짜 네가 원하는 일이야?"
"그런 일자리가 다른 지역에는 없는지 제대로 알아봤어?"
"런던에서 네 삶을 정신없게 만드는 건 정확히 뭐야?"
"지금처럼 살면서 덜 번잡하게 지낼 방법은 없어?"
"그냥 코 풀면 되는 거 아냐?"

각 장단점에 정확히 점수를 매겼다는 확신이 들면 그다음은 간단하다. 그냥 점수를 더하라. 그리고 그 숫자에 결정권을 넘겨라!

복잡한 머릿속을 위한 흐름도

가끔 중요한 결정을 앞두고 있으면 머릿속에 '만약에', '그다음에는?' 같은 질문들이 꼬리를 물고 이어지면서 사고 회로가 천천히 타들어 가는 것 같은 기분이 든다. 그러다 보면 어느 순간부터는 제대로 생각하는 것조차 불가능해진다. 몇 년 전, 그 악명 높은 팬데믹이 닥쳤을 때 내 삶에도 그런 순간이 찾아왔다.

당시 나와 파트너 크레이그는 인생의 커다란 기로에 서 있었다. 우리는 런던을 떠나 더비라는 도시의 임시 거처로 이사했고, 가족도 친구도 없이 앞으로 뭘 해야 할지 전혀 감을 잡을 수 없었다. 크레이그는 장기적인 계획 없이 임시 계약직으로 원격 근무 중이었고, 나는 갓 프리랜서로 전향해 불안정한 온라인 시장에서 처음 발을 내디딘 참이었다. 앞으로 어디에서 살아야 할지도 명확하지 않았고, 단 하나 확실한 건 예전처럼 고향으로 돌아갈 여유가 없다는 사실이었다. 설상가상으로 당시엔 손님을 집에 초대하는 것조차 불법이었고, 나는 혹시 모를 세균 감염에 대한 불안 때문에 마트에서 사 온 식료품을 아기 물티슈로 닦는 강박적인 행동을 멈추지 못했다.

이상적인 상황이라면 '현재를 즐겨라', '될 일은 된다', '과정을 믿어라'와 같은 말들이 위로가 되었을지도 모른다. 하지만 그때의 나에게 그런 말을 했다면 아마 이렇게 응수했을 것이다. "그 빌어먹을 과정을 믿느니 차라리 내 손으로 던져버리겠어. 아주 교활한 놈이거든. 혹시라도 마주치면 제발 좀 빨리 굴러가라고 전해줘!"

평정심을 유지하기는 어려운 상황이었기에 우리는 차라리 '만약에'라는 가정에 기대 보기로 했다. 회사에서 흔히 말하는 '만약에'는 다시 말해 '흐름도'와 비슷하다. 이 아이디어는 전적으로 크레이그 머리에서 나왔다. 그는 상황이 바뀔 때마다 모든 경우의 수를 세세한 흐름도로 그려보자고 제안했다. 우리는 그 흐름도를 냉장고에 붙여두었다. 그리고 내가 "우리 괜찮을까?", "앞으로 어떻게 되는 거지?", "어떻게 해야 할까?"와 같은 말을 할 때마다 크레이그는 말없이 나를 안아주며 흐름도를 가리켰다.

흐름도는 우리의 생각과 상황이 바뀔 때마다 함께 유동적으로 바뀌었다. 나는 일주일에도 몇 번씩 흐름도를 찢고 다시 그렸고, 잠들기 전 들여다보며 큰 위안을 얻었다. 물론 내가 어느 말풍선에 이르게 될지는 모르지만, 최소한 흐름도를 통해 내가 갈 수 있는 방향들을 정리했고 그중 몇 개는 나름대로 확신할 수 있는 선택지로 만들어 놓았다. 그 확신이 완벽하진 않더라도 아무런 확신 없이 헤매는 것보단 훨씬 안정감이 있다.

지금 결정을 못 내리고 머릿속이 얼어붙은 상태라면 상황이 어떻게 흘러갈지 시나리오별로 그려보는 거대한 흐름도를 만들어 보길 권한다. 물론 마음속엔 가장 바라는 이상적인 시나리오가 있을 것이다. 하지만 그게 무산되더라도 적어도 그다음에 무엇을 해야 할지는 대충 짐작할 수 있다. 어쩌면 같은 결말로 이어지는 다양한 경로를 떠올릴 수도 있다. 그렇게 되면 하나의 선택에 모든 것을 걸 필요가 없어진다. 이 말은 곧, 미래를 반쯤 걱정하면서도 나머지 반은 그냥 아무 생각 없이 살 수 있게 된다는 뜻이다. 과정을 믿을 수 없을 때는 적어도 냉장고에 붙은 흐름도에서 그 과정이 어떻게 펼쳐지는지를 바라보며 잠시나마 안심할 수 있다.

확정은 잠시 미뤄두기 전략

그렇다, 제대로 읽었다. 확정을 잠시 미뤄두는 것도 후회를 줄이는 전략이다. 이 방식도 결국 선택은 하게 되지만 접근법에 살짝 반전이 있다. 케이크 두 조각 중 하나를 골라야 할 때 어떤 기분이 드는지 잘 알 것이다. 하나를 고르고 나서 남은 조각이 상대방 입으로 들어가는 걸 보고 나서야 잘못 선택했다고 깨닫는 그 느낌 말이다. 당신이 원했던 건 바로 그 맛, 그 모양, 그 크기의 케이크였다.

이런 심리 현상을 설명하는 전문 용어가 분명히 있겠지만, 나는 그냥 '선택자의 후회'라고 부르겠다. 가진 것을 잃기 전까진 그 소중함을 모른다는 말이 있지 않은가? 이를 '빅 옐로우 택시 Big Yellow Taxi'(소중한 것이 사라지고 나서야 그 가치를 알게 된다는 내용의 1970년대 노래 제목-옮긴이) 방식이라고 부를 수도 있겠지만, 이 책이나 내가 시대에 너무 뒤처진 느낌을 줄 것 같아 그만두었다.

나는 이 심리적 후회 현상을 애써 피하려고 하기보다는 오히려 초능력처럼 활용한다. 결정을 앞두고 나는 내게 묻는다. '이 결정은 언제까지 내려야 하지?', '내 결정을 다른 사람에게 알리거나 어떤 절차를 시작해야 하는 시점은 언제일까?', '오늘 결정하되 실행은 잠시 미뤄도 괜찮지 않을까?', '최종 확정을 몇 시간 또는 며칠 만이라도 미룰 수는 없을까?'

나는 유예 기간을 정한 다음 결정은 바로 그 자리에서 내려버린다. 다음 단계에서는 연극부 아이처럼 과장해서 몰입하는 감성이 필요하다. 걱정하지 말자. 한 번도 그렇게 연기해 본 적 없더라도 누구나 어느 정도의 자기기만이 잠재되어 있다고 나는 믿는다. 그 결정을 정말 확정한 것처럼 연기를 펼쳐보자. 진짜라고 믿고, 감정을 느끼고, 이미 받아들인 사람처럼 일상을 살아보는 것이다. 설거지도 하고, 샤워도 하고, 마치 결정이 이미 끝난 것처럼 하루를 보내라.

몇 시간, 하루, 어쩌면 일주일이 흐른 후 과연 어떤 기분이 드는가? 후련함이나 무덤덤함, 심지어 약간의 평온함마저 느껴진다면 잘된 일이다! 이제 그 결정을 실행에 옮기면 된다! 문자를 보내고, 기차를 예약하고, 눈썹을 탈색하라! 하지만 마음속 어딘가에서 '아, 다른 조각을 골랐어야 했는데…'라는 찝찝한 기분이 든다면? 휴우, 이 또한 잘된 일이다. 당신은 절망 직전에서 정말 소중한 '데이터'를 낚아챈 것이다(이 데이터 수집에 관해서는 뒤에서 자세히 이야기하겠다).

이제 완전히 새로운 관점에서 다시 생각해 볼 수 있다. 잃은 것은 아무것도 없다. 오히려 우리는 이 연극 같은 자기기만의 힘만으로 '결정은 되돌릴 수 없다'라는 법칙을 깨버린 것이다. 이왕 연극 모드에 들어간 김에 이 웃긴 전략이 실제로 어떻게 쓰일 수 있는지 상황극을 만들어보자.

몇 시간이나 고민한 끝에 나는 결국 파티 초대를 거절하기로 마음먹는다. 재미있을 것 같긴 하지만 너무 바쁘고, 피곤하고, 거기까지 가는 길도 멀다며 스스로를 설득한다. 힘든 결정이었지만 계속 같은 생각만 머릿속을 맴돌고, 내 생각에 내가 지쳐버릴 지경이 되었다. 그렇게 마음을 굳히고 나면 내 내면세계에서는 사실상 그 파티는 존재하지 않는 셈이 된다. 나는 파티에 가지 않을 것이다.

그렇다면 이제 파티에 가지 않겠다고 말해야 할까? 아니다! 대신 다음 날 파티를 거절하는 메시지를 보내기 위해 미리 알람이나 알림을 설정하거나, 더 확실하게는 메시지가 자동 발송되게 예약해 둔다. 그러고는 이미 거절한 것처럼 하루를 살아본다. 보통 몇 시간 지나면 그 일에 대해 완전히 마음이 편해지기도 하고, 심지어 파티 자체를 잊어버리기도 한다. 하지만 반대로 왠지 아쉽고 실망스러운 기분이 들 수도 있다. 친구들을 못 만나고, 오랜만에 차려입고 나갈 기회를 놓치고, 결국 집에 틀어박혀 핸드폰만 보다가 밤을 허비할 것 같다는 생각에 속이 상하기도 한다.

이럴 때 우리는 알게 된다. 여전히 망설여지는 마음이 있지만, 결국은 가고 싶은 마음이 더 크다는 것을. 이런저런 불편함도 감수할 만큼 그 자리가 나에게 충분히 의미 있고 가치 있는 시간이라는 걸 깨닫는 것이다. 그렇게 마음이 정리되었을 때 비로소 참석하겠다고 연락한다면 나름 괜찮은 결정을 내렸다는 확신이 든다.

실패한 선택도 유용한 데이터가 된다

정보가 부족해서 아직 결정을 못 했다면, 순간의 만족이 아니라 정보 수집을 우선순위에 두고 결정할 수도 있지 않을까? 이렇게 말하는 사람이 있다고 하자. "남자친구랑 휴가 일정을 예약해야 할지 모르겠어. 남자친구는 휴가 계획을 세우고 싶어 하는데 우리 사이가 요즘 썩 좋지 않거든." 이럴 때 나는 예약하라고 조언할 것이다. 단, 이 휴가는 관계를 회복하고, 발음하기도 힘든 기념물 앞에서 다정한 커플 사진을 찍는 '완벽한' 휴가로 여기지 말고, 정보를 수집하는 실험처럼 생각해야 한다. 두 사람이 새로운 환경에서 다시 대화해볼 수 있는 좋은 기회일 것 같지 않은가? 둘의 관계에 대해 궁금하거나 걱정되는 점을 적어보고, 여행 중에 남자친구와 함께 이야기해 보거나 서로의 관계 방식을 관찰하면서 스스로 답을 찾아보자고 다짐하는 것이다. 그리고 휴가에서 돌아오면 반드시 혼자만의 시간을 갖고 휴가에서 느낀 감정들을 솔직하게 되짚어 보자.

이런 상황도 있을 수 있다. "리나, 지금 다니는 직장을 그만둬야 할지 모르겠어요. 지금과 전혀 다른 일을 제안받았는데 해보는 게 좋을지, 익숙한 지금의 일을 계속하는 게 나을지 전혀 감이 안 와요." 나는 일단 해보라고 말할 것이다. 다만 그 결정을 자기 내면에서 너무 무겁거나 절대적인 결정으로 규정하지 말라고 덧붙일 것이다.

어떤 일이 나와 맞는지 알려면 때로는 충분히 오래 경험해 보기 전까지는 알 수 없다. 새로운 일을 시작할 때 지금보다 더 나을 거라는 기대만 안고 뛰어들면, 기대에 못 미쳤을 때 현실을 부정하며 괴로워하거나 잘못 선택했다는 자책에 빠질 수 있다. 그건 후회의 지름길이다. 그러니 '네'라고 말할 때는 단지 지금과는 다를 거라는 가벼운 마음이면 충분하다. 이번 선택은 당장 행복해지기 위한 게 아니라 나를 더 잘 알기 위한 데이터 수집 과정이라고 생각해 보라.

속으로는 이 선택이 영원히 지속되는 게 아니라는 걸 알면서 '나는 이미 결정했어.'라고 자신을 설득하는 방법은 얼마든지 있다. 나중에 마음이 바뀌어 결정을 되돌리게 되더라도 자신에게 실망할 필요는 없다. 애초에 그게 계획이었으니까. 이번 선택의 목적은 평생을 책임질 결정을 내리는 게 아니라 더 나은 결정을 위해 필요한 데이터를 수집하는 데 있었던 것이다.

가끔은 사실과 수치가 충분하지 않은 상황에서도 결정해야 할 때가 있다. 걱정하지 않아도 된다. 그럴 땐 자신을 벼랑 끝에서 떨고 있는 사람으로 여기지 말고, 데이터를 수집하는 탐정이라고 생각해 보자. 그렇게 시선을 전환하는 것만으로도 훨씬 더 현명한 선택에 가까워질 수 있다. 게다가 설록 홈스처럼 멋진 트위드 재킷을 입을 핑계까지 생기니 하나 나쁠 것 없다.

편지 두 통 써보기

필요한 모든 정보가 없다는 사실을 받아들이되 결정을 내리기 전에 미래의 나에게 편지 두 통을 써보자. 편지라는 형식이 낯간지럽다면 그냥 짧은 문자도 괜찮다. 나처럼 약간 유별난 사람이라면, 당신의 삶에 긍정적인 영향을 미쳤는지 아닌지 판단할 수 있는 먼 미래의 어느 날 지금의 결정을 받을 수 있게 이메일을 예약해 두는 것도 좋다. 나는 이 책을 쓸지 말지 고민하던 시절, 미래의 나에게 이런 이메일 두 통을 예약해 두었다.

리나에게

그래 책이 완전히 망했구나? 참 많이도 바닥에 주저앉아 울었다가 일어나기를 반복했지? 글쓰기 때문인지, 홍보 때문인지, 아니면 (으악!) 그 끔찍한 온라인 리뷰 때문인지 모르겠네. 솔직히 모험이긴 했어.
하지만 넌 항상 이런 무모한 시도를 좋아했잖아. 그리고 살아오면서 실제로 몇몇 터무니없고 엉뚱한 시도를 성공시켰잖아. 그러니 이번 일이 이렇게 망할 줄 어떻게 알았겠어? 당시에는 정말 좋은 아이디어처럼 보였잖아. 그리고 믿을 만한 사람들에게 충분히 의견을 구했고, 그들도 '이 책은 될 거야!'라고 생각했고 말이야.
시도조차 하지 않으면 진짜 바보 같았을 거야. 그러니까 우리의 대담함을 용서해 주길 바라. 부디 이 일로 무모한 모험을 사랑하는 너의 마음을 잃지 않았으면 해. 그리고 한 번의 실패로 글쓰기를 포기한다면 과거의 내가 너무 마음이 아플 거야.

너를 사랑하는 리나가

안녕, 리나
바쁜 일정에도 이렇게 변변찮은 과거의 내가 보낸 메일을 읽어줘서 고마워. 듣자 하니 지금 꽤 대단한 사람이 되었다고? 사람들이 네 책을 그렇게나 좋아해 줬다니 솔직히 아직도 믿기지 않아! 무엇보다 네가 해냈다는 게 꿈만 같아! 비하하는 건 아닌데 책을 끝냈다는 것도 솔직히 놀라워. 내가 쏘는 셈 치고 한 잔 시원하게 마셔! 너무 우쭐대지는 말고. 넌 원래부터 '대단한 사람'이었어. 아마 아직도 약간은 재수 없는 구석이 있을 테지만 말이야. ;)

너를 사랑하는 리나가

바보처럼 보이기는 한다. 자기변호를 위해 쓴 편지들은 사실 미래의 내가 아니라 현재의 나를 위한 것이다. 미래의 내게 올 기회를 망칠지도 모른다는 죄책감에서 놓아주고, 몇 날 며칠이기는 하지만 지금의 나보다 더 산 미래의 내가 '현재의 나'를 너그럽게 봐줄 거라는 믿음을 주기 위해서다. 그리고 내가 지금 가진 정보로 할 수 있는 최선을 다했다는 점도 상기시켰다. 장담하건대 '미래의 나'는 지금의 당신을 너그럽게 받아줄 것이다.

그래도 결정할 수 없다면?

지금까지 소개한 방법들을 모두 시도해 봤지만, 여전히 어떤 결정을 내려야 할지 전혀 모르겠다면, 당신은 아직 '적당히 대충 하기'를 진심으로 받아들이지 못했을지도 모른다. 그 길로 향하는 통로를 머릿속 어딘가에 찐득하게 들러붙은 방해물이 막고 있을 수도 있다. 그렇다면 지금 필요한 것은 결정보다도 그 찐득한 방해물을 걷어내는 일인 것 같다.

결정할 수 있는 기회의 소중함

때로는 선택의 순간이 너무나도 고통스럽게 다가온다. 마치 삶이 내게 던지는 잔인한 농담처럼 느껴지기까지 한다. 속이 뒤틀리고, 몸도 아픈 것 같고, 차라리 이런 선택의 순간을 마주하지 않기를 바랄 때도 있다. 그럴 때 나는 이렇게 물으며 현실을 직시하려고 노력한다. "내가 이 결정을 백 년 전에 내리고 있었다면 어땠을까?", "만약 다른 나라에서 자랐다면?", "다른 부모에게서 태어났더라면?"

 임신을 중지할지부터 생일 파티 장소, 이혼 결정에서 어느 치과를 갈지까지, 우리가 지금 하는 대부분의 선택은 누군가가 오랜 시간 싸워서 겨우 얻어낸 권리 덕분이다. 안타깝게도 그들은 이제 대부분 세상에 없지만, 감히 짐작건대 그들이 진심으로 바란 것은 당신이 완벽한 결정을 내리는 것이 아니라 결정할 기회를 제대로 누리는 것이었을 거다. 그들이 거리로 나서고, 불편을 감수하고, 때로는 목숨까지 걸었던 이유는 당신에게 선택을 강요하고자 한 것이 아니었다. 그저 당신이 결정할 기회조차 얻지 못하는 상황에 분노해서였다. 당신을 결정할 자격이 있는 사람이라고 믿었고, 그것을 충분히 해낼 사람이라고 믿었기 때문이다.

운명론 집착에서 벗어나기

나비 효과(Butterfly Effect)나 영화 '슬라이딩 도어스Sliding Doors'는 아주 사소한 선택 하나가 인생을 얼마나 달라지게 만들 수 있는지 깊이 있게 보여준다. 생각만 해도 흥미롭고 영화로 만들면 굉장한 몰입감을 주는 매력적인 소재다. 하지만 정작 내 인생을 돌아보면 그런 결정적인 갈림길의 순간을 경험해 본 적이 거의 없다.

물론 가끔은 이런 생각을 할 때도 있다. '내가 그때 그 일을 하지 않았다면, 그 사람을 만날 일도 없었겠지', '그런 선택을 하지 않았다면 그 끔찍한 일은 일어나지 않았을지도 몰라'. 하지만 인생의 모든 결정이 그렇게 극적이고 뚜렷한 궤적을 가지는 건 아니라고 생각한다. 확신할 수는 없지만, 결정은 단지 타이밍이나 방식에 영향을 줄 뿐 그 일이 일어날지 말지를 좌우하는 경우는 많지 않다고 믿는다.

만약 내가 오랫동안 경영학 공부를 계획하다가 마음을 바꿔 예술대학에 입학하지 않았더라면 어떻게 됐을까? 아마 경영학을 일 년쯤 공부하다가 자신이 얼마나 큰 실수를 저질렀는지 깨닫고, 결국 일 년 늦게라도 예술대학에 진학했을지도 모른다.

만약 내가 불길한 예감에 휩싸여 파트너의 휴대전화를 몰래 뒤져보지 않았더라면, 그 사람이 바람을 피운다는 사실을 평생 모르고 지금쯤 결혼했을까? 아마 아닐 것이다. 당신은 눈치가 빠르니 결국에는 수상한 낌새를 금방 알아챘을 거라고 확신한다. 어쩌면 다른 계기로 균열이 생겨 결국엔 끝났을 관계였을지도 모른다.

당신이 나와 비슷한 유형이라면, '내게 정해진 올바른 길이 하나 있을 텐데, 나는 그걸 놓칠지도 몰라'라는 불안의 뿌리를 종교적인 믿음에서 찾을 수도 있다. 나는 어릴 적 하나님이 내 인생을 위한 계획을 갖고 계시고, 나는 그 계획이 무엇인지 알아내서 따라야 한다고 믿었다. 선택지는 많았지만 배우자, 직업, 거의 모든 것에서 정답은 단 하나뿐이라고 여겼다. 그래서 하나님이 무엇을 선택하라고 알려주시기만을 오랫동안 가만히 앉아 기다렸다.

만약 정말 신이 당신에게 직접 말씀하신 적이 있다면, 축하할 일이다! 얼마나 든든했을까! 하지만 나는 이십 대 초반에 적어도 내게는 그런 응답이 오지 않는다는 사실을 깨달았다. 그리고 그 이유를 포함한 여러 가지 이유로 내게 종교는 맞지 않는다고 결론 내렸다. 그런데도 나는 여전히 갈림길에 서면 한때 그토록 열렬하게 믿었던 그 '계획'을 찾으려 애쓰고 있었다는 사실을 한참이 지나고야 알게 됐다. 마치 어딘가 아주 가까운 곳에 살짝 숨어 있는 그 계획만 찾으면 길이 열릴 것처럼.

그러다 보니 잘못된 선택은 '내 운명'에서 벗어나는 치명적인 결과로 이어질 수 있어 아주 사소한 결정조차 중요하게 느껴졌다. 비록 계획을 세운 존재에 대한 믿음을 버렸지만, 계획이라는 개념 자체가 애초에 없을지도 모른다는 생각은 좀처럼 받아들이지 못했다. 비록 신앙 없이 자랐거나 지금 믿는 종교가 없다 하더라도 우리는 대부분 '운명'이라는 개념이 당연한 듯 존재하는 국가나 공동체에서 자랐다. 누군가 인생이라는 배의 키를 잡고 있다는 믿음 말이다.

눈에 잘 띄지 않을 뿐 '운명'은 종교적인 세계뿐 아니라 세속적 세계에서도 여전히 강력한 영향력을 가진 개념이다. 그리고 그 믿음은 우리가 인식하지 못하는 사이 무의식의 층위까지 아주 깊숙이 스며들어 있다. 마치 물고기가 자신이 물속에 있다는 걸 모르는 것처럼 말이다. 나는 더 이상 신을 믿지 않게 되었지만, 여전히 내 안 어딘가에는 나를 완벽하게 인도해 줄 '만능 내비게이션 같은 존재'가 있을지도 모른다는 희미한 믿음이 남아 있었다. 그리고 그 믿음을 하나하나 풀어보는 시간을 갖지 않았다는 걸 한참이 지나서야 깨달았다.

솔직히 말하자면 그 시절이 그립기도 하다. 어디로 가야 할지 누군가가 알려준다는 건 꽤 편한 일이었으니까. 하지만 이제 인생의 운전대를 잡은 건 나약하고 불완전한 '인간인 나'였고, 솔직히 말해 나는 그 운전자를 별로 믿을 수 없었다. 그래서 내 인생은 내가 살아가는 것이고, 생각보다 틀린 선택은 그렇게 많지 않다는 사실을 받아들이기까지 꽤 오랜 시간이 걸렸다.

돌이켜보면 나는 이미 수많은 '맞는 답' 속에서 살아가고 있었다. 예전의 나는 어두운 숲속에서 어디로 가야 할지 몰랐지만, 이제는 '내 삶의 가능성들'이 활짝 열려 있는 과수원에 서 있고, 누구의 지시를 기다릴 필요 없이 내 손으로 원하는 열매를 따 먹을 수 있게 되었다. 이런 감정은 분명히 해방감을 준다. 하지만 동시에 운명이나 신에 대한 믿음을 잃고 나면 자기 결정권이 버겁게 느껴질 수 있다. 직접 만들지 않는 한 나를 위한 비밀스러운 계획 같은 건 존재하지 않을지도 모른다는 사실이 불안하게 다가오는 게 당연하다.

이 기회에 나도 모르게 받아들인 낡고 오래된 믿음들이 무엇인지 한 번쯤 들여다보고 점검하는 것도 좋겠다. 나는 인생을 수많은 갈림길이 뻗어 나가는 거대한 별처럼 상상하기보다는 수많은 작고 사소한 선택들이 이어져 만들어지는 하나의 길이라고 생각한다. 어떤 길은 풍경 좋은 우회로를 따라 천천히 돌고, 어떤 길은 고속도로를 타고 속도감 있게 달려가지만, 결국엔 모두 비슷한 목적지에 닿는다.

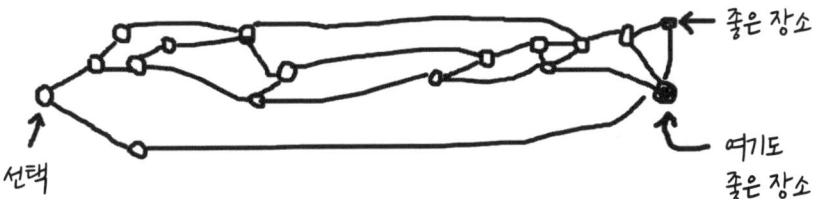

우주는 우리를 마구잡이로 내던지는 것이 아니라 마치 느린 걸음으로 옆에서 함께 걷는 존재처럼 느껴진다. 물론 인생의 결정은 되돌릴 수 없는 것들이다. 하지만 그렇다고 매번 선택할 때마다 인생이 천국 아니면 파멸로 돌진하는 것은 아니다. '훌륭한' 선택을 했더라도 나중에 스스로 망쳐버릴 수도 있다. '딱 맞는' 사람과 결혼하고도 관계를 소홀히 할 수도 있고, '최고의' 직장을 얻고도 자만심에 기회를 날려버릴 수도 있다.

다행히 '나쁜' 결정도 마찬가지다. 달리는 중에도 방향은 얼마든지 조정할 수 있다. 차선을 바꾸고 아직은 출구를 못 찾았어도 올바른 방향으로 방향지시등을 켤 수 있다. 신이 운전대를 잡고 계시지 않다면 그 운전대는 누구든 쥘 수 있고, 큰 결정을 내렸다고 해서 그 순간부터 인생을 조종할 권리를 잃는 것은 아니다. 우리는 계속 운전할 수 있다.

나쁜 결정을 내려도 살아갈 수 있다

우리는 종종 잘못된 결정을 내릴까 봐 두려워한다. 그런데 그 두려움은 단순히 외부의 결과 때문만이 아니라, 그 결정 이후에 마주할 내 감정 상태에 대한 두려움이기도 하다. 나는 토하거나 독감에 걸릴까 봐 겁내듯 '후회'라는 감정을 두려워한다. 알 수 없고, 무섭고, 어쩌면 피할 수 없는 고통처럼 느껴진다. 하지만 그런 두려움도 꼭 나쁜 것만은 아니다. 오히려 자신을 사랑하고 있다는 신호일지도 모른다. 지금의 선택이 미래의 나를 불행하게 만들까 봐 걱정하는 마음은 결국 나 자신을 지키고 싶다는 본능에서 온다.

실제로 의사결정을 미루는 행위는 신경학적으로 뇌가 우리를 위험에서 보호하려는 방식으로 설명된다. 예컨대, 이미 기분이 우울하다면 뇌는 단기적인 관점에서 '이런 감정 상태에서 또 무거운 감정을 겪는 건 위험해'라고 판단하고 후회 같은 감정을 피하려 든다. 따라서 어떤 면에서 후회에 대한 걱정이 전혀 없다면 오히려 그게 문제일 수 있다. 후회할까 봐 걱정한다는 건 미래의 내 감정을 지켜주고 싶을 만큼 자신을 소중히 여긴다는 뜻이다.

물론 우리는 누군가를 사랑하면서도 그 사람이 해낼 수 있는 능력을 과소평가하기도 한다. 하지만 다행히 지금의 나와 미래의 나를 모두 만족시킬 선택이 있을 수 있다. 연구에 따르면, '자기 결정(self-determination)'이 결과에 대한 만족도에 큰 영향을 준다고 한다. 〈성격 및 사회심리학 저널(Personality and Social Psychology)〉에 실린 연구에서 앵거스 캠벨Angus Campbell은 자율성, 즉 '삶과 습관을 스스로 선택하고 지지한다는 느낌'이 행복을 예측하는 데 가장 강력한 요소라고 밝힌다. 캠벨은 "자기 삶을 스스로 통제한다는 강한 감각은 우리가 고려한 어떤 객관적인 조건들보다 행복감을 더 정확히 예측한다"고 말한다. 따라서 좋은 결정이든 나쁜 결정이든 내가 직접 했다면, 상황이나 타인이 결정하도록 내버려두는 것보다 그 결과에 만족할 가능성이 크다. 그러니 자, 이제 용기를 내어 조금 부족한 결정이라도 내려보자. 행운을 빌어줄 테니!

결정 피로감

이 많은 전략과 격려에도 여전히 두 손을 들고 "어떻게 해야 할지 모르겠어!"라고 외치고 싶다면, 그래도 걱정하지 마시라. 그게 정상이니까. '인지 부하 이론(Cognitive Load Theory)'은 뇌가 정보를 처리할 때 받는 부담을 말한다. 컴퓨터와 마찬가지로 뇌에 너무 많은 탭이 열려 있으면, 특히 익숙하지 않은 문제를 해결할 때, 전반적인 처리 속도가 느려진다. 평소에는 상황을 잘 저울질하면서 결정할 수 있지만, 한꺼번에 너무 많은 문제를 '작업 기억'에서 처리하려고 할 때는 다르다. 작업 기억은 아주 똑똑하지만 용량에 한계가 있어서 멈춰버린 컴퓨터 화면에 뜨는 로딩 바처럼 시간 속을 끝없이 맴돌다가 절망에 빠지고 결국은 무너지고 만다.

머릿속을 정리하고 불필요한 것들을 제거할수록 중요한 일들을 처리할 수 있는 여유 공간이 늘어난다. 만약 우리가 하루 종일 삶의 모든 부분에 의문을 품는다면 어떨까? 아침을 만들면서 '또 달걀 요리라니 … 나 진짜 형편없는 사람인가?'라고 고민하고, 옷을 입을 때마다 나만의 스타일을 창조하려 애쓰며, 껌을 씹을 때마다 내가 환경을 얼마나 오염시키는지 자책하고, 출퇴근 시간 내내 지금 하는 일이 맞는지 고민하고, 집에 돌아와서는 거실을 '진정한 나'를 완벽히 드러내는 공간으로 꾸미려고 한다면, 정말 중요한 일에 쏟을 정신적 여유는 얼마 남지 않을 것이다. 결정력이 부족한 게 아니라 끊임없이 너무 많은 결정을 내리고 번복하려다 보니, 자신도 모르는 사이에 의사결정 능력을 소진해 버린 것이다. 물총에서 물이 다 떨어진 것처럼 말이다.

인지 부하는 직장 내에서 업무 전환에 대해 비판할 때 자주 언급한다. '딥 워크deep work'를 지지하는 사람들은 직장에서 과도한 멀티태스킹은 지양하고 이리저리 옮겨 다니는 대신, 한 번에 한 가지 일에 몰입하면 훨씬 더 많은 성과를 낼 수 있다고 조언한다. 나는 이 개념을 우리 삶 전체에도 똑같이 적용할 수 있다고 생각한다. 우리는 일상적인 업무와 결정에서 '잘못될 수 있는' 모든 방식에 지나치게 신경 쓰고, 모든 선택을 '완벽하고 제대로' 하려고 지나치게 몰두한 나머지 오히려 우선순위를 정하는 것조차 어려워지고 결국엔 아무것도 해내지 못하게 된다.

마음속 하드디스크를 비우려면 잡다하고 불필요한 파일들을 하나씩 걸러내고 진짜 중요한 생각을 처리할 수 있는 공간을 만들어야 한다. 가장 좋은 방법은 아침부터 저녁까지 우리가 실제로 하루를 보내는 순서대로 인생의 각 영역을 하나씩 정리해 보는 것이다. 자, 그럼 제일 먼저! 지금 입은 잠옷도 아주 잘 어울리지만, 이제 옷장을 열고 오늘 하루를 시작해 보자!

우리 집 옷장 문을 열면 문자 그대로나 비유적으로나 온갖 것들이 바닥으로 쏟아져 내린다. 실수로 산 옷들, 판단 착오의 결과들, 과감했던 실험들, 공들여 준비한 스타일링 계획들까지.

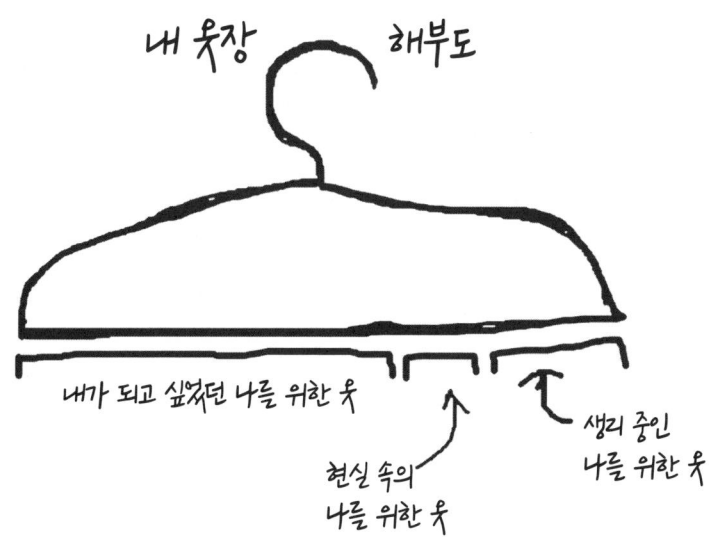

옷걸이에 조롱하듯 매달린 옷들은, 한때 내가 꿈꿨지만 끝내 실현하지 못한 이상적인 자아의 유령들이다. 허리선을 감당하지 못한 채 매달려 있는 옷들, 서로 전혀 어울리지 않는 색조들, 스타일도 제각각이다. '숙취 상태의 어린이 프로그램 진행자'부터 '엉망진창 빅토리아 시대의 선술집 주인'까지 그야말로 혼돈 그 자체다. 물론 누가 문을 박차고 들어와 빨간 펜으로 내 패션을 채점하진 않을 것이다(정말 그랬다면 큰일 났겠지만).

어차피 이 공간을 들여다보는 사람은 나뿐이다. 그런데도 옷장 문을 열 때마다 묘한 죄책감과 누군가에게 평가받는 느낌을 지울 수 없다. 혹시나 그 안의 작은 혼돈이 내 옷차림에 배어 나와, 나는 진짜 여성이라기보다 어딘가 삐딱한 허수아비처럼 보이지는 않을까 불안하다. 마치 '악마는 프라다를 입는다(The Devil Wears Prada)'에 나오는 냉혹한 편집장 미란다 프리슬리의 유령이 내 뒤에 서서 혀를 차는 것만 같다. 내 패션은 그녀가 기대하는 수준에는 영 미치지 못하는 것이다.

'나만의 스타일'의 저주

미란다가 정말 보고 싶어 하는 건 정확히 뭘까? 나만의 스타일이란 도대체 뭘까? 내가 들은 정의는 모순적이었다. 그중 몇 가지를 소개하자면 이렇다.

- 유행을 따르되 시간이 흘러도 변치 않아야 한다.
- 온전히 '자신'을 드러내야 하지만, 대형 쇼핑몰에서 파는 옷으로 완성해야 한다.
- '내 체형'에 맞으면서도 체형의 단점은 완벽히 가려야 한다.

- 내 라이프스타일에 맞게 실용적이면서도 고급스러워야 한다.
- 너무 어려 보이지도, 너무 나이 들어 보이지도 않아야 한다.
- 일관성을 지녀야 하지만 항상 새로워야 한다.
- 지속 가능해야 하지만 가격은 저렴해야 한다.
- 시선을 사로잡되 튀지 않아야 한다.

오, 납덩이 같은 깃털이여, 사랑스러운 증오여! 셰익스피어 희곡에서 튀어나온 듯한 이 거대한 모순들은 한데 늘어놓고 보면 우스꽝스럽기 그지없다. 하지만 언론과 대중문화가 이 모순을 한 방울씩 서서히 주입하면 그 과제가 얼마나 터무니없는지 깨닫지 못한다. 본질적으로 '나만의 스타일'이란, 믿음직한 패션 동지들로 세심하게 구성된 옷장으로 언제 어떤 상황에서도 나를 '감탄을 자아내는 존재'로 감싸줄 수 있어야 한다. 그 스타일은 오랜 시간 갈고닦아 은은하게 빛나되 개성을 잃어선 안 되며, 단 한마디도 하지 않아도 당

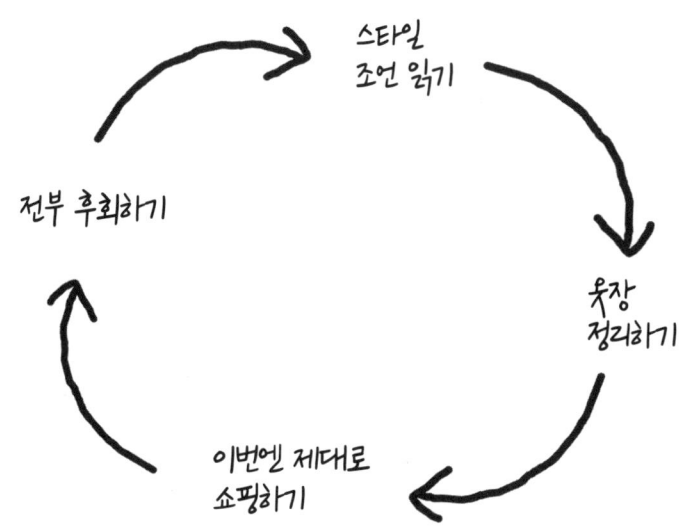

신이 누구인지 모두가 직감하게 만들어야 한다. 이거 결국 실패로 끝날 거란 예감… 혹시 나만 드는 거 아니겠지?

나만의 스타일을 찾으라는 과제는 애초에 함정에 빠지도록 짜인 게임처럼 느껴진다. 그리고 정말 그렇다. 옷장 정리법과 스타일 조언은 넘쳐나지만, 정작 내가 진짜 원하는 게 뭔지 알아내는 데는 별 도움이 되지 않는다. 소비자는 해마다 평균 60퍼센트 더 많은 옷을 구매한다. 그렇게 산 옷들은 보통 7~10회 정도만 입고 '진짜 나다운' 다음 옷을 위해 미련 없이 버린다. 영국에서 버려지는 섬유의 49퍼센트가 일반 쓰레기통으로 직행해 소각되거나 매립된다.

기부되는 옷들의 운명도 그리 나을 것이 없다. 자선 가게에 기부된 옷 중 실제로 판매되는 비율은 고작 10~30퍼센트에 불과하다. 나머지는 결국 쓰레기통에 버려지거나 직물 상인을 통해 가나의 칸타만토Kantamanto 시장 같은 곳에 되팔린다. 칸타만토 시장은 완벽한 옷장을 위해 끊임없이 비움을 실천한 끝에 생겨난 방대한 폐의류들을 다룬 다큐멘터리나 기사에 자주 언급되는 바로 그곳이다. 이곳에서는 서양에서 기부한 '입을 수 없는' 옷들이 더 나은 옷을 입을 자격이 있는 사람들에게 거의 헐값에 팔린다. 옷을 봉지에 담아 자선 가게에 가져다주는 행위가 마치 세상을 위한 숭고한 행동처럼 느껴질지도 모른다. 하지만 실제로 우리가 '기부'하는 옷들의 품질은 너무 형편없어서 이런 시장에 도착한 옷 중 40퍼센트가 결국 쓰레기 매립지로 향한다.

현지인들은 이런 옷들을 '브로니 웨 우broni we wu', 곧 '백인이 죽었다'라고 부른다. 살아 있는 사람이라면 그렇게 많은 물건을 버릴 리 없으니 분명 죽었을 거라는 추측에서 나온 말이다. 그런데 우리는 여전히 살아 있다. 살아서 '클릭'질을 하고 있다. 우리에게 궁극적인 시너지, 쇼핑이 '완료'되는 최종 지점을 약속하는 어설픈 기사나 인플루언서의 조언이라면 닥치는 대로 빨아들일 태세로 말이다. 우리 자신을 옷으로 설명하는 그 과업이 드디어 끝날 거라는 환상에 매달리면서 말이다.

나도 이제는 '완벽한 스타일 공식'이라는 게 어쩌면 전설 속 아틀란티스를 좇는 것만큼 헛된 일이 아닐까 하는 의심이 들기 시작한다. 그런데도 우리는 포기하지 못한다. 산소가 다 떨어질 때까지 끝까지 잠수하며 그걸 찾아내려 애쓸 것이다. 사실 나도 잘난 척할 입장은 아니다. 나 역시 온갖 스타일 기사들을 정독하고 영상도 빠짐없이 본다. 그 잃어버린 도시의 존재를 믿는다. 그리고 그 도시를 찾게 된다면 축축한 거리를 활보할 수 있는 완벽한 옷을 갖게 될 것이라고 믿는다.

이 모든 게 개인의 망상일 뿐일까? 아니면 더 거대한 힘이 작용하는 걸까? 물론 역사 속 대부분의 문화권에서 외모의 중요성을 강조했다. 그렇다면 지금은 뭐가 다를까? 어쩌면 특별할 게 없을지도 모른다. 하지만 우리는 그 어느 때보다 빠른 속도로 자신을 상품처럼 포장해 판매하도록 강요받는다는 점에서 유독 불편하고 불길하게 느껴진다. 보통 사람들도 이제 링크드인LinkedIn, 힌지Hinge, 인스타그램Instagram 같은 프로필을 만들 때마다 광고 캠페인이라도 짜는 것처럼 자신을 포장한다. 온라인 데이트부터 페이스북 기반의 커뮤니티 공간, 성격 중심 채용, 디지털 부업에 이르기까지 이런 개인 브랜딩의 유혹은 결국 우리의 직업과 일상에 구분 없이 스며든다.

사람들이 나를 떠올릴 때 연관 짓게 하고 싶은 세 단어는 뭘까? 그 '분위기'를 가장 잘 전달해 주는 색은 뭘까? 수천 장이나 되는 내 사진 중 어떤 게 '저 사람이 바로 나'라는 인상을 줄 수 있을까? 우리는 연예인이 아닌데도 마치 개성과 걸그룹 오디션을 치르는 사람처럼 '개인 브랜드'를 갈고닦아야 한다는 압박 속에 살아간다. 친구들 사이에서도 우리는 그냥 '나답게' 행동하는 게 아니라 '내 브랜드에 맞는 모습'을 연출하려 애쓴다. 기술은 삶의 경계를 무너뜨렸고, 엉망인 직장 문화는 일과 사생활의 선을 흐리게 만들었다. 물가는 하늘을 찌르고 우리는 '남는 시간'마다 부업을 하며 간신히 생계를 유지한다. 그런 삶에서 우리가 점점 마케터처럼 사고하게 되는 건 어쩌면 너무도 자연스러운 일이다.

우리 뇌는 원래 100명 정도의 소규모 집단에서 살아가도록 진화했다. 그러니 매일 점점 커가는 이 거대한 '동물 집단'의 존재를 자꾸 떠올리며 내가 얼마나 작고 평범한 존재인지 실감할수록 쉽게 압도당하고 만다. 온라인에서 '좋아요'를 누르는 밈 옆에 붙은 숫자('988.5k명이 이 게시물을 좋아합니다')나 매일 뉴스에서 들려오는 통계('10만 명의 연금이 줄어들 것으로 예상된다')를 생각해 보라. 심지어 혼자만 아낀다고 생각한 노래조차 다른 사람들도 이미 들었다는 걸 스트리밍 숫자(4천8백만 회 재생)를 통해 확인한다.

내가 얼마나 작은 사람인지, 나 같은 사람이 세상에 얼마나 많은지 인식할수록 '두각을 나타내고 기억에 남으려' 하거나, 반대로 무리에게 배척당할까 봐 튀지 않게 섞이려는 본능이 더욱 강렬해진다. 내게 나만의 스타일이란 단지 '눈에 띄게' 해주는 약속이 아니다. 그것은 내가 타고나지 못한 어떤 '세련됨'을 갖게 해줄 거란 기대이기도 하다.

나는 자주 구겨지고, 지저분하고, 눅눅하고 초라하다는 기분에 휩싸인다. 그래서 그런 나를 감춰줄 옷장 필요했다. 덧없고, 흔들리고, 엉망이고, 언제든 썩어 사라질지도 모를 그 모든 모습으로부터 나를 보호해 줄 옷장 말이다. 지난 몇 년간 내 스타일을 찾아 헤매며 겉으로는 '세련됨'을 외쳤다. 하지만 내 머릿속이 원한 건 '고상하고 지적이고 부유해 보이는 사람'이었다는 걸 깨닫게 됐다.

그런데 나는 정말로 그런 사람으로 보이고 싶었을까? 아니, 애초에 그런 개념들을 믿기나 했을까? 그 가치들이 내가 그토록 치열하게 싸워 만들어가고자 했던 내 모습과 맞닿아 있기는 할까? 이제 왜 내가 스스로 한 말을 부정하게 되는지를 하나씩 따져보려 한다.

지적인 모습: 나는 '지성'이 겉모습으로는 드러나지 않는다고 믿는다. 물론 세상에는 지적인 사람의 전형적인 이미지가 있다. 트위드 재킷, 맞춤형 투피스, 정갈한 스커트, 반짝이는 구두 같은 것들. 하지만 그런 건 80년대 허접한 영화에서나 볼 수 있지 않을까? 이것들은 점잖은 척하던 계급사회의 잔재이고, 우리는 그런 낡은 계급 문화를 없애려는 시대에 살고 있다. 그런 이미지들은 아무리 좋게 봐도 구시대적이고, 나쁘게 보면 꽤 계급 차별적이다. 무엇보다 그런 이미지들은 틀렸다. 내가 어떤 옷을 입었는데 말 한마디 나눠보지 않은 사람이 그걸 보고 나를 똑똑하다고 판단한다면 비논리적인 추측이고, 그 사람 자체가 좀 한심할 수 있다. 그런 사람과는 굳이 알고 지내고 싶지 않다. 그런데도 왜 나는 그들의 시선을 의식하며 옷을 사들이는 걸까?

부유해 보이는 옷차림: '부유해 보이고 싶은 것'에 대해서라면 나도 뾰족한 답이 없다. 난 기본적으로 어떤 사람들이 다른 사람들보다 말도 안 되게 많은 돈을 가진다는 사실 자체가 마음에 들지 않는다. 그리고 부자인 척 옷을 입으려 애쓰는 사람들을 보면 (실제로 부자든 아니든) 기이하다는 생각마저 든다.

고상한 옷차림: 'refined'('고상한' 또는 '정제된'이라는 뜻의 형용사 - 옮긴이)라는 단어는 사람의 스타일을 칭찬할 때는 긍정적 의미로 쓰이지만, 다른 맥락에서는 부정적으로 쓰인다. 물엿, 과당, 옥수수 시럽, 포도당은 모두 정제된 설

탕 종류로, 아침 시리얼에는 넣지 말고 늘 주의해서 섭취량을 조절하라고 교육받는다. 천연 재료지만 지나치게 정제되고 가공되어 본래의 풍미는 거의 없는 단맛이기 때문이다. 그렇다면 '고상함'이라는 게 내 맛있는 부분들을 몽땅 끓여내고 증발시킨 상태를 뜻한다면, 나는 사양하겠다.

요즘 유행하는 스타일 코드의 인기는 '클린 걸', '다크 아카데미아', '올드 머니' 같은 트렌드와 함께 더욱 높아졌다. 그런데 이런 유행들은 겉으로는 단정함과 고급스러움을 내세우지만, 그 이면에는 낡은 위계 구조나 사회적 억압에 대한 무의식적인 동경이 깔린 듯해 어딘가 모르게 불편하게 느껴진다.

스타일을 표현하는 단어는 사람마다 다를 수 있다. 당신이 꿈꾸는 '완벽한 나만의 스타일' 옷장은 어떤 이미지나 느낌인가? 클래식한? 도발적인? 미니멀한? 세련된? 독특한? 우아한? 이런 단어들을 적어 보면서 그 말이 뜻하는 바가 무엇인지 찬찬히 들여다보라. 정말로 내가 그런 존재가 되고 싶은지, 그런 모습으로 비치기를 원하는지, 그 이유는 무엇인지 스스로에게 물어보라.

그저 그 스타일이 아름답고 마음에 들어서 선택했는지, 덜렁대거나 지저분해 보이지 않으려고, 또는 어울리지 않는 사람처럼 보이지 않으려고 고른 것은 아닌지 생각해 보라. 물론 얼룩 하나 없는 캐시미어 스웨터나 날렵하게 다림질한 테니스 스커트를 입는 것이 잘못된 일은 아니다. 다만 그 옷을 입는 이유가 다른 사람을 주눅 들게 하려는 게 아니라 스스로 기쁨을 느끼기 위해서라면 말이다.

'브랜딩'이라는 말의 문제점은 '고상한(refined)'이라는 단어와 마찬가지로 다른 맥락에서는 부정적 의미를 풍긴다는 것이다. 브랜딩은 대량 생산되어 누구나 소비할 수 있는 상품에 찍히는 표식을 뜻한다. 별로 좋은 의미는 아니다. 또는 가축에 낙인을 찍는 행위를 비유하기도 한다. 가축은 오직 인간에게만 봉사하는 존재로 그 소유주를 구별하기 위해 낙인이 찍히는 존재다. 솔직히 말해서 그다지 매력적인 의미는 아니다.

캡슐 옷장의 허상

'캡슐 옷장(capsule clothes)'은 1970년대 런던의 부티크 '워드로브Wardrobe'를 운영하던 수지 폭스Susie Fox가 처음 고안한 개념으로, 적은 수의 옷만으로도 조합을 달리해 다양한 스타일을 연출할 수 있는 옷장으로 널리 알려졌다. 캡슐 옷장의 초점은 옷의 품질, 색감의 중립성 그리고 그 옷장을 꾸미는 사람의 '정체성' 같은 알 듯 말 듯한 감성에 있다. 최근에는 환경 문제에 대한 불안감이 커지면서(그 뜨거운 '용암' 때문에) 캡슐 옷장이 '지속 가능한 옷장'을 만드는 주요 방법으로도 주목받는다.

캡슐 옷장을 구성하려면 먼저 '나만의 스타일'을 정확히 알아야 한다. 옷 하나하나가 말로는 설명하기 어려운 나만의 '감성'에 맞춰 신중하게 고른 것이어야 하고, 그 안에 불필요한 물건이 낄 자리는 없다. 이런 옷장을 만드는 방식은 다양하다. 333 방법(상의 세 벌, 하의 세 벌, 신발 세 켤레로 스물일곱 가지 스타일을 연출하는 방식), 10x10 챌린지(열 벌의 아이템을 활용해 열흘간 다양한 조합을 시도하는 방식), 5의 법칙(모든 종류의 아이템을 다섯 개 이하로 제한하는 방식), 54321 시스템(상의 다섯 벌, 하의 네 벌, 액세서리 세 개, 신발 두 켤레, 수영복 한 벌).

무엇을 선택하든 핵심은 '최소한'에 있다. 듣기에 그럴듯하지 않은가? 돈도 덜 들고, 시간도 덜 들고, 아마 지구에도 훨씬 더 이로울 것이다. 하지만 문제는 바로 그 '소수 정예'의 완벽한 옷을 찾으려 할 때부터 시작된다. 실패와 시행착오 없이는 이상적인 조합에 다다를 수 없다. 캡슐 옷장이라는 개념이 등장한 건 1970년대지만, 진짜 전성기는 지난 5년이었다. 틱톡에서 #capsulewardrobe 해시태그는 7억 뷰를 넘겼고, 인스타그램을 켤 때마다 베이지색 페그레그 팬츠와 남색 니트웨어를 매치한 인플루언서들의 영상이 쏟아져 나온다. 흥미로운 건 같은 기간 동안 영국에서는 1인당 연평균 72벌의 옷을 버렸고, 새 옷을 사는 데 약 578억 파운드(약 106조 원)가 쓰였다는 사실이다. 절제된 개인의 스타일이 과소비라는 병의 치료제라면, 우리는 여전히 그 병으로 꽉 막혀 있는 셈이다.

내가 직접 캡슐 옷장을 만들어보며 깨달은 건, 값비싼 스타일리스트나 테일러의 도움이 없는 보통 사람에겐 전문가들이 말하는 것보다 훨씬 더 많은 '삽질'이 필요하다는 것이다. 실패할 확률이 높다는 말이다. 미니멀리즘이 다 함께 '평온'을 찾기보다는 쓰레기장을 늘리는 데 기여한 것처럼, 내가 보기엔 온라인 속 캡슐 옷장은 결핍의 미학은 갖췄지만 실질적 만족은 없다.

넉넉한 옷걸이 아래엔 물속 아래의 빙산처럼 어마어마한 현실이 숨겨져 있다. '완벽한 청바지' 하나를 찾기 위해 사서 버려진 스무 벌의 실패한 청바지들. 사놓고 보니 너무 짧거나, 너무 검거나, 너무 격식 차린 옷이었던 작은 검은색 원피스 다섯 벌. 우리 집 현관으로 배달되었다가 결국 다음 날 반송된 베이지색 민소매 10벌(반품된 옷의 80퍼센트는 브랜드에서 다시 판매되지 않는다는 사실을 아는가? 직원을 시켜 상태를 확인하느니 그냥 버리는 게 더 싸게 먹히기 때문이다).

실패의 흔적을 되짚어보고 우리가 맹신해 온 스타일 조언들에 어쩌면 석연치 않은 구석은 없는지 의문을 제기할 만하다. 뭔가 수상한 냄새가 나지 않는가? 생각해 보면 내가 평소에 '캡슐'이라는 말을 들어본 기억이라고는 학교 프로젝트로 도시락을 '타임캡슐'이라며 묻었을 때나 영화 속에서 누군가가 외계 생물의 플라즈마나 잘린 손, 우주로 쏘아 올릴 밀폐된 포드 같은 귀중한 물건을 밀봉하는 장면 정도가 전부인 듯하다. 캡슐은 움직임 없고 생기 없는 무균 상태를 만들어 사물을 보존하는 데 쓰일 뿐이다. 과학 실험이나 영화 속 장치로는 나쁘지 않지만 '죽을 만큼 멋진' 옷이 나올 만한 환경은 아니다. 말 그대로 '죽을 만큼'이 '죽는' 걸 뜻하는 게 아니라면 말이다.

시간 낭비와 지구 자원의 낭비는 바로 애매모호한 캡슐 옷장 전문가들의 조언을 따랐기 때문이다. 캡슐 옷장이 성공하려면 모든 옷이 서로 잘 어울려야 하고, 그 조합 가능성을 꼼꼼히 계산해 두어야 한다. 이론상으로는 그렇게 하면 수백 가지의 조합이 가능해 적은 수의 옷만으로도 늘 '새로워' 보일 수 있다고 한다. 솔직히 이것이 정신적 안정이나 환경 보호에 실질적인 효과가 있을지 여전히 의문스럽다. 옷장을 영화 캐스팅하듯 구성하려 든다면 당연히 어딘가엔 무리가 따른다. 모든 인물이 서로 '케미'를 가져야 하고, 서로 가족처럼 닮아 보여야 하고, 촬영 기간 내내 누구도 맡은 배역보다 나이 들어 보이면 안 되는 상황처럼 말이다.

카드 한 장을 빼면 탑 전체가 와르르 무너진다. 옷장에 그냥 초록색 재킷 하나쯤 있으면 좋겠다는 거라면 아무 문제 없다. 좋아하던 옷이 낡으면 비슷한 걸 다시 구하면 된다. 그런데 그 자리에 꼭 '소매가 퍼지고, 테이퍼드 핏에 리넨 89퍼센트, 스판덱스 11퍼센트의 이끼 색 재킷'이 있어야 한다면 그 옷을 다시 구하지 못했을 때는 어떻게 할 것인가?

캡슐 옷장은 분명 좋은 의도로 시작된 아이디어다. 하지만 결국엔 옷을 버렸다 다시 사고, 또 버리고 다시 사는 요요 같은 소비 사이클에 우리를 가두고 만다. 그 끝은 전 세계 매립지와 중고시장에 쌓여가는 어마어마한 옷더미일 뿐이다. 우리는 옷이라는 '드림팀'을 정해놓고 박제하려 애쓸 것이 아니라 옷장을 유연하게 꾸려나가야 한다. 몇몇 전형적인 캐릭터들을 등장시키고,

수십 년간 이어질 이야기에 대비하며, 배우의 외모가 조금 달라지더라도 개의치 않고 '아버지' 역할을 자연스럽게 교체할 준비를 해야 한다.

군이 신경 쓸 필요가 없는 건 비단 옷장 구성만이 아니다. 과연 그들이 말하는 것만큼 옷장의 크기가 정말 그렇게 중요할까? 물리적인 수납공간을 제한하는 것 외에 옷장을 작게 유지하면 어떤 이점이 있을까? 만약 내가 타임머신을 타고 산업혁명 이전으로 돌아갈 수 있다면 지구상에 인구수의 천 배나 되는 옷이 쌓이는 세상을 만들지 말라고 권력자들을 설득했을 것이다. 하지만 현실은 타임머신도 없고 옷들은 이미 만들어졌다. 그렇다면 쓰레기 매립장에 보내지 않을 수만 있다면 나는 기꺼이 헌 옷을 옷장에 보관할 의향이 있다.

물론 작은 옷장이 도움이 되는 사람들도 있다. 여행을 자주 다니거나 공간이 부족하거나 옷걸이에 옷이 가득 걸린 걸 보면 불안해지는 사람에게는 간결한 옷장이 낫다. 하지만 그런 경우를 제외하면 이미 있는 옷들을 두고 굳이 옷장의 크기를 이토록 엄격히 통제한다고 해서 지구가 실질적으로 뭘 얻을 수 있는지 잘 모르겠다.

사실 자주 입지 않더라도 옷이 계속 쓰이고 버려지지 않고 순환되는 것이 더 좋다. 중요한 것은 새 옷을 얼마나 자주 사들이는지, 그 옷들이 어떤 방식으로 만들어졌는지다. '지금 당장' 중고로는 절대 구할 수 없을 것 같은 엄청나게 구체적인 옷 목록이 꼭 필요하다고 우리를 압박하는 것은 대체 뭘까? 글쎄, 잘은 몰라도 한꺼번에 몰아서 캡슐 옷장을 완성해야 한다는 그런 강박이 아닐까?

옷은 세월이 가도 변치 않는다, 서서히 죽어갈 뿐

유행을 따르라는 압박, 옷장에서 '유행 지난' 것들을 솎아내고 '최신템'을 받아들일 준비를 하라는 메시지 속에서 혼란은 더 커진다. 여기에 우리가 받아든 해결책은 '세월이 흘러도 변치 않는 옷'이다. 하지만 현실은 그렇지 않다. 다른 패션과 마찬가지로 '기본템'이라는 옷들도 유행을 타게 마련이다. 트렌치코트의 재단, 청바지 통의 넓이, 스커트 길이. 이런 기본 아이템들 또한 화려한 초록 깃털 스커트나 눈에 띄는 물방울무늬 원피스 못지않게 유행의 흐름과 취향 변화에 쉽게 휩쓸린다.

옷은 어떤 면에서 살아 있는 물질과도 같다. 시간이 흐르며 형태가 변하고, 늘어나고, 보풀이 일고, 닳고, 결국엔 망가지기 때문이다. 아끼던 스웨터가 풀려버린 것을 발견했을 때 그 허전함을 아는 사람이라면 이 말을 이해할 것이다. 아무리 튼튼한 옷이라도 영원하지 않으며, 잠시 좋은 시간을 보낼 뿐이다. 옷을 입히는 대상인 우리 몸 역시 끊임없이 변한다. 사람은 변하고, 나이 들고, 줄거나 커지며 끊임없이 요동치는 존재다. 심지어 10년마다 피부도 완전히 바뀐다. 우리 몸의 세포는 약 7년 주기로 새로 만들어진다. 그러니 우리는 말 그대로 같은 사람이 아니다.

옷감도, 그 옷을 입는 우리 몸도 결국엔 변하고 사라진다는 걸 알고 있으면서 우리는 왜 '세월이 흘러도 변치 않는 스타일'을 추구하게 되었을까? 정말 시간이 지나도 변치 않는 패션이 가능하다면 빈티지 옷은 아무런 매력이 없었을 것이고, 옛날 영화가 주는 감동도 없었을 것이다. 그 옷이 담아내려 했던 '그 시대의 감성' 역시 존재하지 않았을 것이다. 우리가 잊지 말아야 할 사실은 아무리 단순한 옷이라도 누군가의 손을 거쳐 만들어진다는 점이다.

패션에는 분명 단점도 있고 때로는 과한 유희성과 장난스러움도 있지만,

그럼에도 그것은 예술이다. 만든 사람의 취향이고, 세상을 바라보는 관점이며, 그 시대를 담은 기록이다. 디자이너에게 '시간을 초월한' 옷을 만들어 달라고 요청하는 건 요리사에게 아무 맛도 없는 요리를 만들라거나, 건축가에게 절대 낡지 않는 건물을 지어 달라는 것과 다름없다. 그냥 옷을 있는 그대로 받아들이고 그 옷을 입은 우리를 보는 사람들이 언제 그 옷을 샀는지, 적어도 언제쯤 만들어졌는지 짐작할 수 있다는 사실도 편하게 받아들이자. 매일 패션 전문가나 스타일 인플루언서들과 어울리는 게 아니라면 사람들은 대개 그런 디테일에 전혀 관심이 없다.

옷에 너무 진지하게 굴지 않고 옷을 대충 대하는 방법들을 함께 살펴보자. 옷장은 그대로일지 몰라도 적어도 머릿속은 훨씬 가벼워질 수 있다. 마음에 드는 방법 하나만 골라도 되고, 몇 개를 섞어 써도 좋다. 중요한 건 스타일에 대한 스트레스를 절반으로 줄이고 다시 가볍게 세상 속으로 걸어 나갈 수 있는 용기를 얻는 것이다.

옷장이 아니라 '옷 입기 놀이 상자'일 뿐

'나만의 스타일'이라는 개념이 부담스러운 또 하나의 이유는 내가 나를 잘 모른다는 생각이다. 겉으로 보기엔 옷을 잘 못 고르거나 열심히 찾지 않아서 스타일이 부족하다고 생각할 수 있지만, 혹시 진짜 이유는 나 자신을 잘 몰라서가 아닐까? 나는 정말 내가 누구인지도 모르는 게 아닐까? 스타일을 통해 내 모습을 보여주고 싶지만 정작 그 안에 보여줄 '진짜 나'가 없다면 어떡하지?

인간이 과연 온전히 이해할 수 있는 존재인지에 관한 질문은 철학자에게 맡길 문제다. 하지만 내 경험상 '자아'란 미끄러워서 붙잡기 힘든 것이었다. 붙잡아두려 해도 고정되지 않고, 억지로 정의하려 들면 마음만 아프고 상처만 남는다. 나는 내가 끊임없이 변하는 존재라는 사실을 받아들였고, 그래서 한 가지 이미지나 스타일로 나를 정의하는 일이 무의미하다는 것을 알게 되었다.

생각해 보면 내가 자라면서 옷을 통해 가장 기쁨을 느꼈던 기억들은 역할놀이를 하던 순간들이었다. 친구 집에 있던 옷 입기 놀이 상자, 학교 연극을 위해 연극반에서 빌린 (누군가의 엄마가 고생해서 손수 만들었을) 너무 화려해서 조금은 민망했던 스커트, 옷핀과 부모님의 간절한 기도로 겨우 버텼던 핼러윈 의상까지, 이 모든 순간이 나에게는 특별한 즐거움으로 남아 있다. 그런 순간에는 아무도 내가 입은 옷이 실용적인지 나한테 잘 어울리는지 따위를 신경 쓰지 않았다. 그때 옷의 목적은 분명했다. 내가 왕비든, 소든, 흙투성이 농부든, 치약 튜브든(나는 핼러윈 파티에 치약 튜브 복장으로 갔다. 독실한 기독교인이었던 부모님이 허락해 줄 유일한 복장이었으니까) 그 역할에 더 가까운 옷을 입었을 뿐이다. 누구를 속이려던 게 아니었다. 그 옷은 진짜 나를 보여주겠다는 약속이 아니라 그냥 놀자는 신호였다. 그리고 정말 마음껏 놀았다.

옷을 놀이로 보고 나를 '의상 담당자'로 생각하자 모든 것이 자연스럽게 풀리기 시작했다. 어린 시절의 특별한 기억은 모두가 똑같을 순 없다. 당신이 옷과 가장 잘 어울린다고 느꼈던 순간은 줄무늬 머플러를 두르고 경기장으로 걸어가며 이곳에 속해 있다는 강한 소속감을 느낀 때일 수도 있고, 세상에 단 하나뿐인 나만을 위해 만든 옷을 입고 그 특별함을 온몸으로 실감했던 순간일 수도 있다. 아니면 춤추고, 수영하고, 산을 오를 수 있게 해주는 옷을 입었을 때인지도 모른다. 어떤 기억이든 내가 정말 편하고 자연스러웠던 순간을 천천히 되짚어보다 보면 '나만의 스타일'이 준다는 그 조화로움이 어떤 감각인지 다시 찾을 수 있을지도 모른다.

요즘 온라인 문화는 '진정성'에 대해 지나치게 많은 것을 요구한다. 가수에게는 그들의 인간관계를 짐작할 수 있도록 자신의 삶을 노래해 달라고 하고, 좋아하는 코미디언의 정치적 성향을 알고 싶어 하며, 좋아하는 배우의 가방 안에는 뭐가 들었는지까지 궁금해한다. 셀럽들의 파파라치 사진을 들여다보며 (그들이 직접 고른 것이라 추측되는) 사복 차림을 통해 '무대 밖'의 진짜 모습을 엿보려는 시도도 끊이지 않는다. 물론 우리가 세상과 소통하는 방식에는 진정 중요한 요소들이 많지만, 개인의 옷차림이 그렇게까지 큰 비중을 차지해야 하는지는 잘 모르겠다. 사실 그렇게까지 신경 쓸 만한 가치는 없어 보인다. 요즘에는 나를 그대로 드러내지 않는 옷을 입는 게 오히려 가식처럼 여겨지는 분위기다. 마치 옷은 반드시 우리의 진짜 모습을 표현해야 한다고 믿는 것처럼 말이다.

나는 '옷 입기 놀이 상자'의 시대가 끝났다고 믿고 싶지 않다. 나라는 사람을 가장 잘 설명하는 말은 장난치고 노는 걸 좋아한다는 것이다. 나는 놀기를 좋아한다. 내가 하고 싶은 말은 '나는 어떤 사람인가'를 알아내려고 옷을 통해 정체성을 찾으려 하기보다는 오히려 좋아하는 것에서 꾸준한 스타일의 실마리를 찾자는 것이다. 좋아하는 색도, 사랑했던 사람도, 사는 동네도 바뀌었지만, 내 인생에서 한결같았던 열정 두 가지가 있다. 바로 헬레나 본햄 카터Helena Bonham Carter와 '사운드 오브 뮤직The Sound of Music'이다.

내 옷더미 속에서 가장 오래 살아남은 아이템들을 찬찬히 보니, 꼭 내게 잘 맞거나 어울리는 색도 아니었다. 그보다는 지금 당장이라도 자전거를 타고 오스트리아 산을 질주하다가 노래하는 일곱 아이에게 쫓길지도 모른다는 기분이 들게 해주는 옷들이었다. 그리고 혁명가들이 우글거리는 스팀펑크풍 펍에서 혁명가들에 둘러싸여 맥주를 마시며 저녁 시간을 보낼 것 같은 기분이 드는 옷들이었다. 당신에게도 그런 옷이 있지 않을까? 프리다 칼로의 그림에서 막 튀어나온 듯한 사람처럼 보이고 싶다거나, 비욘세 뮤직비디

오에서 막 걸어 나온 것 같은 느낌이거나, 윌리엄 모리스의 커튼 무늬를 온몸에 두른 듯한 그런 분위기의 옷일 수도 있다.

우리가 좋아하는 예술이 뚜렷한 미적 이미지를 떠올리게 하는 건 우연이 아니다. 처음부터 의도적으로 그렇게 만든 것이다. 미적인 조화는 우리를 위해 이미 다 만들어졌다. 화가들에게는 팔레트가 있고, 영화에는 의상 디자이너가 있고, 음악 아티스트에게는 창작팀이 있다. 패션 유행에 흔들리지 말고 항상 나를 끌어당겼던 시각적 세계를 쭉 정리해 보고, 그 감각에 따라 옷을 고른다면 스타일에 대한 스트레스도 훨씬 줄어들 것이다. 복잡한 계산 없이도 그렇게 하면 스타일의 조화는 자연스럽게 따라올 것이다. 내가 장담한다.

이야기는 스타일을 넘어선다

물론 지금까지 몇 페이지에 걸쳐 나만의 스타일이라는 개념을 신랄하게 비판했지만, 그 개념을 확장하고 '적당히 대충' 접근한다면 충분히 구제할 수 있다고 생각한다. 예를 들어, 대다수가 옷은 서로 잘 어울리게 입는 게 중요하다고 말할지 모르지만, 나는 오히려 좋은 스타일의 핵심은 나머지와 조화를 이루지 않는 뜻밖의 아이템 하나라고 생각한다. 스타일리스트가 말하는 그 '포인트'가 어디서 나오겠는가? 내가 다른 사람의 스타일에서 가장 좋아하는 아이템은, "고마워, 세일해서 7천 원에 샀어!"라는 말이 따라붙는 아이템이 아니라 그 사람의 개인적인 이야기를 끌어내는 옷이다.

"고마워! 이거 웨일스 야외시장에서 산 거야. 그 주말에 내 여자친구가 나한테 청혼했어!"

"사실 이건 내가 십 대 때부터 가지고 있던 거야. 좀 웃기지? 내가 열다섯 살 때 진짜 얼간이 같았다고 얘기한 적 있나?"

"고마워요! 이 코트 주머니 진짜 커요. 뭐 들었는지 보여드릴까요? 진짜

별의별 게 다 들어 있어요(마술사가 손수건을 끝도 없이 꺼내듯 코트 안에서 온갖 물건을 꺼내며 혼잣말을 시작함)."

이 장의 도입부에 나왔던 나만의 스타일이 '말하지 않아도 나라는 사람을 보여주는 것'이라는 정의는 다시 생각해 보니 좀 씁쓸한 면이 있다. 왜냐하면 나는 말하기를 좋아하기 때문이다. 나는 왁자지껄한 모임, 시끄러운 밤 외출, 몰래 속삭이는 수다, 전화로 떠는 긴 수다, 짧게 나누는 안부 인사, 기차에서 모르는 사람과 나누는 엉뚱한 대화를 좋아한다. 나는 누군가를 알기 위해서 직접 말을 주고받아야 한다고 생각한다. 펩럼 스커트(허리선이 높고 허리부터 자연스럽게 퍼지는 A라인 형태의 스커트 - 편집자)의 주름이나 형광색 플리스의 색감만 보고 그 사람의 모든 걸 한눈에 파악할 수 없고, 옷의 색감이나 들고 있는 가방, 목에 건 목걸이만 보고 상대가 어떤 사람인지 알 수 없다는 점이 오히려 좋다.

그렇다고 '나만의 스타일'이라는 개념이 우리를 말 못 하게 하려는 음모라는 건 아니다. 그런데 완전히 아니라고도 못 하겠다. 물론 이런 시각적 '단서'가 없다면 세상은 좀 더 복잡하고 제한적일 수도 있다. 사람을 한눈에 파악할 수는 없다. 그런데 어쩌면 그게 꼭 나쁜 것만은 아닐 수 있다. 줄무늬 티셔츠와 평범한 양말 몇 개로 성격이 완벽하게 설명되는 사람이 과연 있을까? 그렇게 단순한 사람이 있다면 과연 재미있을까? 그 사람을 브라이덜샤워에 부르고 싶을까?

남들에게 나를 다 보여주지 않고 조금은 신비로운 존재로 남는 것도 괜찮다고 생각한다. 우리가 입는 옷이 언제나 우리 내면을 반영할 필요는 없다는 것을 인정하자. 우리는 정제되지 않은 원당처럼 너무나 복잡해서 단순한 색감이나 실루엣, 질감 같은 것으로는 도저히 표현할 수 없는 존재다. 대신 어떤 옷이 내게 특별한 의미가 있기만 하면 그 자체로 나의 스타일이 될 수 있다면 어떨까?

나한테는 내게 전혀 어울리지 않는 빨간 상의가 있다. 하지만 그 옷을 입고 내려다볼 때마다 왠지 모르게 힘이 솟는다. 그리고 체중이 들쑥날쑥할 때도 늘 몸에 잘 맞았던 점프수트가 있다. 그 옷이 살아 있는 생물은 아니지만 절대 나를 평가하지 않는 느낌이 들어서 정말 놀라울 정도로 위안을 받는다. 그 점프수트를 엉덩이 위로 끌어올릴 때마다 마치 "다시 왔네? 영광이야!"라고 윙크하는 것만 같다. 내 옷장에는 순전히 주머니가 크다는 이유만으로 입게 되는 코트가 있다. 그리고 거의 죽을 뻔했던 교통사고가 났던 날 입었던 와이드핏 면바지가 있다. 얇디얇은 바지였지만 전복된 차에서 기어 나올 때 깨진 유리로부터 내 피부를 보호했고, 고속도로 한복판 뜨거운 아스팔트 위에 앉아 구급차를 기다리는 동안 나를 식혀줬다. 그때 구급차는 내가 기적적으로 살았다고 말했다.

'모든 몸은 해변의 몸매다.'라는 말을 들어보았을 것이다. 몸매와 상관없이 누구나 해변에 설 자격이 있다는 뜻이다. 그렇다면 몸에 걸쳤다는 이유만으로 어떤 옷이든 '나만의 스타일'이라고 할 수 있지 않을까? 나만의 스타일은 옷의 '겉모습'보다 그 옷을 입었을 때 느껴지는 '감각'에 더 가까울 수도 있다. 그것이 그 옷을 당신만의 스타일로 만드는 것이다. 그 옷이 당신에게 어떤 행동을 하게 해주는지, 얼마나 자유롭게 움직일 수 있게 해주는지가 스타일이 될 수도 있다. 당신의 스타일은 그냥 너무 바빠서 옷을 고를 겨를도 없는 상태일 수도 있다. 고르지 않는 것 자체가 하나의 선택일 수 있다. 그러니까 그것 역시 당신만의 스타일이다!

비슷한 맥락에서 당신의 신념에 맞는 방식으로 얻은 옷도 그 자체로 '나만의 스타일'이 될 수 있다고 생각한다. 그 옷이 중고라서, 당신이 그런 소비 방식을 지지하기 때문에 그게 바로 당신만의 스타일일 수 있다. 작은 독립 브랜드에서 샀다거나 만든 사람에게 직접 산 옷이기 때문에 당신만의 스타일일 수도 있다. 선택할 수 있는 상황이라면 대부분의 사람이 '착한 선택'을 할 거라고 나는 믿는다. 대부분 옷이 만들어지는 과정에서 불필요한 낭비와 인권 착취가 일어난다는 사실을 알면서도 패스트 패션 매장에 들어가 "와, 이건 완전히 내 스타일이야!"라며 감탄하도록 우리가 세뇌되었다는 것은 정말 놀라운 일이다.

내가 자주 가던 가게에 걸린 옷들이 어떤 방식으로 만들어졌는지 알게 되면서 이런 생각이 들기 시작했다. '그런 방식이 본능적으로 나를 슬프게 만든다면 그 옷이 정말로 나다운 옷일 수 있을까?' 완벽하게 윤리적이고, 지속 가능하고, 시각적으로도 깔끔한 옷장을 갖지 못했다고 자책하기보다는 완벽함의 기준을 조금 덜어내 보는 건 어떨까? 그냥 '나에게 의미 있는 것'을 찾는 것만으로도 충분할 수 있다. 옷이 만들어지는 과정을 알게 될수록 브랜드에 대한 애정이 줄어들었고, 그들의 웹사이트를 볼 때 느끼던 설렘도 점점 사라졌다. H&M 매장 문을 들어설 때 느끼던 뭔가 편하고 익숙한 느낌이 이제는 들지 않는다. 그것 역시 만들어진 감정이었을 것이다. 굳이 한 번에 끊어내거나 나 자신에게 특별한 규칙을 정할 필요는 없었다. 그저 서서히 멀어졌을 뿐이다. 서로의 열정은 식어갔고, 원하는 것도 달라졌다. 점차 그것이 옳지 않다는 것을 뼛속 깊이 느끼기 시작했다. 그것은 더 이상 '나다운' 게 아니었다.

사람과 마찬가지로 옷장 속의 옷들도 모든 조건을 완벽하게 맞춰줄 수 없다. 어딘가 낡은 부분도 있고, 상태가 안 좋은 날도 있고, 옷깃에 소스 자국이 묻어 있을 수 있다. 하지만 그런 결점이 있더라도 그 옷의 웃는 방식이라든가, 세상을 바라보는 방식, 아니면 나와 함께 어려운 시간을 견뎌낸 사실 때문에 평생 함께하고 싶게 만든다. 옷장에서 '허용되는' 범위를 조금만 넓히면 큰 노력 없이도 지속 가능한 옷장을 만들 수 있다. 더 좋은 점은 그렇게 하면 머릿속이 훨씬 가벼워져서 진짜 중요한 일에 그 에너지를 쓸 수 있다는 것이다.

마우스 대신 바늘을 들어라

옷에 대한 스트레스를 줄이자면서 갑자기 새로운 기술을 배우라고 제안하는 게 좀 엉뚱하게 들릴 수도 있다. 그런데 간단한 바느질이나 뜨개질 기술을 배우는 게 패스트 패션이 던지는 많은 고민을 잠재우는 좋은 방법이라는 것을 알게 됐다. 이제는 '완벽한' 재킷을 찾아 여기저기 돌아다니는 데 지쳤다. 그냥 내가 원하는 핏으로 재킷을 고치는 방법을 배우는 중이다. 한 번 배우면 평생 쓸 수 있는 기술이니까. 이제는 한두 가지씩만 마음에 드는 드레스 다섯 벌을 찾아다니며 돈을 쓰는 대신, 내 취향을 하나로 합쳐 '이것 하나면 충분한' 드레스를 직접 만들었다. 핏도 좋고, 색감도 예쁘고, 찰랑거림도 만족스럽고, 무엇보다 주머니까지 있다.

바느질은 내가 말한 옷과의 '친밀감'을 쌓는 좋은 방법이기도 하다. 내가 가장 따뜻하게 느끼는 스웨터는 스코틀랜드로 가는 긴 기차 여행에서 엄마 옆에 앉아서 떴던 것이다. 내가 제일 아끼는 리넨 셔츠는 옛 학교 친구들과 특별한 새해 전야를 보내기 위해 허둥지둥 만든 것이다. 내가 가장 좋아하는 여름 드레스는 세 번이나 뜯었다 다시 꿰맨 옷이다. 완벽하지 않고, 울퉁불퉁하고 매끄럽지 않지만 그래도 완성했다. 그것만으로도 '난 제대로 뭘 해내지 못해'라는 내 안의 부정적인 목소리를 이겨낸 하나의 증표가 되었다. 그 옷의 불완전함을 인정하다 보니 나 자신의 부족함에도 더 관대해졌다.

뜨개질은 손을 바쁘게 만들어 쇼핑 사이트를 뒤지는 습관을 막아주는 최고의 방법이기도 하다. 나는 이 시기를 'AK 시대', 즉 뜨개질을 알게 된 이후의 삶이라고 부른다. 이따금 'BK 시대', 그러니까 뜨개질을 몰랐던 이전의 시절을 떠올린다. 하루에도 몇 번씩 쇼핑몰을 들락날락하던 그 시절, 나는 정말로 새 옷이 필요했을까? 아니면 단지 심심한 마음에 무언가를 꼼지락거리고 싶었던 걸까?

놀랍게도 그 단순한 꼼지락거림이 나를 진심으로 기쁘게 하는 옷을 만들어낼 수 있다는 걸 누가 알았겠는가? 그 옷들은 반품하거나 팔 생각조차 할 수 없는, 오롯이 내 옷들이다. 내가 직접 짠 겨자색과 분홍색 줄무늬의 양모 스웨터는 내가 죽어 함께 묻히지 않는 한 절대 매립지에 갈 일이 없을 것이다. 이 얼마나 생산적인 꼼지락거림인가. 만세!

캡슐 옷장이 무너지기 쉬운, 카드로 만든 탑 같다던 내 주장에 대한 좋은 반론이 하나 있다. 바로 바느질을 배우고 패턴만 잘 보관해 둔다면 모두가 이상적으로 여기는 캡슐 옷장의 개념을 실제로 구현할 수 있다. 망가지면 수선해서 다시 무대에 올리고, 거의 같은 천이 있다면 새로운 '배우'를 하나 더 만들어낼 수 있기 때문이다.

버섯 옷장의 미학

버섯에 관해 읽어 본 적이 있는가? 땅 위로는 각자 개성 넘치는 귀여운 버섯처럼 보이지만 땅속에서는 모두 연결되어 서로 손을 잡고 속삭이고 있다. 멀린 셀드레이크Merlin Sheldrake(영국의 생물학자이자 작가로, 미생물과 토양 생태계, 자연세계의 미묘한 연결고리에 관한 연구로 유명함 - 편집자)의 버섯 연구는 우리가 균류를 바라보는 관점을 완전히 바꿔 놓았는데, 그의 책 《작은 것들이 만든 거대한 세계(Entangled Life)》는 특히나 흥미롭다. 우리가 땅 위에서 보는 것은 각각의 버섯일지 몰라도 땅 밑에서는 이 버섯들이 너무나도 정교하고 복잡한 '균사 네트워크'로 얽혀 있어서 '개별 버섯'이란 말 자체가 무색할 정도다.

이것이 바로 내가 꿈꾸는 공동체적 옷장의 미래 모습이다. 겉으로는 우리 모두 각자 개성 있고, 멋지고, 스타일리시한 버섯처럼 보이지만, 사실 보이지 않는 곳에서는 수많은 옷장 네트워크가 연결되어 스타일을 공유하고 서로 옷을 나누는 것이다. 그런데 너무 특정한 스타일에 집착하면 '십 대 시절 리나'가 제일 좋아했던 '옷 바꿔 입기' 놀이를 못 하게 된다.

예전에 나는 친구들과 늘 붙어 다니며 서로의 침대에서 뒹굴고 서로의 물건을 뒤져보며 놀았다. 그때의 나는 (의도치 않게) 훨씬 더 지속 가능하고 스트레스 없이 스타일을 즐기고 있었던 것이다. 우리 넷은 그냥 자연스럽게 한 사람의 옷장만으로 파티에 갈 준비를 뚝딱 해치울 수 있었다. 다른 도시에 있는 친구 집에 놀러 가면 입고 간 옷을 친구 옷으로 바꿔 입고 돌아오곤 했다. 인조 가죽 재킷이나 비즈 장식이 달린 탱크톱을 잠깐 빌리기 위해 물물 교환 하기도 했다. 자매가 없던 내게 친구 언니가 옷을 정리해 둔 커다란 봉투를 마음껏 뒤져볼 수 있게 된 날은 마치 크리스마스처럼 설레었다.

2000년대 초, 십 대 초반 소녀들의 세계는 돈은 부족하고 옷장은 좁았지만, 누구보다 멋져 보이고 싶다는 갈망으로 가득한 우주였다. 선택은 명확했다. 힘을 합치든 아니면 주변의 차가운 무관심을 견뎌야 했다. 소유욕은 허용되지 않았다. 우리는 하나의 네트워크가 되어야 했다. 이런 생활은 여섯 명의 여자애들과 낡고 허름한 큰 집에서 같이 살던 이십 대의 대학 시절까지도 이어졌다. 드레스업 파티나 밤 외출을 준비할 때 필요한 게 있으면 그저 문을 활짝 열고 계단에다 "누구 *** 있어?"라고 외치기만 하면 끝이었다. 하지만 나이가 들수록 옷을 빌리거나 공유할 때의 사회적 분위기가 조금씩 변해간다는 걸 느꼈다. 이제 다른 사람에게 '민폐를 끼친다'는 느낌이 들기 시작한다. 왠지 직접 사야 할 걸 빌려달라고 하면 '찌질하게' 느껴지기도 하면서 '옷 바꿔 입기'는 점점 유치한 놀이가 되어버린다.

그런데 나는 옷 바꿔 입기는 시대를 초월한 가치라고 외치고 싶다! 당신이 내 십 대 시절과 비슷한 경험을 했든, 하지 못해서 억울하게 느껴지든 아직 늦지 않았다는 걸 꼭 말해주고 싶다. 당신의 옷장과 주변 사람들의 옷장 사이에 보이지 않는 작은 실을 연결해서 당신만의 '버섯 옷장'을 꾸려 보라.

만약 주변에 당신 치수나 스타일이 비슷한 친한 친구가 없다면 네트워크의 범위를 더 넓히면 된다. 나는 집에서 옷 바꿔 입기 파티를 열고 친구의 친구까지 초대하기도 하고, 낯선 사람들로 가득한 페이스북 옷 교환 그룹에 가입하기도 했으며, 무료 나눔 포럼에 들어가 보기도 하고, SNS에 '이런 옷 빌려주실 분?' 또는 '이 옷 필요하신 분?' 하고 묻는 글을 올리기도 했다. 스타일이라는 겉모습 아래 보이지 않는 연결망을 넓혀줄 앱과 지역 커뮤니티 활동은 정말 많다. 옷장을 균사처럼 퍼지게 해보라. 상상하지도 못한 멋진 변화가 피어날 것이다!

나만의 스타일을 위한 '대충' 체크리스트

"책은 쓰고 나서 다듬는 게 아니라 다듬는 과정에서 비로소 완성된다." 많은 작가가 이런 인상 깊은 말을 했다. 내가 좋아하는 옷장을 만들어가는 과정도 비슷했다. 옷을 입는다는 건, 자신이 어떤 사람인지, 지금 어떤 상황을 겪고 있는지를 손가락으로 대충 그려내는 초안일 뿐이다. 무슨 옷을 고르든, 어떤 기준이든 그게 곧 당신이다. 당신이 선택한 옷이라면 그게 바로 당신의 스타일이다! 그게 전부다!

참고할 만한 틀이나 어떤 옷이 나만의 스타일인지 대충 판단할 방법이 필요하다면 아래 목록을 한번 훑어보라. 목록에서 절반 이상 해당한다면 그 옷은 그냥 집으로 데려와야 한다.

☐ 내가 동의하는 방식으로 만들어졌다.
☐ 이 옷을 예술 작품처럼 벽에 걸었을 때 질리지 않고 볼 것 같다.
☐ 오래도록 사랑해 온 어떤 것(영화나 그림)을 떠올리게 한다.
☐ 입었을 때 '좋은 느낌'이 든다.
☐ 이 옷이라면 즐거운 대화를 불러올 수 있겠다.
☐ 아무 약속이 없어도 혼자서라도 입고 있을 것 같다.

이제 다시 쇼핑과 유행의 혼돈 속으로 떠나기 전에 마음속에 챙겨둘 '패션 만트라'를 몇 개 전해주겠다. 내 말을 따라 해보라.

- 옷이 곧 나를 정의하지는 않는다.
- 옷으로 완벽하게 '나'를 표현할 수는 없다.
- 캡슐 옷장을 완성하려는 시도는 헛수고에 불과하다.
- 옷을 잘 매치해서 입어야 할 도덕적 의무는 없다.
- '스타일을 쌓고 만드는 일'은 결코 끝낼 수 있는 과제가 아니다.
- 나는 이미 '나만의 스타일'이 있다.

프랑스인들은 유행에 휘둘리지 않고 '힘 안 들인 듯 멋진' 옷차림 덕분에 전 세계적으로 스타일의 아이콘으로 여겨진다. 정작 프랑스인이 아닌 우리는 그 무심한 멋을 따라 하려고 아이러니하게도 매뉴얼을 파고들도록 부추김당한다. 열심히 연구하면 우리도 그 스타일을 터득할 수 있지 않을까? 어딘가 해독 가능한 공식 같은 게 있지 않을까? 그런데 정작 프랑스 스타일의 아이콘, 가령 패션 사진작가 가랑스 도레 Garance Doré 같은 사람에게 물어보면 이렇게 말한다. "우아함은 거절이다."

그래서 나는 당신에게 새로운 시도를 함께해 보자고 제안한다. 정말 '멋지다'고 생각되는 사람들의 말에 귀 기울여 보는 것이다. 그들이 '거절하라'고 말하면 거절해 보자. 스타일을 지나치게 파고들기를 거절하고, 돈 쓰기를 거절하고, 남이 정한 기준을 거절하고, 그들이 강요하는 만큼 신경 쓰는 것도 거절하자. 결국 '힘 안 주는 멋'의 진짜 비결은 말 그대로 정말로 힘을 덜 주는 것일지도 모른다.

마침 잘 됐다. 지금 옷을 고민하다가 출근에 늦을 뻔했는데 말이다.

대충 경력 쌓기

 '직업'을 영어로 뭐라고 하든 상관없다. job, profession, trade, calling 등이 있지만, 본질을 가장 정확히 짚는 말은 'occupation'('직업' 외에 '점유하다'라는 뜻이 있음 - 옮긴이)이다. 좋든 싫든 직업은 결국 우리를 점유한다. 일은 '성인'으로 사는 시간의 대부분을 차지한다. 평균적으로 8만 시간 정도에 이른다. 어떤 이에게는 일이 시간을 차지하는 것을 넘어 생각과 고민, 꿈까지도 지배한다. 밥을 먹으며 잠깐 숨을 돌리는 그 순간에도 머릿속을 떠나지 않는 게 바로 일이다. 근무 중이 아닐 때조차 남는 시간 틈틈이 스며드는 것이 일이다. 우리는 어릴 때부터 마치 연애 상대를 찾듯 꿈의 직업을 갈망하라고 배운다. 그저 평화롭게 초콜릿이나 먹고 싶은 어린아이에게 "너는 커서 뭐가 되고 싶니?"라고 묻는다.

 결국 직업이 있어야 집도 구할 수 있고, 공동체 안에 소속될 수 있으며, 나아가 한 나라에서 자리를 잡을 수도 있다. 누구를 만나고, 누구와 결혼하고, 몇 명의 아이를 낳을지도 결국 경제적 여유가 좌우한다. 무슨 일을 하느냐, 그 일로 얼마나 많은 돈을 버느냐에 따라 우리는 주거, 음식, 물 같은 기본적인 생존 조건을 누릴 수 있다. 뿐만 아니라 우리의 건강, 두뇌 발달, 결국 우리가 깨어 있는 하루의 절반이 얼마나 행복할 수 있을지까지 일은 모든 것에 영향을 미친다. 그러니 대충 해서는 안 되는 일처럼 보인다. 하지만 바로 그 전력을 다한 일이 오히려 우리를 망가뜨린다는 사실이 드러나고 있다.

영국 최고의 정신건강 자선단체인 '마인드Mind'의 조사에 따르면, 일은 부채나 건강 문제보다 더 큰 스트레스 원인으로 꼽혔다. 응답자 중 25퍼센트는 직장에서 받는 정신적 압박 때문에 퇴사를 고민했고, 57퍼센트는 퇴근 후 스트레스를 해소하기 위해 술을 마시며, 14퍼센트는 심지어 근무 중에도 음주를 한다고 답했다. 다른 대처법으로는 흡연(27퍼센트), 항우울제 복용(15퍼센트), 수면제 복용(10퍼센트)이 뒤를 이었다. 18퍼센트는 직장 환경 때문에 불안장애를 겪게 되었고, 7퍼센트는 자살 충동을 느꼈다고 밝혔다(특히 18~24세의 젊은 층에서는 이 수치가 10퍼센트로 더 높았다).

영국 '인사개발협회(CIPD)'에 따르면 650만 명의 직원과 918개 기관의 병가 데이터를 분석한 결과, 2023년 한 해에만 전체 근로자의 76퍼센트가 직장 스트레스 때문에 병가를 내야 했다. 이렇게 번아웃이 만연하다 보니 2019년에는 'WHO(세계보건기구)'의 국제질병분류 11차 개정판에 '직업 관련 증후군'으로 공식 등록되기까지 했다.

물론 세계 곳곳에는 이보다 더 심각한 곳도 있고, 훨씬 나은 환경에 있는 나라도 있다. 역사적으로는 임금 노동자의 삶이 지금보다 더 고된 시기도 있었다. 하지만 나는 최근에서야 우리가 지금 당연하게 여기는 이 노동 방식이 결코 당연하지도, 언제나 그랬던 것도 아니라는 사실을 깨달았다. 연구에 따르면, 14세기 영국 농민들은 1년에 약 150일만 일했고, 심지어 낮잠 잘 시간도 있었다고 한다. 낮잠이라니! 주 3일 근무에 낮잠까지 누린 셈이다! 물론 삶의 다른 면들은 끔찍했을 것이다. 결국 반란을 일으켰으니 말이다. 어쨌든 그런 삶도 가능했다.

한편 오늘날에는 노동자 계층과 중산층의 생활 수준이 점점 낮아지는 와중에도 주식 시장은 사상 최고치를 경신한다. 2023년 한 해 동안 전 세계에서 새롭게 탄생한 억만장자만 해도 149명이나 된다! 문제는 우리가 열심히 일하지 않아서가 아니다. 오히려 너무 과하게 일하고 있는데, 그 성과는 빼앗기고 기본적인 삶조차 꾸리기 힘든 지경에 이르렀다는 데 있다. 정작 위에 있는 사람들은 손 하나 까딱 안 하는데, 우리는 그들을 위해 죽어라 일해야 한다는 현실을 점점 당연시한다. 그래서 지금 '대충의 마법 가루'가 필요하다. 현실적으로 사람들 대부분이 감당할 수 있는 삶을 찾는 문은 '죽어라 일해서 정상까지 올라가라'고 쓰인 마법의 문이 아니다. 그 문에는 이렇게 쓰여 있다. '당신의 노동에 대해 정당하게 보상받을 권리를 쟁취하라. 그러면 노동 시간은 절반으로 줄 것이다.' 하지만 이렇게 묻는 소리가 들리는 듯하다.

"우리가 그걸 이뤄낸다 해도 그렇게 남는 시간은 대체 뭘 하며 보내죠?"

"경력을 쌓는 것이 우리 정체성의 핵심 아닌가요?"

"전력을 다하지 않고도 만족스러운 삶을 살 수 있을까요?"

그런데 이런 생각에는 또 다른 논리적 허점이 있다. 왜냐하면 우리가 잊고 싶어도 도저히 잊지 못할 사실이 하나 있기 때문이다. '바쁘게 지내는 것'은 대부분의 사람에게 전혀 어려운 일이 아니라는 점이다. 출근하지 않아도 시간을 채울 것들은 차고 넘친다. 수많은 사람이 아이를 키우고, 노인을 간병하고, 돌보지 않으면 방치될 사람들을 챙기느라 바쁘다 못해 벅차게 살고 있다. 어떤 이는 하루 24시간 끊임없이 관리해야 하는 자기 몸을 돌보느라 녹초가 되어 하루를 간신히 넘기고 있을지도 모른다. 누군가는 자신을 거의 매일 파멸 직전으로 몰아넣는 중독, 습관, 마음의 상처를 조금씩 떨쳐내려고 고군분투할지도 모른다.

삶을 지탱하는 이 중요한 일들은 금전적으로 보상받지 못할 수도 있지만, 어쨌든 우리의 시간을 충분히 채우고 있다. 이미 다른 중요한 일로 바쁘게 살고 있는 사람에게 사회에서 말하는 소위 '정상적인 일'을 왜 하지 않느냐며 멸시하는 것은, 마치 그들이 게을러서 일하지 않는 것처럼 보는 시선이다. 이런 생각은 솔직히 '무식한' 소리다. 내가 감히 말하지만 '적당히 일하는 사람', '시간제 근무자', '무직 상태인 사람' 중에 진짜 아무 일도 안 하는 사람은 거의 없다. 이들은 '무직'이라기보다는 '무임금' 상태라고 하는 것이 더 정확하다. 직장 밖의 삶 역시 엄청난 노력과 에너지가 필요하기 때문이다. 그래서 나는 직장 일은 적당히 대충 하고, 정말 중요한 다른 일에 몰두하는 사람들을 전적으로 지지한다. 원래 세상은 꼭 필요한 일일수록 돈은 안 되는 구조로 돌아가기 때문이다.

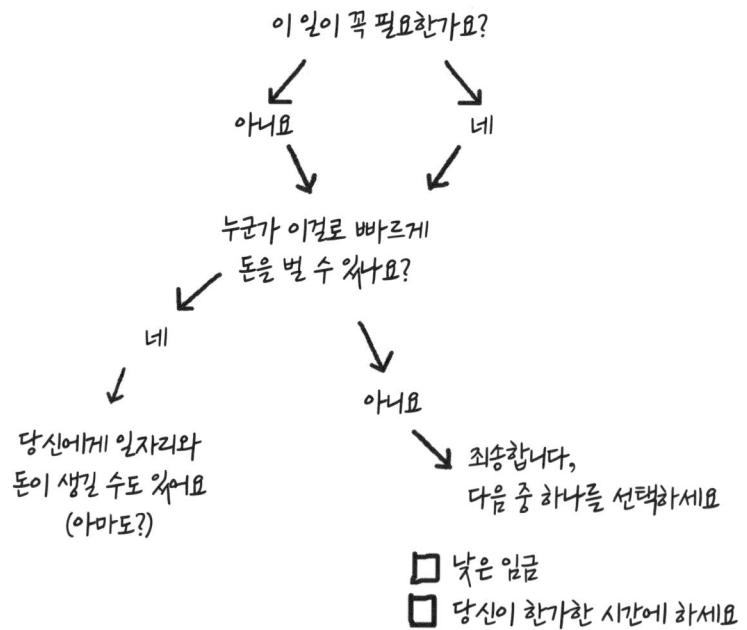

육아, 돌봄, 건강 회복 외에도 해야 할 일은 정말 많다. 그런데 그런 일의 대부분은 돈이 안 되는 무급 노동이다. 생각해 보면 돈이 되는 일과 진짜 해야 하는 일이 겹치는 경우는 정말 드물다. 투지와 기도만으로 버티는 수많은 자발적 프로젝트와 단체들, 알지도 못하고 만난 적도 없는 사람들을 위해 좋은 일을 해보자는 마음 하나로 기꺼이 내어주는 무료 노동 덕분에 어렵지만 여전히 굴러가는 세계 곳곳의 공동체를 생각해 보라.

영국에는 자그마치 11,000개의 자선 가게가 있고(웬만한 마을마다 10개 정도씩), 그중 대부분은 가만히 앉아 쉬는 것보단 뭔가 하고 싶은 은퇴자들의 헌신 덕분에 운영된다. 푸드뱅크만 해도 2,500개가 넘고, 도서관 자원봉사자만도 5만 명이다. 스카우트와 가이드 단체는 3만 곳에 이르고, 익명의 알코올 중독자 모임은 매주 46,000회나 열리며, 아마추어 연극 공연도 매년 1만 편 가까이 무대에 오른다. 이 모든 활동이 유지되는 것은 세상이 엉망이 되는 걸 그냥 둘 수 없어 돈 대신 사람들과 어울리며 물 탄 오렌지 주스를 보상 삼아 자기 시간을 기꺼이 내어준 무급 노동자들 덕분이다.

그래서 나는 2019년에 화제가 되었던 '나는 노동을 꿈꾸지 않는다'라는 밈과 그것이 불러일으킨 일련의 이야기들에 매우 흥미를 느꼈다. 이 밈은 처음엔 자본주의가 우리의 꿈과 욕망을 어떻게 조작하고 만들어내는지를 비판하는 데서 출발했다. 하지만 시간이 지나며 "그냥 아무것도 안 하고 싶어!", "사회에서 빠져나오고 싶어!"와 같은 어딘가 모호하고 실질적인 도움이 안 되는 구호로 변질되어 버렸다.

이런 흐름은 '대퇴사(Great Resignation)'라는 현상을 다룬 수많은 칼럼으로 더욱 심화했다. 대퇴사는 팬데믹 기간 동안 많은 사람이 자기 직장을 자발적으로 떠난 현상인데, 사실 나도 그중 한 사람이다. 일이라는 게 당신을 만족시키지도, 삶의 의미를 주지도, 공동체에 변화를 일으키지도, 창의적인 자유를 주지도 않는 세상이라면, 혹시 더 멋진 방식에 관심이 있는가? 지금부터 내가 실천하고 있는 '적당히 대충 일하면서 균형 잡는 삶의 방식'을 소개해 보겠다.

완벽한 직장은 없지만, 하나는 선택해야 한다

'좋아하는 일을 하면 평생 하루도 일하지 않는 셈이다.' 그럴듯하게 들리지만 작은 글씨로 적힌 주석을 유심히 읽어본 적은 없을 것이다. 그 주석은 이렇다. '좋아하는 일을 하겠다고 시작했지만, 하루의 대부분을 좋아하지 않는 업무에 매달리게 됩니다. 예전에 좋아했던 일과는 미미하게 관련될 뿐이고, 결국에는 그 일을 떠받치는 산업의 속사정을 알게 되면서 실망하고, 당신이 사랑했던 일이 얼마나 엉망인 시스템과 썩은 구조 속에서 망가지는지를 보게 됩니다.' 아주 인상적이진 않지만 이 문구가 내 학교 진로 상담실 벽에 붙어 있었다면 진로를 선택할 때 시간을 훨씬 덜 낭비했을 것이다. 내 생각에 직장에서의 만족은 크게 세 가지로 나눌 수 있다.

- 첫째, 하는 일 자체를 좋아함
- 둘째, 그 일을 하는 목적을 좋아함
- 셋째, 그 일을 하는 방식을 좋아함

세 가지 범주를 모두 갖춘 직장을 선택하라고 말하고 싶지만, 솔직히 그중 하나라도 얻을 수 있다면 정말 운이 좋은 편일 것이다. 이것이 지구상의 사람들 대부분이 살아가는 현실이다. 그래서 당신에게 무엇이 가장 중요한지를 먼저 정하고, 나머지 두 요소에서 오는 불만이나 손해를 최소화할 방법을 찾는 것이 가장 현실적인 방법이라고 생각한다. 실제로 세 가지 중 단 하나만 만족해도 빛나고 충만하고 행복한 삶을 살아가는 사람들이 많다. 적당히 만족스러운 일자리는 분명 현실적인 선택지 중 하나가 될 수도 있다. 이제 앞서 말한 세 가지 기준을 하나씩 살펴보면서 각각의 장단점을 따져보자.

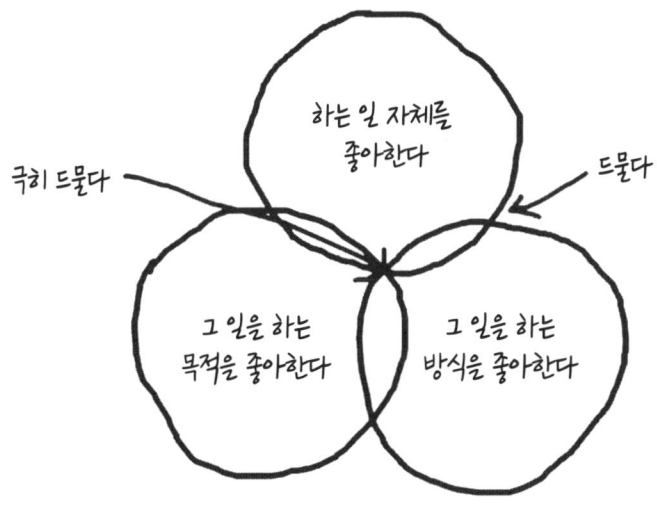

하는 일 자체를 좋아한다

이 내용은 학교 진로 상담 워크숍에 가면 제일 먼저 조언받는 이상적인 진로 방향이다. 자연스럽게 잘할 수 있고, 타고난 재능도 있으며, 그 일로 돈까지 벌 수 있다면 더할 나위 없을 것이다. 에르퀼 푸아로(영국 추리소설 작가 애거사 크리스티가 창조한 탐정 캐릭터 - 편집자)가 살인 사건을 풀 때 행복을 느끼고, 뽀빠이가 선원이 되기 위해 태어난 것처럼, 어쩌면 당신도 그런 운 좋은,

소위 '천직형 인간'일 수 있다. 천직이 마치 가을 나뭇잎처럼 스르르 무릎 위에 내려앉는 것처럼 말이다. '내가 하는 일을 좋아하는 것'의 장점이야 굳이 설명하지 않아도 알겠지만, 그래도 한 번쯤 짚고 넘어가 보자.

하는 일 자체를 좋아할 때의 장점
일단 당신이 좋아하는 걸 진짜로 하면서 살아간다는 것이다! 그 일에서 오는 설렘과 흥분이 에너지가 되고 더 잘하기 위한 방법을 찾는 과정조차 즐겁고 흥미롭다. 같은 열정을 가진 사람들과 함께 일하다 보면 처음부터 마음이 잘 통하는 친구 같은 동료도 자연스럽게 생긴다. 몰입 상태에 빠져 일하면서 '아, 여기가 내 자리구나' 싶은 순간을 경험하고, 좋아하는 일을 하는 데 돈까지 준다. 이보다 더 좋은 게 있을까?

하는 일 자체를 좋아할 때의 단점
그 일을 당신만큼 소중히 여기지 않는 사람들과도 함께 일해야 한다는 것이다. 그들은 그 일을 목적을 위한 수단 또는 그저 돈벌이 수단으로 여기거나, 그 일을 다듬고 개선하는 데서 오는 즐거움을 이해하지 못한다. '그 일'을 포장하고 부풀리는 데만 관심이 있고, 일의 질이 떨어지더라도 상관하지 않는다. 당신은 이런 사람들을 미워하지 않으려고 애쓰는 데 많은 에너지를 쓰게 될 것이다.

 혹시 당신이 좋아하는 멋진 일만 하고, 거기에 따라오는 지루한 회의나 문서 작업은 안 해도 되는 상황이라면, 그건 정말 예외적인 경우다. 멋진 일에는 언제나 따분한 서류 작업이 따라오게 마련이다. 물론 서류 작업이나 행정 업무를 진심으로 사랑하는 사람이라면 예외다. 또 하나의 현실적인 문제는, 경력이 쌓이고 실력이 늘어날수록 정당한 보상을 받기 위해 결국 관리직으로 올라가야 한다는 점이다. 나도 관리자 역할을 여러 번 맡았는데, 이 자리를 빌려 그 시절 내가 관리했던 모든 분께 정중히 사과드리고 싶다.

사람들은 흔히 이렇게 믿는다. 어떤 일을 잘하면 그 일을 잘 가르칠 능력도 있고, 다른 사람들이 잘할 수 있게 시스템을 짜는 능력도 있을 거라고. 하지만 이건 완전히 잘못된 생각이었다. 나도 최근에서야 '교육학(pedagogy)'이라는 단어를 알게 됐지만, 이 개념을 아는 사람이라면 누구나 '가르치는 건 별개의 능력'이라고 입을 모아 말할 것이다.

물론 어떤 사람들은 실무 능력과 가르치는 재능을 동시에 갖추기도 한다. 하지만 그런 사람은 드물다. '잘하는 사람은 실무를 하고, 못하는 사람은 가르친다'라는 말은 헛소리지만, '잘하는 사람은 가르쳐서는 안 된다'라는 말은 적어도 내 경험에 비춰보면 가끔은 맞는 말이었다. 경영 업무도 마찬가지다. 시스템을 구축하고, 작업 흐름을 조율하고, 업무를 품위 있게 분배하고, 인내심 있게 후배를 이끄는 일은 완전히 다른 기술이다. 각각이 별개의 전문 영역이며, 숙달하기도 어렵다.

그리고 어떤 한 분야에 능숙하다고 해서 다른 분야에서도 능숙할 거라는 보장은 없다. 어떤 분야에서는 너무 당연하게 느껴지는 말인데, 다른 분야로 가면 사람들이 쉽게 이해하지 못해 굳이 하나하나 설명해야 할 때가 있다. 예를 들어, 연기를 잘한다고 해서 감독까지 잘할 거라는 보장은 없다. 미용 실력이 뛰어나다고 해서 사업 수완도 탁월하리란 법은 없고, 그림을 잘 그리는 사람이 미술관 운영도 잘할 거라는 기대도 무리다. 비행기를 훌륭하게 조종하는 능력과 항공 교통을 통제하는 능력은 전혀 다르고, 바텐더로서의 감각과 훌륭한 양조 실력 또한 완전히 별개의 영역이다. 이쯤 되면 무슨 말인지 감이 오지 않는가?

게다가 관리자가 된다는 건 대체로 당신이 원래 좋아하던 '그 일'을 그만두거나, 적어도 그 일에 들이는 시간을 줄여야 한다는 뜻이기도 하다. 처음엔 그 일이 좋아서 시작했는데, 오랜 시간 공들여 익힌 기술인데, 이제는 손을 놓아야 한다니 안타까운 일이다. 그런데 막상 관리직을 선택했는데 가르치는 게 적성에도 안 맞고, 직접 일하는 것만큼 조직을 꾸리는 일에 흥미도 없다면 결국 선택지는 세 가지다.

첫째, 처음 받던 월급 수준에서 크게 벗어나지 않고 오래 버틸 각오를 하는 것이다. 그러려면 그 돈으로 당신이 원하는 삶을 충분히 꾸려나갈 수 있는지가 확실해야 한다. 둘째, 당장은 아니더라도 언젠가 독립할 계획을 세우는 것이다. 특정 기술 하나만 계속 잘하고 싶다면 회사 안에서 월급을 올리는 것보다 독립해서 더 높은 요율을 받는 쪽이 오히려 더 쉬운 길일 수 있다. 셋째, 당신이 속한 업계의 구조를 새롭게 짜는 방법을 모색하는 것이다. '원래 다 그런 거지'라는 관행에 반기를 드는 것이다. 이건 멋진 일이고, 충분히 가능한 일이기도 하다. 다만 이 길은 생각보다 시간이 많이 들 수 있다. 원래 잘하던 일을 직접 하는 시간은 줄고 시스템을 바꾸는 데 많은 에너지를 쏟게 될 것이다. 아이러니하게도 평생 그 기술을 제대로 다뤄가며 살 수 있는 권리를 얻기 위해 싸우다 보니 정작 그 기술을 쓸 기회는 놓치는 경우도 있다. 물론 장기적으로는 그만한 가치가 있겠지만, 이 길에 뛰어들기 전에는 꼭 깊이 생각해 볼 필요가 있다.

그 일을 하는 목적을 좋아한다

이 경우는 자선단체나 비영리 단체, 협동조합처럼 선한 목적을 위해 체계적으로 운영되는 조직에서 일한다는 뜻일 수 있다. 또는 세상의 문제를 해결하려고 노력하면서도 되도록 해를 적게 끼치려고 애쓰는 기업에서 일하는 경우도 해당한다. 이런 곳에서는 당신이 이미 가진 기술이 아니라(필요한 기술은 배우면 되니까) 당신의 노력이 어떤 방향을 향하는지, 그 노력의 결과물이 어디에 쓰이는지가 더 중요하다. 노아가 방주를 지을 때를 떠올려보자. 그는 목수가 아니었지만 일하면서 배우고, 결국 방주를 완성해 동물들을 둘씩 짝지어 태우는 데 성공했다. (짝짝짝!)

그 일을 하는 목적을 좋아할 때의 장점

어떤 이들에게는 자신이 한 일의 결실이 깊이 공감하는 무언가에 기여한다는 사실만으로도 큰 의미가 된다. 단조롭기만 한 업무 속에서 안정감과 목적의식을 느끼고, 단순한 서류 작업조차 세상을 향한 작지만 강력한 저항처럼 여겨진다. 긴 노동 시간도 훌쩍 지나가고, 자잘한 불편도 큰 그림을 떠올리면 충분히 견딜 수 있게 된다.

이런 목적 있는 회복탄력성과 추진력은 우리가 모두 익히고 삶의 다양한 영역에 적용할 가치가 있는 태도다. 연인과의 관계든, 아이를 키우는 부모 역할이든, 사랑하는 반려동물의 변을 치우는 일이든 말이다. 이 능력을 직장에서 발휘할지는 각자의 선택이지만, 진짜 오래갈 직업을 찾는다면 이 길이 가장 흔들리지 않는 방향일지도 모른다. 내가 어떤 기술이나 분야에 흥미를 느끼는 건 시간이 지나면서 바뀔 수도 있다. 하지만 내가 그 일을 왜 하는지에 관한 더 큰 서사는 오래도록 나를 붙들어주는 힘이 되기 때문이다.

나는 지금 내가 주로 하는 일(사회 변화, 의식 있는 소비, 기후 위기에 관한 영상 에세이 제작)을 처음에는 '그 자체를 사랑해서' 시작했다고 생각했다. 그런데 요즘은 '그 일'이 지향하는 목적이 나를 움직이게 하는 힘이라는 생각을 더 자주 한다. 무언가를 사랑하는 마음이 사람에게 불을 붙이는 건 정말 멋진 일이다. 하지만 솔직히 말하면 나를 불타오르게 하는 건 사랑도 있지만 분노와 억울함이 더 큰 것 같다. 세상이 조금만 더 잘 굴러가면 정말 괜찮을 것 같은데, 너무 엉망진창으로 운영된다는 걸 알 때 느끼는 그 답답함. 짜증, 두려움, 분노, 전쟁, 의미 없는 스팸 메일, 형편없는 비건 치즈로 가득한 이 현실. 꼭 이래야 할 이유는 없는데도 말이다. 그래도 가끔은 분노에서 에너지를 얻는 게 오히려 건강한 방식이 아닐까 생각하기도 한다. 분노를 연료 삼아 싸우다 보면 어느 순간 내가 이기고 있다는 느낌이 들고, 그 성취감은 오히려 더 크게 다가오기 때문이다.

나를 움직이게 하는 원동력이 무엇이든 꼭 남들에게 이해받을 필요는 없다. 중요한 건 그 동력이 내 마음의 연료가 되어 아침마다 침대에서 힘차게 일어나게 해주고, 하루가 끝날 무렵 귀갓길에 '오늘도 괜찮았어'라고 느끼게 해준다면 그걸로 충분하다. 물론 그렇다고 당신의 일이 싫어하는 것들로 채워져야 한다는 뜻은 아니다. 그 일을 꼭 사랑해야 할 필요는 없지만, 적어도 그럭저럭 괜찮다는 마음은 들어야 한다.

고통스러운 직업을 감내하는 걸 숭고한 희생처럼 여긴다 해도, 장기적으로는 누구에게도 진정한 도움이 되지 않는다. 대의를 위해 고통받고 있다는 자기희생적 자만심은 오래가지 못한다. 그렇게 살다 보면 결국 번아웃에 빠지거나 함께 일하는 사람들에게도 감정적으로 버거운 존재가 되기 쉽다. 그렇게 되면 그동안 '나는 좋은 일을 하고 있어'라고 믿었던 것마저 허무하게 무너질 수 있다.

그 일을 하는 목적을 좋아할 때의 단점

대의를 위해 일하는 건 분명 좋은 일이다. 하지만 시간이 지나면서 처음엔 대의를 위해 함께했던 조직이 어느 순간 '대의 자체'처럼 느껴지지 않도록 조심해야 한다. 만약 조직을 떠나야 하는 순간이 오더라도 대의를 저버리는 일은 아니다. 오히려 진심으로 그 대의를 아낀다면, 그 마음은 어떤 자리에서도 계속 이어질 수밖에 없다.

또한 처음 당신을 그 일터로 이끌었던 그 '목적'을 지금도 조직이 여전히 지키고 있는지 늘 꾸준히 살피는 일도 중요하다. 그들이 '열정적인 사람'을 원한다면 우리가 감내했던 낮은 임금, 긴 근무 시간, 부족한 예산 속에서도 버틸 수 있었던 그 '목적'을 지켜갈 책임도 져야 한다. 나는 우리가 가장 보호해야 할 사람들이 오히려 이런 착취의 대상이 되는 모습을 수도 없이 봐왔다. 돌봄 노동자, 교사, 간호사 등 그 목록은 끝이 없다. 그래서 늘 스스로에게 확인해야 한다. 지금 내가 하는 일이 어떤 영향을 끼치는지, 그로 인해 내 삶은 얼마나 소모되는지를 말이다. 그리고 상황이 더 이상 건강하지 않다고 느껴질 때 방향을 바꾸거나 전략을 다시 짤 준비도 돼 있어야 한다.

그 일을 하는 방식을 좋아한다

'일하는 방식'이란 일하는 장소나 환경, 시간의 유연성, 생계를 유지하기 위해 들여야 하는 노동의 양을 뜻할 수 있다. 더 나아가 업무 외의 시간에 나에게 주어지는 삶의 모습이기도 하다. 당신이 진심으로 원하는 라이프스타일이든, 열정을 쏟는 프로젝트든, 부업이든, 사랑하는 사람을 돕는 일이든 말이다.

당신의 진짜 우선순위가 '여행'이라면 힘들더라도 단기간에 돈을 집중적으로 벌고, 그 후 오랜 시간 여행을 떠나는 삶이 더 잘 맞을 수도 있다. 삶에서 '육아'가 가장 중요하다면, 완벽한 일은 아니더라도 아이들이 귀가하면 함께할 시간을 확보하고 그만큼의 소득을 얻는 일을 선택하는 것이 더 의미 있을 수 있다. 또는 당신이 빅토리아 시대의 인공안구 제작 예술에 열정을 가졌을 수도 있다. 그래서 주말에 꼭 인공안구 컨벤션에 참석해야 해서 주말 근무가 없는 일을 찾을 수도 있다. 아니면 아직은 딱히 정해진 게 없지만 열정이 생기는 일을 찾아가는 시간일 수도 있다. 또는 뭔가 큰일을 겪은 후 여전히 자신을 회복하고 알아가는 중일 수도 있다.

일하는 방식을 좋아하는 사람이라면, 우선순위는 일단 후기 자본주의 체제 아래에서 그나마 근무 조건이 괜찮은 일터를 찾는 것이다. 행운을 빈다, 워라밸 전사여! 물론, 농담이다. 하지만 정말 아주 가끔 그런 직장이 존재하기도 한다. 다만 그 일자리는 남들에겐 별로 관심 없는 분야일 수도 있고, 근무 형태가 좀 특이하거나 사업장이 외딴 시골에 숨어 있을 수도 있다. 이런 종류의 일에서 중요한 건 일 자체가 아니라 퇴근 이후의 삶이다. 자유 시간이든, 유연한 근무시간이든, 경제적인 보상이든 그 일이 당신에게 어떤 시간과 여유를 허락하는지가 일을 선택하는 기준이 될 것이다.

그 일을 하는 방식을 좋아할 때의 장점

일하는 방식 그 자체를 좋아하고 중요하게 여긴다면 그 일을 함으로써 가능한 다른 목표나 활동에 더 깊이 몰입할 수 있다. 그렇지 않았다면 힘들었거나 아예 불가능했을 일들 말이다. 예를 들어, 자녀를 홈스쿨링 하면서 유연하게 시간제로 근무하거나, 몇 달간 산에서 육체노동을 한 대가로 몇 달은 쉬며 뒷마당에서 해적선을 만들 수도 있다. 이런 형태의 일은 퇴근 이후의 삶에서 당신이 더 자주 주도권을 쥘 수 있다.

그리고 직장에서 생기는 복잡한 갈등이나 문제를 상대적으로 더 쉽게 넘길 수 있다. 당신의 관심이 승진이나 기술 연마가 아닌 다른 곳에 있기 때문이다. 직장에서 위기가 닥쳤을 때도 더 침착하게 상황을 바라볼 수 있다. 그 일에 전부를 건 사람들과 달리, 거리를 두고 더 넓은 시야로 볼 수 있기 때문이다. 학기제, 프로젝트, 계약직처럼 기간별로 몰아서 일하고, 그 사이사이에 쉴 수 있을 만큼 충분한 보상을 받을 수 있다면, 일 년 내내 일하는 방식보다 오히려 당신에게 더 잘 맞을 수도 있다.

무엇보다 이런 자유는 자신의 전문성을 단지 돈을 벌기 위한 도구로만 다듬는 것이 아니라 오롯이 자신의 가치와 관심에 따라 깊고 진지하게 발전시킨다. 그 시간은 힘들었던 과거를 회복하는 데 쓸 수도 있고, 소중한 관계를 더 깊이 만드는 데 쓸 수도 있다. 아니면 평소에는 시간이 없어 돕지 못했던 대의를 위해 자원봉사를 할 수도 있을 것이다.

그 일을 하는 방식을 좋아할 때의 단점

일하는 방식은 좋지만 정작 일 자체나 함께 일하는 사람들, 그 일이 지향하는 목적이 마음에 들지 않는다면, 그 상황이 당신을 소모하지 않게 스스로 잘 보호해야 한다. 퇴근 이후의 활동이 과연 나를 충분히 회복시키는지, 그 방식이 장기적으로 지속 가능한지 잘 따져볼 필요가 있다.

나는 열심히 일한 결과가 내가 반대하는 방향으로 돈이 흘러가는 구조 안에 있을 때 영혼이 조금씩 닳아가는 기분을 느꼈다. 그리고 그런 불편함을 애써 모른 척하는 데 드는 무의식적인 에너지가 생각보다 훨씬 크다는 것도 알게 됐다. 게다가 이렇게 애를 쓰다 보면 시간이 지날수록 강해지는 게 아니라 점점 약해지는 근육처럼 힘을 잃는다. 진심으로 동의하지 않는 사람 밑에서 너무 오래 일하다 보면 어떤 성취도 달갑지 않고, 일에서 얻는 기쁨마저 시들해질 수 있다. 그래서 이런 방향을 선택할 때는 신중해야 한다. 단기적으로는 괜찮을 수 있지만, 장기적으로는 후회를 남길 가능성이 크기 때문이다.

마지막으로 꼭 하고 싶은 말이 있다. 당신은 이 세 가지를 모두 가질 자격이 있다는 것이다. 일 자체도, 그 목적도, 그 방식도 모두 다! 우리는 언젠가 모든 사람이 이 세 가지를 모두 누리는 세상을 만들기 위해 나아가는 중이다! 아직은 그 목표에 이르지 못했기에 일에서 얻는 만족을 굳이 완벽하게 정의하려 애쓸 필요는 없다. 적당히 만족하는 것도 괜찮다. 오히려 일에서 무엇을 얻을지 현실적으로 받아들이고, 의미와 성취를 일 바깥에서 찾기 시작할 때 그런 세상은 더 빨리 다가올지도 모른다. 자신에게 다음과 같이 질문해 보자.

- 내가 속한 산업이 더 공정하게 운영될 방법은 없을까?
- 내가 속한 산업의 근본적인 목적과 존재 이유에 동의하는가?
- 이 산업은 정말 사람들이 필요한 것을 만드는가? 만약 이 산업이 전 세계로 확장되더라도 세상이 망가지지 않고 모두 함께 누릴 수 있을까?
- 내 열정, 능력 그리고 개인적인 사소한 분노 등을 일 외의 영역에서 어떻게 활용할 수 있을까?

적당히 대충 일하는 습관

전력을 다해 일하는 '일중독' 상태 또는 그렇게 하지 못했다는 죄책감에서 벗어나려면 적당주의를 실천할 현실적인 팁이 필요하다. 각자의 일을 계속 굴러가게 하면서도 적당히 일할 수 있는 방법들을 소개한다.

완벽하지 않아도 도전하라

이 유명한 연구 결과를 들어본 적이 있을 것이다. 여성은 보통 구인 공고의 자격 요건을 100퍼센트 충족할 때만 지원하는 반면, 남성은 60퍼센트만 충족해도 지원한다는 이야기 말이다. 흔히 이 결과를 남자는 자신감이 넘쳐 승진 기회를 잡고, 여성은 자신감이 부족해 기회를 스스로 포기한다는 식으로 해석한다. 하지만 〈하버드 비즈니스 리뷰 Harvard Business Review〉가 이 문제를 좀 더 깊이 파고들어 살펴본 바에 따르면, 이는 '자신감의 문제'라기보다 '순응의 문제'일 가능성이 더 크다. 설문에 참여한 많은 여성이 직무에 지원하지 않은 이유로 이렇게 답했다. '내가 자격이 안 된다고 생각했다', '지침을 따르느라 지원하지 않았다.' 즉, 소극적이어서가 아니라 정해진 규칙을 정확히 지키려 했던 것이다. 여기에는 예의에 대한 오해가 있었던 것 같다. 그렇다면 이제 분명히 해두자. 자격 요건을 절반만 갖췄더라도 그 일에 전심전력을 다할 의지가 있다면 지원하는 건 전혀 무례한 일이 아니다. 그 이유는 두 가지다. 첫째, 기준은 우리가 생각하는 것보다 낮고, 둘째, '그 일을 하고 싶다'는 마음은 우리가 생각하는 것보다 훨씬 큰 자산이다.

이건 교육 환경에서 직장 환경으로 넘어갈 때 왜 혼란스러울 수 있는지를 잘 보여주는 사례다. 학교 시험에서는 열정만으로 좋은 점수를 받을 수 없지만, 직장에서는 다르다. 열정과 관심만으로도 얼마든지 기회를 만들 수 있다. 의료, 군사, 과학처럼 고도의 전문성과 책임이 필요한 직무를 제외하면 요즘 많은 일자리에서는 인내심, 외교력, 카리스마 같은 정량화하기 어려운 능력이 더욱 중요하게 작용한다.

나 역시 여러 번 채용 과정에서 면접관으로 참여했는데, 그 경험은 내 생각을 완전히 바꿔놓을 만큼 놀라운 통찰을 안겨주었다. 요건을 모두 충족한 지원자는 사실 거의 없었다. 요건 목록이 지나치게 길었고, 몇몇은 다소 주관적인 내용이었다. 모든 요건을 갖춘 지원자조차 막상 면접에 들어오면 정작 그 일이 어떤 프로젝트를 포함하는지 별다른 흥미가 없거나, 함께 일할 동료를 궁금해하지 않는 경우가 많았다는 것이 흥미로웠다.

반면, 이력서만 보면 요건을 다 갖추지 못한 지원자 중 몇몇은 면접장에서는 전혀 다른 인상을 남겼다. 그들은 에너지와 친절함, 호기심을 가득 품고 있었고, 세심한 태도와 진심 어린 열정은 주변 분위기까지 환하게 만들었다(진부하게 들릴지 모르겠지만 진실은 원래 뻔한 법이다). 그래서 종종 그들이 최종 합격자가 되곤 했다. 비록 처음 하게 될 일이지만 '대충 하지는 않겠다'는 신뢰감을 주었고, 사려 깊고 일관되게 일할 사람이라는 인상을 주었기 때문이다. 무엇보다 그들은 그 일을 정말 궁금해했고, 진심으로 좋아하는 마음이 느껴졌기에 오래 함께할 가능성도 높아 보였다.

어쩌면 자신이 훨씬 더 자격을 갖추고 경험도 풍부한 엄청난 엘리트 집단과 경쟁한다고 상상할지도 모른다. 사실일 수도 있다. 그렇다 해도 그들이 반드시 그 자리에 관심이 있으리란 보장은 없다. 생각해 보자. 정말 그렇게 대단한 사람들이라면 이미 여기저기서 입사를 제의받았을 테고, 다른 회사 면접도 동시에 보고 있지 않을까? 그렇다면 당신이 지원하지 않는 순간 두 번째, 세 번째, 네 번째 차례라도 될 기회조차 날려버리는 셈이다. 잘난 누군가가 "음, 고맙지만 사양할게요"라고 빠질 때 그 자리에 들어갈 사람이 바로 당신일 수도 있다는 뜻이다.

그리고 꼭 기억해야 할 것이 하나 더 있다. 채용 담당자들은 아무리 공정하게 평가하려 해도 결국에는 매일 함께 시간을 보낼 사람을 고르게 된다는 사실이다. 가족이나 친구보다 더 긴 시간을 함께 보내야 할 수도 있는 관계다. 그런 상황이라면 나 같아도 실력은 충분하지만 무관심한 사람보다는 아직 미숙하더라도 그 자리에 있는 걸 진심으로 즐기고 기뻐하는 사람과 일하고 싶을 것이다. 그러니 어떤 구인 공고를 보고 진심으로 가슴이 뛴다면, 그리고 그 마음을 보여줄 수 있다면, 면접관 눈에는 이미 반쯤은 합격한 것이나 다름없다.

직장 스파이

직장에서만큼은 '내가 여기 있어도 되나?' 하는 불안감을 느낄 이유가 없다. 우리는 그 자리에 적합하다고 인정받은 사람이기 때문이다. 당신은 당연히 그 자리에 있어야 하고, 누군가는 당신이 거기 있기를 바라며 비용까지 지불한다는 사실을 기억하라.

이론적으로는 맞는 말이지만, 현실은 좀 다르다. 나도 오랜 직장생활 동안 수많은 회의 시간에 '내가 무능하다는 게 들통날 거야'라는 불안에 시달렸다. 그런데 이 감정에서 나를 벗어나게 해준 건 무엇이었을까? 틀렸다. 나는 매일 아침 '내가 챔피언이야!' 같은 문장을 되뇌며 자기암시를 하지 않았다. 오히려 '내가 정말 형편없는 사람이래도 그건 내 문제가 아니야'라는 깨달음 덕분이었다. 나는 내 실력을 항상 믿지는 않았지만, 윗사람들은 적어도 나를 전문성과 판단력을 갖춘 사람이라고 생각했다. 그들이 나를 뽑았고, 계속 일하게 두었다. 나는 주어진 조건과 내 능력에 맞춰 최선을 다하고 있었다. 만약 내가 부족했다면, 그걸 알려줄 책임은 내가 아니라 그들에게 있었다. 스스로 눈치채야 할 문제는 아니었다. 내가 배우고 성장하도록 돕고 필요한 피드백을 주는 건 윗사람들의 역할이었다.

내가 정말 형편없었는데도 아무도 눈치채지 못했다면, 그게 내가 '가짜'라는 뜻일까? 아니면 오히려 뭔가 멋진 일일까? 어쩌면 나는 슈퍼 스파이처럼 아무도 모르게 똑똑하게 버텨낸 사람인지도 모른다. 조금 바보 같아 보일 수도 있지만, 그 깨우침은 나의 자기 의심을 완전히 새롭게 바라보게 해준 전환점이었다. 억지로 자존감을 끌어올리기보다는 의심이 드는 날엔 이렇게 생각했다. '나는 형편없는 직원이 아니라 최고의 스파이야!' 나는 전문가들을 완벽하게 속였다. 그냥 대충 평범하게 일했을 뿐인데 아무도 내가 그 정도밖에 못 한다는 사실을 눈치채지 못했다. 어떻게 보면 이상한 방식이지만 꽤 대단한 능력이 아닐까?

스파이라면 기록을 남겨야 하니 나도 그 원칙을 따르기로 했다. 유용한 정보가 담긴 이메일을 '스파이 자료'라는 폴더에 모아두고, 중요한 정보를 알아야 할 때마다 그곳에서 단서를 찾았다. 그건 '내가 당연히 이미 알아야 할 걸 몰랐다'는 부끄러움을 되새기기 위한 것이 전혀 아니었다. 오히려 윗사람들에게 '내가 뭘 하는지 잘 알고 있다'는 인상을 줄 수 있게 도와주는 팁을 찾기 위해서였다.

그렇게 간접적으로 어느 순간부터는 진짜로 내가 뭘 하는지 알게 되었다. 불안 때문에 머릿속이 멍해지거나 얼어붙는 일도 점점 줄어들었다. 결국에는 자기최면처럼 나 자신이 믿도록 속인 셈이었다. 그때부터 남의 칭찬이나 내가 프로젝트에 어떤 영향을 끼쳤는지를 보여주는 수치들을 따로 문서에 모아두기 시작했다. 이것은 '자뻑'이나 자화자찬을 위한 자료가 아니었다. 내가 스파이로 일한다고 굳게 믿는 누군가(찰리라든가 주디 덴치라든가)에게 제출할 증거 자료였다. 물론 진짜로 스파이인 척하면서 업무일지를 쓰고, 비밀 조직에 보고할 상상까지 했던 건 아니다. 그냥 재미 삼아 '난 스파이다'라고 생각했을 뿐인데 어쨌든 효과는 있었으니까.

기록하는 스파이가 된다는 건 직장에서 일어나는 일을 감시하는 일종의 권리 감시자, 내가 부르는 말로는 '의도적인 도청자'가 되는 일이기도 하다. 예전에 우리 엄마의 표현을 빌리자면 정말 '별난 사람들'이 가득한 직장에서 일한 적이 있었다. 오래 다니진 않았지만 그 짧은 동안에도 인사팀을 불러야 할 만큼 황당한 대화를 여러 번 목격했다. 한 번은 내 책상 옆줄에 앉은 상사가 내 동료에게 말을 하는데, 마치 '부적절한 말 빙고'를 완성하는 수준이었다. 인종차별을 살짝 뿌리고, 무례함을 휘저어 넣은 뒤 성차별을 한 덩이 얹어 마무리하는 정말 문제가 많고 충격적인 발언이었다. 그 자리에서 바로 항의했다면 직원들은 나를 '좋은 동료, 정의로운 사람'이라고 여겼을지도 모른다. 하지만 내가 즉시 나섰다면 그녀에겐 공개적인 망신일 수도 있고, 그녀가 자기 방식대로 대처할 기회를 앗을 수도 있었다.

사적인 자리였다면 분명 더 단호하게 개입했겠지만, 직장은 다르다. 굉장히 민감한 공간이고 어떤 이에겐 인생이 걸린 문제이기도 하다. 나는 혼자 정의로운 사람인 척하면서 오히려 그녀의 직장 내 입지를 망치고 싶지 않았다. 그래서 직접 개입하는 대신 조용히 컴퓨터를 켜고 빈 문서를 열었다. 그리고 들은 대화를 토씨 하나 빠뜨리지 않고 그대로 옮겨 적었다. 그러고는 조용히 그녀에게 이메일을 보냈다. 그 상황이 부적절했다는 내 의견을 담고, 내가 받아 적은 '녹취록'을 첨부했다. 또한 내가 그 자리에 있었던 증인임을 밝히는 서명도 함께 남겼다. 문제를 제기하겠다고 결심하면 기꺼이 증언하고 옆에서 도와주겠다고도 덧붙였다.

그런 식으로 잘 대처한 사례가 더 많았으면 좋겠지만, 솔직히 나는 쓸모없을 때가 더 많았다. 내가 모범적인 동료였다는 이야기를 하려는 것도 아니고, 그 사례가 모두에게 통하는 정답이라는 뜻도 아니다. 정말 하고 싶은 말은 이것이다. 주변 사람들을 위해 목소리를 낸다는 건 꼭 거창하거나 시간을 들여야 가능한 일은 아니라는 것, 그리고 누군가를 돕기 위해 반드시 전문가일 필요도 없다는 것, 직장에서 마주치는 불편하거나 어색한 상황을 조심스럽게 짚어낼 수 있는 작고 은근한 방법을 생각해 보는 것, 그런 마찰이 생겼을 때 어떻게 하면 예의 있게 반응할 수 있을지 미리 시나리오를 떠올려보는 것. 이 모든 것이 바로 작은 변화를 만들어내는 '스파이 정신'이다.

 망설여진다면 먼저 사람들이 편하게 말할 수 있는 분위기를 만들어라. 꼭 무언가를 말하지 않아도 된다. 오히려 말하기보다 먼저 들어주는 사람이 돼라. 그리고 기억하자. 완벽하지 않아도 괜찮다. 그냥 대충 적당히만 해도 이미 많은 사람보다 한발 앞서 있는 것이다.

대충 일하기를 들킬까봐 너무 겁내지 마라

살면서 한 단어, 하나의 표현이 내 세계를 완전히 뒤흔들어 놓는 순간이 있다. 최근에 내게 그런 단어는 '임금 착취'였다. 그 한 단어가 내가 평생 당연하게 여겼던 현실을 낯설게 만들어버렸다. 임금 착취란 고용주가 계약에 따라 지급해야 할 급여나 복지 혜택을 주지 않는 것을 말한다. 유급 휴가나 병가, 육아 휴직 등을 제대로 제공하지 않는 경우도 있지만, 가장 흔한 형태는 초과 근무 수당을 주지 않는 것이다. 돌이켜 보면 야근을 하든, 점심시간을 반납하고 일하든, 내가 다녔던 거의 모든 직장에서는 그런 초과 근무를 너무 당연시했다.

 〈빅 이슈Big Issue〉는 매년 영국에서만 임금 착취로 손해 보는 금액이 약 260억 파운드(약 48조 원)에 이른다고 추산하는데, 이는 1인당 약 7천2백 파운드(약 1천3백만 원)에 해당한다. 야근을 자처하는 마음, 너무 잘 안다. 나도 지난 10년간 그렇게 일해왔으니까. 특히 신입이거나 경력이 짧을 때는 더더욱 그렇다. 성실하고 열정적인 사람처럼 보이고 싶고, 맡겨진 일은 아무리 많아도 어떻게든 해내서 팀 분위기를 해치지 않고 조용히 넘어가고 싶은 마음이 든다. 그리고 무엇보다 지금 고생해서라도 일을 끝내놓으면 못 끝냈을 때 닥칠 결과로부터 미래의 나를 지킬 수 있을 것 같아서다.

 그런데 요즘 들어 야근이 장기적인 부작용을 남긴다는 걸 깨닫기 시작했다. 애초에 시간 안에 끝낼 수 없는 일을 억지로 다 해내면 앞으로도 그만큼 할 수 있는 사람이라는 기대치가 올라간다. 이번 주에 그걸 해냈으니 다음 주에도 할 수 있지 않겠냐는 식이다. 그렇게 무급으로 일할 거라는 전제를 깔고 무리하게 일을 배정하거나 위로 부풀려 보고한 관리자의 실수를 대신 덮어주는 셈이 되는 것이다. 당신이 무리해서 만든 기준은 곧 부서 전체 또는 직무에 대한 기대치로 굳어지고, 나중에 오는 후임에게 같은 수준의 야근과 희생을 당연하게 요구한다. 그리고 그때는 이미 전례가 생긴 후이기에 후임은 거절할 수도 없다.

자기 파괴적인 행동이란 건 참 묘하다. 종종 '미래에 이 자리에 앉게 될 누군가에게 피해를 줄지도 모른다'는 생각이 너무 괴로워서 차라리 내가 망가지는 걸 선택하니 말이다. 그래서 나는 만성적으로 너무 열심히 일하는 사람들에게 다음과 같은 원칙들을 추천한다.

1. 퇴근 후 약속 만들기

근무일 중 며칠이라도 퇴근 후 반드시 가야 할 약속을 일정표에 넣어라. 가장 효과적인 건 유치원 하원 픽업이나 아이 등하교처럼 시간을 꼭 지켜야 하는 외부 약속이다. 그게 아니라면 한 시간짜리 술 약속도 좋고, 친구들과의 저녁 식사도 좋다. 친구들도 야근 때문에 지쳐 있다면 더 효과적이다. 이런 약속에 '과로 방지 맥주 타임'이나 '임금 착취 차단 타임' 같은 이름을 붙이면 재미있을 것이다. 그리고 약속에 늦으면 친구들이 전화하거나 벌칙을 주자.

취미 동아리나 수업을 예약하는 것도 방법이다. 사람 만나기가 귀찮다면 혼자 할 수 있는 일정도 있다. 환불 안 되는 영화관 티켓 예매, 수영장 예약 또는 혼자만의 목욕 시간을 일정으로 잡는 것이다. '퇴근 후엔 일 안 해도 돼'라는 걸 뇌에 각인할 수 있다면 뭐든 괜찮다.

2. 야근한 시간 합산해 보기

한 달간 실제로 얼마나 야근이나 초과 근무를 했는지 솔직하게 계산해 보자. 당장 야근을 뚝 끊으라는 말은 아니다. 다만 그 시간을 절반만 줄여도 내 삶의 다른 영역들이 어떻게 달라질 수 있을지 한번 적어보자. 지친 친구를 위로하는 데 쓸 수도 있고, 한 달에 두 시간만 투자해도 공동체 정원에서 삽질을 하며 흙냄새를 맡을 수 있다. 아니면 자신의 전문성을 살려 자선 단체에서 재능기부를 할 수도 있다. 야근 대신 그 시간에 리코더나 인형 복화술, 수중 하키 같은 걸 연습한다면 실력이 얼마나 늘지 상상해 보자.

그리고 퇴근 후에 당신만의 취미나 열정이 있다는 사실을 직장에서도 알게 하자. 대화 중에 슬쩍 언급하고, 사진도 보여주고, 즐거움도 함께 나누자. 그러면 동료들도 '나도 저렇게 해도 되는구나'라고 느끼고, 당신이 정시에 퇴근하려고 할 때 오히려 응원하는 분위기가 생겨날 것이다.

3. 필요 이상을 하지 않는 용기

정해진 시간만큼만 일한다고 해서 대충 일하는 건 아니라는 점을 기억하자. 그건 당신이 약속한 일의 100퍼센트를 성실하게 해내고 있다는 뜻이다. 야근은 그 약속을 넘긴 것인 만큼 당신 삶의 다른 중요한 것들을 희생하는 셈이다. '나 너무 게으른가 봐', '나 뒤처진 건 아닐까?' 같은 자기 비난성 생각이 들 때는 의식적으로 그 생각을 떨쳐내야 한다. 일할 때는 열심히 하고 정시에 퇴근하는 사람은 건강하고 균형 잡힌 삶을 유지할 기회를 얻고 덤으로 더 좋은 직원이 된다. 완전히 지치고, 탈진하고, 밤잠도 못

잔 사람과 함께 일해본 적이 있는가? 그것이 우리가 함께 일하고 싶은 이상적인 동료의 모습은 아닐 것이다.

최근 몇 년 사이 '조용한 퇴사(quiet qutting)'라는 트렌드를 두고 다양한 의견과 논쟁이 이어진다. 비판하는 쪽에서는 잘리지 않을 만큼만 대충 일하는 태도라고 정의한다. 반면, 지지하는 사람들은 계약된 범위 내에서 최선을 다하되 건강을 해칠 정도로 무리해서 그 이상을 헌신하지 않는 것이라고 말한다. 나는 후자의 정의가 훨씬 타당하다고 생각한다. 사실 이걸 굳이 '퇴사'라고 부를 필요가 있을까 싶을 정도다. 회사에 내 시간을 '공짜로' 더 주지 않는다고 해서, 그게 마치 회사를 떠나는 행위처럼 여긴다는 사실 자체가 자본주의가 우리의 현실 감각과 균형 감각을 얼마나 압박하는지 보여주는 명백한 증거다.

대충 일해도 노동자는 노동자

솔직히 말하자면 이건 '나는 못 했지만 넌 꼭 그렇게 해!'라는 이야기다. 예전에 내가 좀 더 전통적인 직장에서 일할 때, 그러니까 계약서에 사인하고, 회사 로고가 박힌 머그잔을 쓰고, 줄지어 놓인 책상에 앉아 일할 때, 내 권리를 지키기 위해 정말 부단히 애썼다. 그리고 그 결과 거의 매년 이직할 수밖에 없었다. 그게 현실적인 근무 조건이나 급여 인상, 창의적 자유를 확보하는 유일한 방법이었기 때문이다. 지금 돌아보면 그때 남은 에너지를 나를 막아선 시스템 자체를 바꾸는 데 썼더라면 훨씬 좋았을 듯싶다. 내가 다닌 직장 다섯 곳 중 노동조합이 있는 곳은 한 군데뿐이었고, 그마저도 나는 가입하지 않았다. 지금 내가 하는 일은 훨씬 더 모호하고 여러 가지 일을 병행하는 멀티잡 형태라 조합이 거의 없는 환경이지만, 그래도 내 분야와 관련 있는 조합에 가입했고 앞으로도 더 적극적으로 참여할 생각이다.

이건 단순히 '조용한 퇴사'가 아니다. 분명한 목적과 전략을 갖춘 선택이다. 당장은 조금 번거롭고 귀찮을 수 있다. 하지만 긴 안목으로 보면 혼자 조용히 싸우는 것보다 동료들과 함께 싸우는 게 훨씬 덜 힘들 거라고 나는 확신한다. 서로 정보도 나누고 자료를 공유하며 팀이 머리를 맞대고 해결책을 찾는 과정에서 신뢰도 쌓인다. 그리고 무엇보다 의미 없이 매년 이직을 반복하면서 겪는 정신적 소모도 줄어든다. 팀워크와 업무 흐름을 잘 쌓아놨는데 몇 년마다 업계가 사람을 갈아치우고 시스템을 갈아엎는 건 너무 비효율적이고 어이없는 일 아닌가? 모두가 공정하고 지속 가능한 근무 조건을 만들어 갈 수 있다면 이렇게까지 우리 자신을 소진하며 일하지 않아도 될 것이다. 다 함께 '대충 하는 척'하는 것, 그것이야말로 장기적으로 변화를 만들어 내는 길이다.

당신은 생각보다 많은 걸 해냈다

지금은 그렇게 느껴지지 않을지 몰라도 언젠가는 지금 하는 일을 정말 잘하게 될 것이다. 비록 한 가지 분야의 전문가나 세상이 원하는 다재다능한 사람이 아니더라도 당신은 점점 더 성숙해질 것이고, 일의 흐름을 읽고 현명하게 대응할 줄 아는 사람, 어디서든 꼭 필요한 유용한 사람이 돼 있을 것이다.

그 지점에 도달하기 전에 '일에서 오는 세 가지 만족 요소', 즉 내가 하는 일 자체를 좋아하기, 그 일의 목적을 좋아하기, 그 일의 방식을 좋아하기를 다시 떠올려보자. 이 중 하나라도 만족하는 요소가 있다면 그 다음으로 무엇을 바라는지 생각해 보자. 시간이 흐르며 기술도 쌓였고 협상력도 생겼을 테니, 이제는 세 가지 중에서 두 가지를 누릴 수도 있지 않을까? 꿈만 같겠지만 어쩌면 세 가지 모두를 충족하는 일을 하게 될 수도 있지 않을까?

경력 초반에는 가치관이 맞지 않는 회사에서 일하는 경우를 충분히 이해한다. 피하기도 어렵다. 하지만 어느 순간 운 좋게도 그동안 쌓은 경험을 다 챙겨서 더 나은 곳으로 도망칠 기회가 생기기도 한다. 커튼이 살짝 들춰지듯이 우리의 쓰임새가 더 나은 방향으로 흘러갈 수 있다는 가능성을 얼핏 엿보는 순간들이 있다. 최소한 해롭지는 않게 쓰일 수 있다는 가능성을 말이다.

그런데 안타깝게도 기회가 와도 '아직은 안 돼'라며 스스로를 붙잡아두는 사람이 참 많다. 사실은 이미 충분히 괜찮은 상태인데도 말이다. '전문가가 되고 나면', '최고가 되고 나면', '완벽한 직원이 되면' 그때 떠나겠다고 생각한다. 그렇게 미루다 보면 수십 년이 헛되이 흘러가 버린다. 그들이 생각하는 떠날 수 있는 때는 마치 복권에 당첨되거나, 부자와 결혼하거나, 존재조차 몰랐던 백만장자 친척에게서 유산을 받는 것 같은 꿈 같은 시나리오다.

떠날 기회는 꼭 돈이라는 형태로 오는 것만은 아니다. 어쩌면 누군가의 입소문을 타고 들은 어딘가 기묘한 새 프로젝트 제안일 수도 있다. 회사를 먼저 떠나는 동료가 자신이 왜 그렇게 결정했는지 보여주겠다며 손을 내밀 수도 있고, 급여 인상 대신 같은 월급으로 근무 시간을 줄여 시작한 부업으로 더 나은 기회를 만드는 방식일 수도 있다. 때로는 야간 강의, 특이한 기사 한 편, 한밤중의 직감으로 찾아올 수도 있다.

일하는 방식이나 일상 시스템은 형편없지만, 의외로 의미 있는 목표를 향해 나아가고 있는 직장이 있다. 반대로 일하는 방식은 훌륭해 보이지만 정작 그 결과물이 세상에 별 도움이 되지 않거나, 수익이 조직의 위쪽 어딘가 나쁜 곳으로 흘러가는 회사도 있다. 결국 중요한 건 두 가지다. 당신의 일터에 어떤 '썩은 구석'이 있는지, 그 안에서 당신이 얼마나 버틸 수 있는 사람인지, 이 두 가지가 당신이 지금 이곳에서 얼마나 더 머물 수 있는지를 결정한다.

물론 모든 게 당신 의지에만 달려 있지는 않다. 탈출하려 해도 가로막는 외부 상황들이 생기게 마련이기 때문이다. 하지만 출구 표시를 늘 주의 깊게 살피고 언젠가는 그 문이 열린다는 걸 믿어야 한다. 그 출구는 개츠비가 좇았던 초록 불빛처럼 아득할지 모른다. 하지만 그것은 후기 자본주의에서 일하며 살아가는 우리를 위한 희망의 불빛이다.

나한테 초록 불빛이 처음 나타난 건 급여 인상을 요구할 수 있는 타이밍이 왔다는 걸 직감했을 때였다. 하지만 나는 그 기회를 급여가 아닌 근무 시간 단축으로 바꾸었다. 그렇게 생긴 여유로운 하루, 나중에는 이틀, 그 시간을 집 소파에 일터를 만드는 데 썼다. 두 번째 초록 불빛은 팬데믹 동안 파트너와 함께 작고 터무니없이 비싼 아파트에 갇혀 지낸 지 거의 1년쯤 지났을 때 나타났다. 처음엔 망설였다. 하지만 우리가 런던을 떠나는 대신 사무직을 내려놓고 경제적으로 더 안정된 삶을 살 수 있다면 충분히 가치 있는 결정일지도 모른다는 확신이 들었다. 런던에서 프리랜서로는 도저히 버틸 수 없었지만, 내가 자란 미들랜드 같은 다른 지역이라면 현실적인 대안이 될 수도 있겠다고 생각했다. 우리는 절반은 용기로 절반은 행운으로 감행했고, 다행히 그 선택은 옳았다.

퇴사할 무렵 나는 전문가도, 관리직도, 뛰어난 인재도 아니었다. 하지만 그동안 쌓은 시간과 경험을 돌아봤을 때, 내가 도달할 수 있는 역량의 절반쯤에는 닿았다고 느꼈다. 앞으로 같은 시간만큼 더 연마할 수 있다면 "그래, 나는 이 일에 꽤 능숙해"라고 자신 있게 말할 수 있을 것 같았다. 하지만 그쯤 되면 나는 이미 꽤 많은 시간을 내게 별로 중요하지 않은 일에, 별로 동의하지 않는 방식으로 쓰고 있었을 것이다. 여러 회사에 기여하며 그들의 직원들을 교육하고, 시스템을 개선하고, 그들의 성공과 수익에 분명 내 몫의 공을 더했을 것이다. 그리고 직장 문화가 완전히 바뀌지 않는 이상 앞으로도 수백 시간은 무급 야근을 하게 될 게(그러니까 임금 착취를 당할 게) 분명했다. 나는 그런 10여 년 후의 내 모습을 상상해 보았다. 그녀는 행복할까? 정당한

대우를 받고 있을까? 열심히 일해서 만든 성과가 정말 받아야 할 사람에게 돌아간다고 느낄 수 있을까?

지금 있는 곳을 떠나 다른 어딘가로 향하는 선택은 사람에 따라 전혀 다르게 보인다. 누군가에게는 대단한 용기로, 또 다른 누군가에게는 무모한 도전으로 비칠 것이다. 결과가 성공적이라면 용기 있는 선택이었다고 말하겠지만, 처음에는 분명히 무모하다고 말할 것이다. 그래도 해야 한다. 당신 내면으로까지 썩은 시스템이 스며들기 전에 뛰쳐나와야 한다. 그리고 그 시점은 '이제 내가 최고야!' 하는 순간이 아니라 '이 정도면 절반쯤 왔다'고 느낄 때여야 한다.

부업은 꼭 나쁠까?

특정 시대를 관통하는 사회적 흐름, 이른바 '시대 정신(zeitgeist)'에 속한 주제들이 대개 그렇듯, '부업' 역시 사람들 사이에서 엇갈린 반응을 낳는다. 누구는 지나치게 열광하고, 누구는 불안에 휩싸인다. 부업은 현대 사회가 간신히 유지하는 워라밸마저 무너뜨리는 또 하나의 위협일까? 더 가지려는 탐욕의 징표일까? 아니면 절박한 재정난 때문에 어쩔 수 없이 택한 현실적인 선택일까? 혹시 생산성에 중독된 병든 사회의 또 하나의 다른 산물일까? 아니면 그냥 야망 있는 사람이 하는 일이기만 한 걸까? 그렇다면 부업을 하지 않는 사람은 야망이 부족한 걸까? 지금 부업에 몰두하는 이들이 미래의 리더가 되는 걸까?

이 논쟁에서 종종 간과하는 사실이 하나 있다. 우리가 매주 정해진 시간 동안 대부분의 에너지를 쏟아 단 하나의 수입원에 의존하는 방식은 인류 역사 전체에서 흔치 않았고, 지금도 세계 곳곳에서는 전혀 '표준적인 삶'이 아니라는 점이다. 아무리 돈이 되든 내 삶에 의미가 있든, 어떤 부가적인 활동도 하지 말라고 지나치게 경계하는 건 결국 안정부터 만족까지 우리가 삶에서 원하는 모든 걸 하나의 직장에서 해결하라는 말과 다르지 않다고 생각한다.

부업 자체가 문제는 아니다. 진짜 문제는 이미 너무 많은 에너지를 쏟아붓고 있는 현대의 직장에 더해 무언가 새로운 걸 시도하고 만들어보려 할 때 마주하는 현실적인 악몽이다. 하지만 '적당히 일하는 습관'을 잘 터득했다면 적당히 하는 부업도 파괴적인 요소로만 머물지 않고 기존의 시스템을 바꾸는 하나의 건강한 저항일 수 있다.

부업이 매력적인 이유는 부담 없이 적당히 할 수 있다는 데 있다. 부업에 인생 전부를 걸 필요는 없다. 기껏해야 절반쯤이면 충분하다. 부업을 시작할 때 전문가일 필요도 없다. 사람들도 당신이 전문가이길 바라지 않는다. 잘할 필요 없다. 그저 '시도하는 사람'으로 보일 만큼의 용기만 있으면 된다.

우리는 종종 부업을 '본업'의 반쪽짜리 버전쯤으로 여긴다. 물론 때에 따라 본업이 정말 커다란 무언가로 발전하기도 한다. 화장품 업계를 뒤흔들 만큼 효과적인 신물질을 개발하거나, 억만장자들이 운영하는 기존 SNS를 대체할 새로운 플랫폼을 만드는 것처럼 말이다(제발 누가 좀 만들어줬으면!). 하지만 부업의 목적이 '세계를 정복하는 것'일 필요는 없다. 수익이 나야만 의미 있는 것도 아니고, 성장해야만 가치 있는 것도 아니다. 그렇다고 부업을 단순히 '취미'로만 치부하는 것도 옳지 않다. 취미는 그냥 좋아해서 가끔 해보는 일이지만, 부업은 세상에 없던 무언가를 스스로 만들어내려는 시도다. 주말마다 동네 축구팀에서 뛰는 건 취미지만, 직접 동네 축구 리그를 창단하는 건 부업이다. 베이스 기타 수업을 듣는 건 취미일 수 있지만, 레게와 포크트로니카를 결합한 밴드를 결성해 동네 축제 무대에 서는 건 제대로 된 부업이다. 집 정원에서 콩을 심어보는 건 좋은 취미지만, 이웃들과 땅을 나누어 공동 텃밭을 만드는 건 부업이다.

적당히 하는 부업에서 생길 수 있는 부정적인 면들만 잘 관리할 수 있다면 잃는 것보다 얻는 것이 더 많을 거라고 확신한다. 어떻게 하면 전략적인 부업이 당신의 삶에 큰 보탬이 될 수 있는지 그 방법들을 하나씩 살펴보자.

어린 시절의 꿈을 되찾는 법

한때 간절히 바라던 직업이 있었지만 현실을 알고 나서 '이건 내 길이 아니야'라고 느꼈다면, 부업은 그 열정을 되살리는 멋진 방법일 수 있다. 설령 그 세계가 당신과 완벽하게 맞지 않더라도 말이다.

열두 살 무렵부터 나는 웨스트엔드 무대에 서는 배우가 되기를 꿈꿨다. 저녁과 주말마다 연습에 몰두했고, 일기장엔 온통 공연 이야기뿐이었다. 심지어 고등학교를 졸업할 때까지 진로도 모두 그 꿈을 중심으로 계획했다. 대학교도 아예 지원하지 않았다. 내가 있어야 할 자리는 무대 위라는 걸 확신했기 때문이다. 하지만 런던의 한 명문 연극학교에서 여름 캠프에 참여해 본 단 2주 만에 깨달았다. 뮤지컬 배우가 되는 건 멋지지만, 그 꿈을 실현하기 위해 감당해야 할 삶은 내가 원하는 것이 아니었다. 그 업계는 생각보다 훨씬 더 냉혹했고, 근무 환경은 혹독했다. 경제적으로 뒷받침이 없는 사람이 그 생활을 지속하기는 거의 불가능했다. 결국 나는 무거운 마음으로 더 현실적이고도 즐겁게 살 수 있는 길을 찾기로 했고, 붉은 커튼을 뒤로하고 무대를 떠났다. 아, 슬픈 음악이 나올 타이밍이지 않은가!

예술이 가진 가장 안타까운 점은 그걸 업業으로 삼지 못하면 곧바로 '소비자'로 취급된다는 점이다. 아무도 돈을 지불할 생각이 없는 상태에서 예술 활동을 계속하는 일은 괜히 민망하고 어색하게 느껴지기 쉽다. 삼십 대가 되어서야 나는 비로소 깨달았다. 예술은 꼭 직업이 아니어도 괜찮고, 꼭 재능이 넘치는 사람이 아니어도 괜찮으며, 그냥 좋아서 해도 된다는 걸 말이다.

새 동네로 이사했을 때 지역 극장에서 내가 좋아하던 뮤지컬의 오디션을 본다는 소식을 들었다. '내가 나서도 될까?' 하는 불편한 감정을 억누르고 그냥 가서 대본 낭독에 참여했다. 그렇게 나는 다시 무대에 섰고, 그 경험은 내 안에 쪼그라들어 있던 십 대 시절의 나를 조금이나마 어루만져주었다. 의상은 직접 만들었고, 무대 장치는 단출했으며, 노래 도중 목소리는 갈라졌고, 공연도 딱 열 번뿐이었지만 그때 깨달았다. 난 지금까지 '연극계에서 실패했다'고 스스로를 몰아붙였지만, 사실 내가 '실패'한 건 돈벌이로 만들지 못했을 뿐이라는걸. 이 두 가지는 엄청나게 다른 이야기다.

다재다능함에 대한 새로운 시선

누군가를 '다재다능한 사람(jack of all trades)'이라고 부를 때, 사람들은 흔히 그 말의 숨은 의미까지 떠올린다. 다 잘하려다 보니 결국 어느 하나도 제대로 못 하는 사람. 다시 말해 여러 가지 일을 조금씩은 할 줄 알지만, 그 어느 것도 제대로 해내지 못한다는 뜻이다. 사실 은근한 폄하에 가깝다. 그들을 일을 어설프게 처리하고, 확실하지 않아서 늘 추측에 의존하고, 깊이보다는 넓이를 추구하고, 결국 재능을 다 펼치지 못하는 사람으로 평가하는 것이다.

그런데 이 문장이 사실은 이렇게 끝나지 않는다면 어떨까? 다재다능한 사람이 어느 하나의 전문가는 아닐지 몰라도, 종종 하나만 잘하는 사람보다 더 낫다. 정말 그렇다. 나도 이십 대 내내 이 문장을 나를 몰아붙이는 기준처럼 들이대며 살았다. 거의 해마다 직장을 옮기며 내가 과연 하나에 정착해 진짜 잘하게 될 수 있을지 불안에 휩싸였다. 그런데 돌아보니 그 경로가 바로 내 '초능력'이었다(똑 떨어지는 표현이 없어서 그냥 '초능력'이라고 하겠다). 이런 식으로 경력을 몇 년 이어가다 보니, 나는 '멀티 하이퍼네이트' 즉, 다양한 분야를 넘나들고 여러 부업에서 얻은 경험을 본업에 녹여낸 사람으로 인정받았고, 오히려 그것이 내가 새로운 일자리를 얻는 이유가 되었다. 결국 흩어져 있던 지식과 경험은 하나의 구조로 정리되었고, 나는 그걸 바탕으로 작은 비즈니스를 시작할 수 있었다.

이런 '아마추어' 프로젝트들은 어쩌면 우리가 본능적으로 세상과 연결되고 사람들과 관계를 맺고자 하는 자연스러운 인간적 충동에서 온 것일지도 모른다. 우리는 한 가지 분야에서 전문가가 되라는 압박 속에 산다. 오직 하나의 일에만 몰두하라고, 그 일이 세상을 바꾸는 대단한 일이거나 최소한 굉장히 흥미로운 일인 척해야 한다고 강요당한다. 물론 타고나길 전문가로 태어난 이들도 있다. 세상에는 그런 사람들도 필요하니까. 그러나 사람들 대부분이 그렇게 정해진 틀 속에서 자신의 자연스럽고 아름다운 본성을 억누르며 살아가는 것 같아 안타깝다. 무언가에 잠깐 관심을 두고, 이리저리 기웃거리며 이것저것 시도하고, 목적 없이 느긋하게 돌아다니는 그런 인간다운 본능 말이다.

취미가 직업이 될 수 있다

요즘 세상의 직업 세계는 믿기 어려울 만큼 빠르게, 때로는 이상하리만치 낯설게 변하고 있다. 지금은 단지 '재미있는 비수익 활동'에 불과해 보이는 일도 다음 시대에는 진짜 직업이 될 수 있다.

2009년, 나는 당시엔 생소했던 '유튜브YouTube'라는 웹사이트에 책 리뷰와 영상 에세이를 올리기 시작했다. 그 시절 유튜브는 절반은 해적판 영화, 40퍼센트는 고양이 영상, 나머지는 전 세계 사람들의 침실에서 흐릿한 웹캠을 켜고 조용히 생각을 나누던 초기 브이로거들이 모인 작은 커뮤니티에 불과했다. 그때까지만 해도 유튜브는 돈을 벌 방법도 없었고, 널리 알려진 공간도 아니었으며, 그저 조금 별나고 기묘한 취미로 여겨졌다. 하지만 11년이 지난 지금 그 별난 취미가 나의 본업이 되었다.

지금 당신이 가진 작고 특별한 취미나 열정은 평생 그저 취미로 남을지도 모른다. 하지만 우리는 앞으로 수십 년간 세상이 어떻게 바뀔지 전혀 예측할 수 없다. 그러니 한 번쯤은 상상해 보자. 과거의 당신이 이건 별것 아니라며 시도조차 하지 않았던 그 일이, 십 년 뒤 다른 누군가의 손에서 멋진 직업이 된 모습을 마주했을 때 당신 안에 밀려올지도 모를 분노와 후회를 말이다.

혹시 당신이 진심으로 흥미를 느끼는 일을 '시장성이 없어', '다른 사람들이 인정하지 않아'라며 일부러 외면한다면, 그건 자신에게 "이건 의미 없는 일이야"라고 말하는 셈이다. 그걸 단 한 번도 해보지 않고 살아간다면 결국은 세상의 회의적인 시선에 조용히 고개를 끄덕이는 것과 같다. 당신이 해적 메탈에 열광하든, 손으로 정성껏 나막신을 깎는 데 진심이든, 가끔은 뭐가 됐든 '대충이라도' 한 번 해보자. 그게 자신에 대한 최소한의 예의다.

결국 직업이란 '점유'의 문제다. 하루 중 그 일이 당신의 시간을 얼마나 차지할지는 뜻대로 안 될 수도 있지만, 당신의 마음속에서 얼마나 큰 자리를 차지할지는 당신이 선택할 수 있다. 그러니 그 마음의 다이얼을 조절해 보는 일에 너무 심각할 필요는 없다. 대충 만져봐도 괜찮다. 당신은 상상력이라는 아이의 보모다. 그러니 그 아이에게 '일'이라는 가상의 아이패드만 덥석 쥐여주고 방치하지 말자. 가끔은 장난을 쳐도 허용해 주자. 이 세상에는 바쁘게 일하는 것 말고도 충만하게 살아가는 법, 이 순간에 집중하며 자기만의 방식으로 삶의 작은 구석을 바꿔나갈 수 있는 수많은 길이 존재한다. 당신이 그 길들을 향해 눈을 돌려볼 마음만 있다면 말이다. 방금 그 꼬르륵 소리, 내 배일까, 당신 배일까? 아무튼 이제 점심 먹을 시간이다!

대충 비건식 하기 (고기 먹는 사람도 환영!)

지옥으로 가는 길이 선의로 포장돼 있다면, 우리가 살아갈 수 있는 지구로 가는 길은 최선을 다하는 '적당주의자들'의 노력으로 닦인다. '#지속 가능성'이라는 말을 들을 때마다 생활 습관을 몽땅 바꿔야 하나 고민한 적이 있다면, 그게 얼마나 도덕적 지뢰밭 같은 일인지 알 것이다. 비행기를 탈지 말지, 재활용을 어떻게 할지, 운전을 줄여야 할지, 이 모든 선택 하나하나를 따져 보자면 도서관 하나 분량의 사고력이 필요하다. 우리는 '대충러'들이니까 전통적인 친환경 주제 중 하나만 골라 제대로 집중해 보려 한다. 이 글의 원칙이 당신의 뇌를 톡톡 건드려 다른 삶의 영역에도 '지속 가능성'이라는 양념으로 맛을 내는 영감을 얻기를 바란다.

동물성 식품을 먹어도 되는지, 안 먹는다고 정말 변화가 있을지에 관한 질문은 지속 가능한 선택을 하려 할 때 언제나 맞닥뜨리는 딜레마다. 바닥은 용암이니 조심해야 하는데 치즈샌드위치는 또 너무 맛있으니까 말이다. 걱정하지 마시라! 당신에게 왜 당장 비건이 되어야 하는지 장황하게 설교할 생각은 전혀 없다. 나도 서른 살이 될 때까지 고기를 미친 듯이 먹었다. 지금 기준으로 보면 내 인생의 90퍼센트는 육식으로 채워졌다. 그리고 내 도덕적 우월감 따위는 이미 오래전에 도망갔다(솔직히 잘된 일이다. 부디 잘 살길 바란다). 그러니까 내가 비건 삼 년 차라고 해서 자랑하며 성인군자처럼 으스댈까 봐 걱정하지는 말자.

지속 가능성에 관한 질문의 답을 찾고, 사실을 바로잡고, '전구가 번쩍' 켜지는 깨달음을 얻을 수 있는 곳은 많다. 나는 조너선 사프란 포어Jonathan Safran Foer의 《우리가 날씨다(We Are the Weather)》라는 책을 읽고 나서 그런 깨달음을 얻었다. 하지만 누군가는 다큐멘터리 속에서, 커피 한 잔 나누는 우연한 대화 속에서, 어느 날 운명처럼 마주한 비건 치즈케이크 한 조각에서 깨달음을 얻을 수도 있다.

이번 장은 우리 같은 사람들을 위한 것이다(그리고 그런 사람은 날마다 늘고 있다). 더 이상 지금처럼 먹어선 안 된다는 걸 이미 알지만, 막상 그 느낌을 행동으로 옮기기에는 너무 버겁고 솔직히 아무 소용 없을 것처럼 느껴지는 사람들, 그리고 어떤 이유로든 '완전히 비건이 되는 건 무리야'라고 생각하는 사람들을 위한 장이기도 하다.

사실 우리 대부분은 이미 어느 정도 이해했다. 지속 가능한 식습관이 왜 필요한지, 분위기도 읽히고 공감도 된다. 하지만 막상 실천에 옮기려면 마음이 무겁다. 너무 어렵게 느껴지고, 버겁고, 애써본다고 별 소용 없을 것 같기도 하다. 아마도 평생 음식에 대해 스스로 세운 규칙들과 싸워왔기에 이제 와서 그 식습관을 완전히 바꾼다는 건 두렵고 부담스러운 일일 수 있다. 매번 충동을 이겨낼 자신도 없고, 한 번이라도 실패하면 위선자처럼 보일까 봐 두려울 수도 있다.

어떤 음식은 단순히 먹을 것을 넘어 소중한 추억과 감정이 담긴 상징일 수도 있다. 디왈리, 부활절, 라마단, 하누카, 크리스마스 음식 또는 일요일마다 먹던 옛날식 구이 요리처럼 우리에게 특별히 의미 있는 한 끼 식사일 수도 있다. 또 어떤 이들은 슈퍼에 비건 대체 식품이 거의 없거나 동네 술집에서 비건 메뉴를 달라고 했다간 비웃음만 당하고 쫓겨날지도 모르는 분위기 속에 살 수도 있다. 또는 이미 '매우 까다로운 음식 알레르기 목록'을 안고 살아가느라 그 제한된 식단에서 맛있는 음식 몇 개를 더 빼는 건 정말 너무 큰 일일 수도 있다. 당연히 있을 만한 걱정들이다. 만약 내가 비건 강연 하나만 듣고 하룻밤 사이에 철저한 채식주의자로 변했다면, 나 역시 내 동기와 당신의 동기 모두를 의심했을 것이다. 자기보존 본능은 우리 모두의 핏줄 속에 흐르고 있기 때문이다. 우리는 수천 년 동안의 자연선택 끝에 '마을에서 가장 조심성 많은 사람들'의 후손으로 남은 존재다.

이런 주제는 누군가와 이야기를 나눠보는 것이 좋다. 스스로 조사해 보고 생각을 정리해 보는 것도 좋다. 나는 '비건 논쟁'이라는 말을 들으면 시끄러운 TV 토론 프로그램이 먼저 떠오른다. 얼굴이 벌게진 남자가 '소시지는 신성하다'고 외치고, 그 맞은편엔 진심은 있지만 왠지 매력은 부족한 비건 활동가가 있는 장면이다. 내 잠재의식 속의 그 장면은 물론 실제와는 다르다. 현실에서 논쟁은 대부분 그렇게 공개된 무대가 아니라 우리 마음속에서 조용히 혼자 벌어지니까 말이다.

그래서 이번 장에서는 왜 우리는 비건이나 다른 친환경적인 선택을 망설이는지 함께 고민해 보려 한다. 그리고 (적어도 내 기준에서 말하자면) 당신이 그걸 '적당히 대충' 해도 괜찮다는, 분명하고 확실한 그린 라이트를 줄 것이다. 이걸 바탕으로 '대충 하는 것'이 단순한 게으름이나 무관심, 형편없는 태도와는 완전히 다르다는 점을 이야기해 보겠다. 이 장을 다 읽고 나면 당신도 '그래, 대충이라도 해볼까?' 하는 마음이 들기를 바란다. 그렇다면 우리는 '대충 하는 버전'으로 지속 가능한 삶의 계획을 함께 만들어볼 수 있을 것이다.

이젠 비난하는 대신 책임질 시간

음식은 너무나 '개인적인 것'이다. 태어나 처음으로 음식을 입에 넣는 순간, 그 음식을 고르고 숟가락을 들어 입에 넣어주는 사람은 우리에게 가장 가까운 존재들이다. 처음으로 칭찬을 듣는 순간 중 하나도 스스로 밥 먹기를 성공했을 때다. 그리고 우리가 처음으로 갖게 되는 '성격 표현' 중 하나는 바로 좋아하는 음식이다. 아직 말도 못 할 시절, 어떤 건 잘 먹고 어떤 건 고개를 저으며 거부하는 순간이 우리가 처음으로 드러내는 '취향'이 된다. "도니가 어떤 아이인지는 아직 모르겠지만, 당근을 싫어하는 건 확실해. 개성이 뚜렷한 아이야!"

자라면서 자기 소개하기를 배우면 좋아하는 음식은 빠질 수 없는 기본 항목이 된다. "제 이름은 리나예요! 저는 다섯 살이에요! 제일 좋아하는 색은 보라색! 제일 좋아하는 음식은 팬케이크예요!" 그래서 누군가 내 음식 선택을 지적하면, 마치 몰래 내 방문을 열고 침대 정리 상태를 평가하는 것처럼 느끼며 속으로 '꺼져!!'라고 외친다. 가난을 직접 경험하지 않았다면 '가난한 사람들'이라는 말을 처음 들은 순간도 아마 식탁 앞이었을 것이다. "어떤 애들은 저녁으로 아무것도 못 먹어. 그러니까 투정 부리지 말고 치킨너깃이나 먹어!"

음식은 문화, 보살핌, 전통 그리고 위안의 상징이다. 나에게 중요한 순간들은 그때 먹은 음식과 늘 연결됐고, 반복적으로 먹으면서 점점 특별해지고 신성해지기까지 했다. 수영 수업이 끝나고 먹던 기름진 감자튀김, 일요일마다 빠지지 않던 훈제 돼지고기, 휴가 때마다 꼭 사 먹던 아이스크림, 세상을 떠난 친척의 생일마다 먹던 생크림 페이스트리(이건 엄마가 만든 전통이다. 물론 그 동기가 100퍼센트 순수했다고 보긴 어렵지만, 단 음식을 향한 엄마의 전략은 존경할 수밖에 없었다. 이 평계는 세월이 갈수록 점점 많아졌으니, 실로 천재적인 전통이 되었다. 나는 이 전통을 통해 중요한 진리 하나를 배웠다. 슬픔은 휘핑크림과 함께 먹어야 가장 부드럽게 넘어간다). 어른이 되면서 나만의 전통도 추가했다. 숙취에는 베이컨 샌드위치, 생리통에는 초콜릿 왕창, 이별에는 구운 카망베르 치즈.

이런 작은 의식들은 내 삶의 순간들을 이어주는 접착제 같은 역할을 했다. 그런데 그 전통들이 '잘못된 선택일 수도 있다'라는 생각은 내 안 깊숙이 묻어둔, 아직 꺼내 보고 싶지 않은 감정들을 건드렸다. 부모님은 안전하다고 했고, 학교는 균형 잡힌 식단이라고 가르쳤고, 내 입맛은 맛있다고 느꼈는데 그 모든 것이 잘못됐을 수도 있다고? 그건 말이 안 된다. 내 삶을 구성한 지각판 같은 것들이 흔들리면 도대체 난 뭘 딛고 서야 하는 거지? 다른 거짓말은 또 뭔데?

'비건'이라는 개념을 안 지는 십 년이 넘었지만, 실제로 그 세계에 발을 들여볼 용기를 낸 건 한참 뒤였다. 다른 사람들도 비슷하다. TV에서 PETA(동물권 옹호 단체) 시위 장면을 보고, 길거리에서는 동물권 활동가들이 나눠주는 전단을 받고, 유튜브에서 공장식 축산 영상을 우연히 본다. 하지만 그때마다 진지하게 받아들이기보다는 그냥 지나치거나 화면을 넘겨버린다. 채식을 접하지 않은 환경에서 자란 사람은 대개 조용히 실천하는 이들보다 강한 신념으로 오래 실천한 이들을 먼저 마주치게 된다. 목소리를 내는 이들이 더 눈에 띄기 때문이다.

그런데 아주 오랫동안 비건으로 산 사람들은 처음 접하는 사람에게는 그 이야기가 얼마나 큰 충격인지 잊은 듯하다. 아마 내가 무관심해 보였던 것도 사실은 속으로 공황 상태였기 때문일 것이다. 혹시 그들의 말이 옳다면? 그러면 나는 도덕적으로 잘못 살아온 셈이 되고, 그건 나약한 내 자아가 감당하기엔 너무 큰 충격이었다. 내가 정말 나쁜 짓을 하고 있는 걸까? 한두 번이 아니라 매일? 하루에도 여러 번씩? 남들이 시키는 대로 믿은 내가 멍청했던 걸까? 세상이 계속 나를 속인 건 아닐까?

그렇다면 나는 또 어떤 것들에 속은 걸까? 그걸 조사해 보고 사실로 밝혀진다면 나를 이루고 있던 것들까지 바꿔야 하는 걸까? 하지만 그 모든 건 우리 가족을 우리답게 만들어준 것들이다. 내 인생의 흐름을 만들어준 소중한 의식들이었다. 그런 걸 다 버려야 한다고? 그리고 앞으로 음식을 주문할 때마다 나조차도 완벽히 이해하지 못한 선택을 매번 다른 사람들 앞에서 설명해야 한다고?

옳고 그름을 나누는 방식에서 이상한 점 하나는, 우리가 의로움을 철저히 개인의 문제로 여겨왔다는 것이다. 특히 서양에선 그 결과마저도 오롯이 개인이 감당해야 할 몫으로 받아들이도록 배웠다. 나쁜 짓을 했어? 변화를 거부했어? 그럼 벌을 받고 감옥에 가거나 지옥에서 영원히 고통받게 될 거야! 이처럼 우리는 보통 한 사람의 선택을 기준 삼아 그가 '착한' 사람인지, '나쁜' 사람인지 판단한다.

하지만 그 '선택'을 진정 자유롭게 할 수 있었는지는 좀처럼 따져보지 않는다. 당신에게 먹거리 시스템에 정치적으로 영향을 줄 수 있는 권한이 있었는지, 자라온 환경이 구조와 정보 하나하나를 비판적으로 검토할 수 있는 현실적인 여건을 갖췄는지 생각해 본 적이 있는가? 이쯤에서 전하고 싶은 첫 번째 희망적인 메시지는 이 모든 책임을 당신 탓으로도, 내 탓으로도 돌리고 싶지 않다는 것이다. 그냥 마음 편하자고 하는 말 같겠지만 분명한 이유가 있다.

- 우리가 흔히 먹는 초콜릿, 패스트푸드, 식료품 브랜드는 막대한 예산을 퍼

부은 마케팅으로 우리의 식습관에 깊이 관여했다. 뿐만 아니라 수십 년간 업계 로비스트와 육류 산업 투자자는 '우유 안 마셨어?', '우리는 균형 있게 먹어요', '쇠고기, 저녁 식사의 정석'과 같은 메시지를 내세운 광고에 수십억을 쏟아부었다(이 광고는 각각 '캘리포니아 우유 가공 위원회', '농업·원예 개발 위원회', '쇠고기 산업 협회' 등에서 제작했다). 이런 메시지는 교육과정에도 자연스럽게 스며들었다. 우유와 고기가 빠지지 않던 식품 피라미드나 접시 그림을 기억하는가? 식품 생산이나 영양에 관한 지식이 전혀 없는 일곱 살 아이가 그런 정보가 진실인지 아닌지 구분할 수 있었겠는가?

- 정부가 고기와 유제품 소비를 장려하기 위해 막대한 세금을 쏟아부었을 가능성도 크다. 예컨대 EU(유럽연합)는 연간 전체 예산의 약 20퍼센트에 해당하는 240억 파운드(약 44조 원)를 축산업 보조금으로 사용한다. 영국의 방목 가축 농가의 수익 중 무려 90퍼센트가 정부 보조금에서 나온다.

- 전문의가 아닌 일반의 중 대다수는 식단 지식을 실제 환자의 생활에 적용하는 훈련을 받지 못한다. 게다가 의대를 졸업한 뒤에는 영양 관련 지식을 따로 업데이트할 필요도 없다. 2021년에 발표한 연구에 따르면, 영국과 미국의 의대생들이 의대 전 과정에서 영양 교육을 받은 시간은 평균 11시간에 불과했다. 2024년 여름에 세상을 떠난 BBC 프로그램 '날 믿어, 난 의사야(Trust Me I'm a Doctor)'의 진행자 마이클 모슬리Michael Mosley 박사 역시 "의대에서 영양학에 관해 거의 아무것도 배우지 않았다"고 고백했다. 의사들조차 재교육이 절실한 상황에서 우리 자신에게 너무 가혹할 필요는 없지 않을까?

- 일부 활동가들 사이에는 무심코 따른 습관을 '의도적인 잘못'으로 간주하는 시선이 있다. 하지만 자기도 모르게 구조적인 해악에 돈을 쓰는 것과 직접 해를 끼치는 것은 분명히 다르다. 소비를 '악의적인 행동'으로 간주하

기 시작하면, 마치 세상 사람들 대부분이 몰라서가 아니라 일부러 해를 끼치는 것처럼 보이는 왜곡된 세계관이 형성된다. 물론 해악은 분명히 있지만, '왜 그런 행동을 했는지'는 매우 중요한 차이다. 이건 중요한 문제다. 세상을 향해 '다들 이기적이고 못된 사람들뿐이야'라고 믿게 되면 지금의 현실을 바꾸는 일은 점점 더 버겁고 불가능하게 느껴질 수 있다. 반대로 세상 사람들을 정보와 자원, 기회만 있다면(특히 그것이 쉽게 주어진다면) 최소한의 해만 끼치려는 존재로 본다면, 변화는 손이 닿는 거리에 있다고 느껴질 것이다.

설령 당신이 비건이고, 죄책감을 불러일으키는 것이 가장 효과적인 전략이라고 믿는다 해도, 나는 '무엇이 옳은가?'라는 도덕적인 주장보다 '실제로 효과가 있는가'를 더 중요하게 본다. 누군가의 주장을 들을 의지가 없어서가 아니라 우리가 진정으로 바라는 것이 동물과 지구를 파멸에서 구하는 일이라면, 그저 '옳은 말인가?'보다 '진짜 변화를 일으키는 것'이 우선이어야 한다고 믿기 때문이다. 조금 까탈스럽게 들릴지는 몰라도 결국은 실제로 효과가 있어야 의미가 있지 않겠는가?

사실 수치심을 주는 방식은 사람들의 행동을 바꾸는 데 그다지 효과가 없다. 비 오는 날 운동장에서 체육 선생님한테 고함과 욕설을 들어 본 사람이라면 누구나 알 것이다. 더 명확한 증거가 필요하다면, 브레네 브라운Brené Brown이라는 학자가 과학적으로 증명한 사실이 있다. 사람들은 수치심을 느낄 때 이성적으로 판단하거나 행동을 수정하기보다는 마치 자동차 불빛 앞에서 얼어붙는 사슴처럼 그 자리에 멈추거나 도망치려 한다는것이다.

이런 맥락에서 떠오르는 건 베르톨트 브레히트Bertolt Brecht의 희곡《코카서스의 백묵 원(The Caucasian Chalk Circle)》에 나오는 딜레마다(이 희곡은《성경》 속 솔로몬왕의 판결에서 영감을 받았다). 한 아기를 두고 서로 친엄마라고 주장하는 두 여자에게 바닥에 그려진 원 안에서 아기의 팔을 잡고 바깥으로 끌어당기라고 명령한다. 먼저 선을 넘긴 사람이 양육권을 얻는다는 식이다. 물론, 이것은 일종의 시험이었다. 아기의 팔이 찢어질까 봐 싸우기를 거부한 여자가 결국 진짜 엄마로 인정받는다. 아기를 다치게 하느니 차라리 양보하겠다는 그 선택이 진짜 사랑을 증명한 것이다.

나는 비건 식생활에서 완벽주의도 이와 다르지 않다고 생각한다. 양들은 우리가 고기를 왜 끊었는지, 어떤 철학을 가졌는지, 어떻게 고기 소비를 조절하고 나누었는지 관심이 없다. 양들이 원하는 건 단 하나, 살고 싶다는 것이다. 그냥 "제발 살려줘!" 하는 것뿐이다. 아니면 뭐, 양들의 말로는 "매애~" 쯤 될까. 사실 기후변화위원회(정부 자문을 맡은 전문가들)도 양들과 같은 입장이다. 위원회의 목표는 영국 전체에서 2030년까지 육류와 유제품 소비를 20퍼센트 줄이고, 2050년까지는 육류 소비를 35퍼센트 감축하는 것이다. 참고로 이는 1인당 기준이 아니라 사회 전체의 평균을 말한다.

전문가들이 '함께하는 목표'를 제시하는 와중에 서로를 비난하는 것이 도움이 될까? 그 시간에 차라리 친구들과 맛있는 비건 음식을 만들어 먹고, 유제품이 없는 도넛을 우적우적 씹으며 한 끼 한 끼 고기 소비를 줄여나가는 편이 낫지 않을까? 내가 어떤 쪽에 속하고 싶은지는 이미 분명하다.

두 번째 좋은 소식은, 비난은 사람들 사이를 갈라놓지만 여기서 말하는 책임은 팀워크라는 점이다. 나는 우리가 지금의 먹거리 시스템이 어떻게 구성됐는지에 관해 굳이 죄책감을 가질 필요는 없다고 생각한다. 하지만 이제 그 시스템이 어떻게 작동하는지 알았다면 그 안에서 바꿀 수 있는 틈을 찾아내는 것은 우리 몫이다. 찾아냈다면? 이제 몸을 풀어볼 시간이다!

세 가지 식생활 논쟁과 그 속에서 살아남는 법

이런 주제를 다루다 보면 우리 모두 사소한 세부 사항에 얽혀 길을 잃기 쉬운 것 같다. 마치 구운 콩을 초콜릿 소스에 섞어버리는 것처럼 전혀 어울리지 않는 것들을 한데 뒤섞기 때문이다. 다시 말해, 섞어서는 안 될 것들을 자꾸 섞고 있는 거다. 비건주의를 지지하는 주장은 '개인 건강', '윤리', '생태' 이렇게 크게 세 갈래로 나눌 수 있다. 하지만 이렇게 딱딱하게 분류하면 왠지 교과서 같고 거리감이 느껴진다. 그래서 나는 조금 더 생생하고 직관적인 표현으로 바꿔보겠다.

- 개인 건강 똑똑한 선택
- 윤리 옳은 선택
- 생태 상식적인 선택

내게는 이런 표현이 훨씬 실감 나게 다가온다. 단순해야 할 의미에 씌워진 불필요한 격식을 걷어내 주기 때문이다.

 자기 건강을 챙기는 건 분명 똑똑한 행동이다. 하지만 아주 희박한 위험성에 과민하게 반응하거나 검증되지 않은 통계와 반쪽짜리 연구에 빠져 위키백과 검색을 반복하는 건 조심해야 한다. 우리와 다르게 생겼지만, 우리처럼 짜증도 내고 좋아하는 상대에게 애정을 표현하며, 잠자리를 마음에 들 때까지 정돈하는 그런 생명체들을 아끼는 마음은 분명 옳은 선택이다. 그리고 우리가 사는 이 지구라는 집의 바닥을 누가 어떻게 관리하는지 눈여겨 보는 건 상식적으로 현명한 일이다. 누군가가 그 책임을 회피하거나 대충 얼버무리려 한다면, 알아차릴 수 있어야 한다.

비건 식단에 관한 대화는 종종 꼬이곤 한다. 왜일까? 한 사람이 "비건 식단이 좋아!"라고 하면 다른 누군가는 "그게 정말 도덕적으로 옳은가?"라고 반문한다. 또 다른 사람은 "내 사촌 친구의 이웃집 우편집배원이 비건식을 실천했다가 아팠대" 같은 설을 들려준다. 그러면 처음 얘길 꺼낸 사람은 지친 얼굴로 눈을 굴리며 "대규모 축산업이 소 방귀, 그러니까 메탄으로 지구를 망치고 있다고요" 하고 중얼댄다. 그러다 대화는 갑자기 농촌 일자리 문제로 튀어 "농부들은 어떻게 할 거냐?"라는 논쟁으로 번진다. 하지만 막상 아무도 농부들이 진짜 어떻게 될지에 관해선 잘 모른다. 그렇게 어색한 공기가 흐르고 결국엔 "한 잔 더 할까?"라는 제안으로 주제가 바뀌며 대화는 흐지부지 끝나버린다.

문제는 모두가 '비건 식단'이라는 같은 주제를 이야기하는 것처럼 보이지만, 실제로는 서로 전혀 다른 관점에서 완전히 다른 이야기를 하고 있다는 것이다. 누구도 하나의 논점을 끝까지 따라가 보려 하지 않고 서로 다른 주제들 사이를 이리저리 오가다 보니, 결국 "그 말이 맞는대도 실천은 못 해. 농부는 어쩔 건데? 비타민은? 전통은? 모르겠으니 그냥 모르는 게 나아"라는 회피로 끝나버린다. 그렇게 우리는 해결 가능성의 문을 스스로 닫아 버린다. 이건 마치 지금 타고 있는 차가 전국 여행을 버틸 만큼 안전한지 애초에 따져보는 것조차 피하려 드는 모습과 닮았다. 그 차가 안전하지 않다면, "짐은 또 어떻게 다 옮기냐고! 제시간에 대체 차량을 구하는 건 절대 불가능해! 게다가 이 차는 내가 제일 좋아하는 차란 말이야! 그리고 얼마 전에 피냐콜라다 향 고급 방향제로 바꿨다고!" 이런 말들을 하면서 말이다.

실제로 문제가 있는지조차 진지하게 생각해 보지 않는다면, 그 문제를 풀 수 있는지 판단하거나 구체적인 해결책을 논의하는 건 애초에 불가능하다. 좀 더 쉽게 설명하자면 이렇게 생각해 볼 수 있다. 차가 지구이고 목적지가 앞으로 100년이라면, 우리는 지금 그 차가 중간 어디쯤에서 클러치가 고장 나 얼음 호수로 추락하진 않을지 점검해야 한다. 피냐콜라다 향 방향제를 달았든 안 달았든 말이다.

    나는 이런 대화를 나눌 때, 우리가 지금 정확히 어떤 이야기를 하는지 분명히 합의하고, 그 주제를 유지하려고 노력하면 모두 훨씬 더 좋은 친구가 된다는 사실을 알게 되었다. 그렇게 하다 보면 어느 순간 진짜로 서로를 이해하게 되는 순간도 찾아온다. 모든 문제를 한꺼번에 꺼낼 필요는 없다. 하나의 대화에서는 하나에만 집중해도 충분히 의미가 있다. 그래야 중요한 지점까지 다다를 수 있다. 그리고 어차피 그 모든 문제는 결국 서로 연결되어 있다. 비건 식단이 인간에게 정말 해롭다고 과학적으로 밝혀진다면, 생존을 위한 육식이 과연 도덕적으로 옳은가에 관한 논의도 달라질 수밖에 없다. 반대로 육식이 직·간접적으로 우리가 살아가는 터전과 숨 쉬는 공기를 파괴해 결국 우리의 생존 자체를 위협한다면, 건강에 조금 안 좋을 수도 있다는 우려 역시 전혀 다른 방식으로 논의될 것이다. 공기 때문에 죽게 된다면 그거야말로 건강에 가장 안 좋으니까 말이다.

    나는 스스로 '적당히 비건식을 하는 사람'이라고 표현한다. 그 말은 내가 철저함보다는 '상식적'인 선택에 초점을 두겠다는 뜻이다. 내 선택이 '현명하다'거나 '옳다'고 말하는 게 아니라 그냥 상식적인 수준에서 출발해 점차 나아가려 한다는 뜻이다. 환경과 미래를 진지하게 바라본다면 되도록 비건 식단에 가까운 방식으로 먹으려는 태도가 상식적이지 않은가? 고결하게 보이려는 것도, 도덕적으로 우월한 척하는 것도, 영웅이 되려는 것도 아닌, 그저 상식적인 선택일 뿐이다.

마음속 걸림돌 치우기

나는 종종 내가 아는 것과 실제로 행동하는 것 사이에 뭔가 막혀 있다고 느낀다. 정보를 이해하는 것과 충동에 휘둘리는 내 머리가 그것을 실제로 행동으로 옮기는 일은 완전히 다른 문제다. 이런 성향 때문에 나는 예전부터 폭식이나 흡연 같은 문제 습관은 물론이고, 사람 눈치를 보거나 끝도 없이 뉴스를 뒤지는 행동까지도 좀처럼 고치지 못했다. 그냥 '나는 끊지 못하는 사람'이라고 믿었다. 그런데, 가끔 언젠가 들은 말 한마디나 알게 된 정보 하나가 지금의 나와 되고 싶은 나 사이를 가로막던 관을 시원하게 뚫어주었다. 나는 이런 걸 '영혼 희석제'라고 부른다. 피를 묽게 해주는 혈액 희석제처럼 이건 굳어 있던 내 신념을 조금씩 흐르게 해준다.

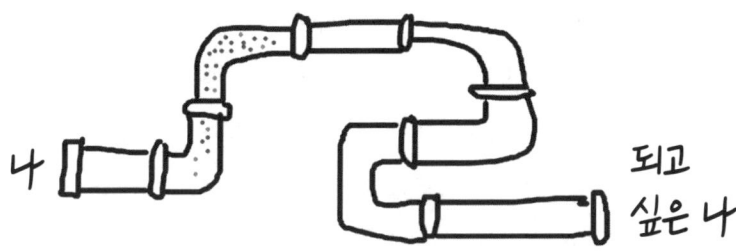

육식 습관을 끊는 것도 마찬가지였다. 그래프나 숫자는 물론 흥미로웠지만, 음식에 관해 새롭게 배우는 과정은 어두운 방 안에서 전등 스위치를 찾아 더듬거리는 기분이었다. 그리고 그 스위치를 더듬다가 치즈샌드위치를 집어든 적이 한두 번이 아니다. '환경을 위한 어떤 선택'을 고민한다면 이런 내면의 막힘을 풀어줄 '영혼 희석제' 같은 무언가를 찾는 것도 하나의 방법이다. 우리는 흔히 "이건 건강에 해로운가?", "누가 맞는 거지?"라는 질문을 무한반복 하며 제자리걸음을 한다. 그런데 정작 필요한 건 생각의 틀을 완전히 바꿔줄 새로운 접근 방식일지도 모른다.

나 역시 동물성 식품을 바라보는 여러 시각을 접하면서 이상하리만치 내 안의 어떤 매듭이 스르륵 풀리는 경험을 했다. 그 순간들이 나에게는 큰 전환점이 되었다. 그래서 그 얘기를 나누고 싶다. 이건 우리가 흔히 듣는 '고기 산업은 악이다', '동물을 먹는 건 이기적이다', '우유는 독이다!'와 같은 공격적인 주장과는 좀 다르다. 하지만 그런 시각 덕분에 나는 '적당주의 비건'을 선택하기가 훨씬 쉬웠다.

나는 이미 선택했다

내 첫 반려견 섀도는 구조된 잡종견으로 모든 면에서 '그 자체로 한 존재'였다. 섀도는 워낙 별나서 결국 문제 행동 때문에 훈련 수업에서 퇴출당했고, 덩달아 나도 함께 쫓겨났다. 그 정도로 취향과 고집을 가진 아이였다. 파란 침대보다는 체크무늬 침대를 고집했고, 취미는 문 갉아먹기와 스컹크도 도망갈 만큼 지독한 방귀를 조용히 뀌는 것이었다. 섀도는 정신도 있고 영혼도 있는 존재였기에, 나는 실수로 발을 밟기만 해도 진심으로 미안한 마음이 들었다. 그 섀도를 걷어찼다면? 그건 정말 끔찍한 폭력 행위였을 것이다(영국 법도 그렇게 본다. 동물학대죄는 5년 징역형이다). 영국에서 반려동물에 대한 애정은 이제 본능처럼 자연스럽고, 되돌릴 수 없을 만큼 일상적인 문화의 일부가 되었다.

우리는 고양이와 개에 대해서만큼은 정말 약하다. 그런데 조금만 깊이 들여다보면, 개나 고양이 같은 반려동물과 돼지, 소, 닭 같은 가축 사이에 정신적·인지적 차이가 실제로 존재한다는 주장은 꽤 어리석다는 걸 알 수 있다. 가축들도 저마다의 개성이 있고, 좋아하는 것이 있으며, 소중히 여기는 존재가 있다. 그들도 싸우고, 배우고, 죽음을 슬퍼한다.

그러면서 나는 문득 깨달았다. 내가 고민하던 문제는 '육식을 위해 동물을 죽이는 것이 옳은가?'와 같은 철학적 물음이 아니었다. 그 질문에 대해서는 이미 30년 전에 결론을 내렸으니까. 내가 정말 해야 했던 일은 신념과 식습관을 일치시키는 것이었다. 내게 부족했던 건 신념이 아니라 그 신념을 삶 속에서 실천해 내는 도덕적 일관성이었다. 이제는 되돌릴 수 없다! 나는 개가 존엄성을 누릴 자격이 있다고 믿는다. 그렇다면 햄버거를 내려놓고 이제는 '음, 맛있어!'라는 만족감을 줄 새로운 음식을 찾아야 할 시간이다.

취향은 타고나는 것이 아니다

대학교에 입학할 무렵, 나는 운명적 사랑이라는 믿음을 놓기로 했다. 이 우주 어딘가에 단 하나뿐인 짝이 정해져 있다는 생각 대신, 이 세상 어딘가엔 나와 잘 맞는 사람이 백 명쯤은 있을 거라고 생각하게 되었다. 그중 누구를 만나게 될지는 내가 어디에서 태어났는지, 누구를 우연히 마주칠지와 같은 '운'에 따라 정해진다고 생각했다. 하지만 음식에 대해서만큼은 오랫동안 생각이 달랐다.

내가 가장 좋아하는 음식들은 그저 좋아하는 것을 넘어 '나'의 일부처럼 느껴졌다. 나는 누구였을까? 리나였다! 치즈 중독자였다! 엄마의 버터 쇼트케이크보다 더 잘 아는 것은 없었다! 나는 나 자신을 사랑하기 전부터 피자를 사랑했다. 그래서 그것들을 포기한다는 건 마치 '나다운 것'을 버리는 일처럼 느껴졌다. 맛으로 느끼는 희열, 그 귀한 즐거움을 놓아야 한다고 생각했다. 특히 할루미Halloumi(양젖과 염소젖을 섞어 만든 구워 먹는 치즈 - 편집자)는 내 인생의 사랑이었다. 제인 오스틴의 미스터 다아시처럼! 절대 놓을 수 없는 존재였다. 나는 믿고 있었다. 좋아하는 음식은 타고나며, 평생 몇 가지만 진심으로 좋아하게 되는 거라고.

하지만 그 믿음은, 유치원 때 한 학년 위였던 리스 로버츠가 미래의 남편일 거라 확신했던 것만큼이나 허황하다는 걸 점점 깨닫기 시작했다. 내가 늘 먹는 간식들, 그중에서 특별히 좋아한다고 착각한 것들은 대부분 내가 선택한 것이 아니었다. 그건 내가 태어난 나라, 자란 집, 부모님의 소득 수준과 취향 그리고 우리 집 끝자락에 있던 구멍가게의 한정된 선택지들이 만든 결과였다. 만약 내가 200년 전 중국 시골에서 태어났다면 먼지 속에서 프레도 초콜릿 그림을 그리고, "감자에 치즈랑 설탕에 절인 콩을 얹는 건 어때요?"라고 말할 수 있었을까? 금요일 오후 여섯 시쯤이면 내 몸이 감자튀김을 간절히 원했던 그 욕망조차도 타고난 것이 아니었다.

놀랍게도 베이컨을 끊고 나서 생각보다 아무렇지도 않았다. 정말 일말의 그리움도 없었다. 나는 여전히 짭조름한 간식을 왕창 먹고 있는데, 알고 보니 내가 좋아했던 건 '고기'가 아니라 '소금'이었던 것이다! 베이컨이 없으면 못 살 것처럼 굴었던 내가, 지금 생각하면 민망할 지경이다. 베이컨만이 줄 수 있는 특별한 맛이라고 생각했지만, 따뜻하고 바삭하고 기름지고 짠 음식이면 뭐든 충분히 대체할 수 있었다. 가공육이나 양념육을 좋아했던 것도, 알고 보니 고기가 아니라 '양념 맛'을 즐겼던 것이다. 고수, 마늘, 파프리카, 캐러멜 양파, 세이지…. 이것들이 내가 '맛있다'고 느꼈던 진짜 이유였다.

모든 식단은 돈, 시간, 취향, 입맛, 전통, 접근성, 건강상의 필요에 따라 제한된다. 내가 먹는 방식도 그렇게 한정되었던 것이다. 그 사실을 인식하고 나자 슈퍼에서 한 번도 가보지 않았던 낯선 코너를 돌아보게 되었고, 고기만큼이나 맛있는 비건 음식들도 발견했다. 무엇보다 좋은 건, 비건 식단을 완벽하게 하지 않더라도 조금씩 시도하는 사람들이 많아질수록 앞으로 진짜 좋아하게 될 새로운 음식들이 선반과 메뉴판에 하나둘 늘어갈 거란 사실이다.

다행히 난 원시인이 아니다

내가 육식에 대해 한때 가졌던 큰 오해 중 하나는, '인간은 원래부터 고기를 먹었으니까 괜찮아'라는 믿음이었다. 물론 인류가 유전적으로 육식하며 생존하도록 만들어진 종이라는 주장은 이미 과학적으로 깨졌다. 그런데 그게 진실이라고 가정해 보자. 그러면 자연스럽게 두 가지 의문이 생긴다.

- 나는 정말 동굴 인류 시대의 건강 상태를 바라는 걸까?
- 지금 내가 먹는 고기가 그 시대 사람들이 먹던 고기와 같을까? 그 비교가 타당할까?

첫 번째 질문은 그리 어렵지 않다. 만약 내가 구석기 시대에 태어났다면 기대 수명은 서른셋 정도였을 것이다. 그러니 지금쯤 죽었어야 한다는 얘기다. 가장 흔한 사망 원인은 설사, 탈수, 굶주림 같은 것들이겠다. 그러니 그 시대를 건강의 기준으로 삼는 건 애초에 무리다. 그러니 이건 넘어가자.

다음 질문! 현재 기준으로 WHO는 붉은 고기와 가공육을 발암물질로 분류한다. 그것들은 내가 즐겨 먹던 음식이다. 소고기, 돼지고기, 양고기, 베이컨, 햄, 살라미 그리고 손에 잡히는 각종 소시지들. 이 모든 게 암을 유발할 수 있다는 말이다. 같은 분류에 속하는 것들로는 석면, 담배, 술, 폼알데하이드formaldehyde, 자동차 배기가스가 있다. 물론 발암물질도 위험도가 제각각이고, 나도 그런 것들을 가끔은 먹는다(석면 칵테일 같은 거, 생일에만!). 그러나 반려동물에 관한 생각을 바꿨던 것처럼, 이제는 발암물질을 무심코 섭취하지 않기로 결심했다. 그것들을 매일 먹는 건 위험을 습관처럼 받아들이는 선택이기 때문이다. 건강이라는 관점에서 육식이 틀렸다고는 할 수 없지만, 솔직히 말해 내 기준에서 똑똑한 선택으로 보이지는 않는다.

물론 고대의 들소 고기와 공장식으로 사육하는 지금의 소고기가 정확히 어떻게 다른지는 알 수 없다. 하지만 완전히 같지 않다는 것은 분명하다. 그런 생각을 하다가 문득 '과거에 그랬으니까'라는 이유만으로 무언가를 계속하는 건 어리석은 태도라는 걸 깨달았다. 우리는 우리에게 가장 이로운 것을 선택해야 한다. 그건 조상들도 마찬가지였다. 지금 우리에게 필요한 모든 비타민과 미네랄, 건강상의 이점은 식물에서 얻을 수 있다. 육식이 언젠가 결국 인류의 '대몰락'을 불러올지도 모른다고 생각하면, 내 100대 조상 할머니쯤 되는 분도 지금의 귀리우유를 맛보고는 "좋네!"라고 하실지도 모른다. 모든 것을 고려해 보면 말이다. 어떻게 보면 비건 식단이야말로 가장 전통적인 방식일지도 모른다. 인류는 늘 생존을 위해, 더 나은 삶을 위해 음식을 바꿔왔으니까.

나는 두 가지 이기적인 선택 사이에서 고민한다

한동안 나는 비건이 되면 너무 높은 도덕 기준에 스스로를 묶어버리는 게 아닌지 걱정했다. 너무 도덕적으로 굴다가 나 자신도 부담스럽고, 주변 사람들에게도 부담이 될까 봐 망설였던 것이다. 비건이 된다는 건 단순히 옷을 고르거나 은행을 선택하는 문제와는 다르다. 그건 내가 '더 나은 사람이 되려고 애쓰는 사람'이라는 입장을 공개적으로 밝히는 일이기도 하다. 식사는 대부분 공동의 활동이기 때문에 내가 뭘 요리하고, 뭘 주문하고, 회사에서 나눠주는 간식을 받을지 말지를 자연스럽게 드러낼 수밖에 없다. 게다가 고기나 유제품은 너무 흔하고 많은 사람들이 좋아하는 음식이다 보니, 그걸 거부하면 내가 도덕적인 척하거나 심하게는 성자 코스프레처럼 보일까 봐 걱정됐다.

하지만 좋은 소식이 있다. 그것도 두 가지나! 첫째, 요즘 비건 대체 식품은 진짜 맛있다. 내가 뽑은 최고의 리스트도 있고, 다들 이미 맛있게 먹는 비건 음식도 많다. 기름진 감자튀김, 진득한 땅콩버터, 고소한 비스토 그레이비 같은 것들 말이다. 그래서 사실 내가 '큰 희생'을 한다고 보기는 어렵다. 내 미각과 자존심, 둘 다 무사하다.

둘째, 비건이 되는 건 사실 이기적인 선택이다. 정말이다. 연구 결과를 보면(안 봐도 된다. 어차피 우울하니까) 지금처럼 육식만 지속한다면 언젠가는 마을이 물에 잠기고, 신선한 공기는 희귀해지고, 인터넷마저 끊기는 세상이 올지 모른다. 그러니까 말 그대로 세상의 끝 같은 풍경 말이다. 이런 이야기는 듣기만 해도 우울하지만, 거꾸로 생각하면 공기, 물, 인터넷 같은 소중한 것들을 지키고 싶어 하는 사람이 된다는 건 꽤 괜찮은 일이다. 그런 마음을 행동으로 표현하는 건 결국 솔직하게 나 자신을 아끼는 태도이기도 하다. 기후위기는 누군가에겐 더 가혹하게 닥칠 수도 있겠지만, 결국엔 우리 모두의 일상에 찬물을 끼얹을 것이다. 그래서 내가 적당히 비건을 실천하는 건 '나는 이 세상이 꽤 좋고, 앞으로도 즐기며 살고 싶다'라는 나만의 표현 방식인 셈이다. 세상을 위해 채식 위주의 식단이 좋은 이유는 셀 수 없이 많다. 찾으려면 얼마든지 찾을 수 있다. 하지만 착한 사람 코스프레를 할 필요는 없다. 이기적인 사람도 얼마든지 환영이다.

이게 바로 내가 마음속의 도덕적 딜레마를 헤쳐나온 방식이다. 당신은 또 다른 길을 걷게 될지도 모른다. 괜찮다. 세상엔 수많은 방식과 계기가 있으니까. 그러니 다음에 채식주의자나 비건을 만나면 이렇게 물어보자. "당신은 어떤 '아하!'의 순간을 겪었나요?" 똑똑해 보이는 이야기라면 살짝 가져다가 당신만의 동기로 삼아보라!

말 없고 천사 같은 채식주의자보다
말 많고 서툰 비건이 낫다

나는 2020년 초부터 채식을 시작했다. 막 새로운 생활에 적응해 가던 찰나 충격적인 사실을 알게 되면서 큰 혼란에 빠졌다. 나는 그동안 고기를 뺀 자리에 유제품이나 달걀을 채우며 안심했다. 고기 버거가 없다고요? 괜찮아요, 할루미버거로 주세요. 치킨샌드위치가 없어요? 좋아요, 에그마요샌드위치면 충분해요. 어릴 때 생각했던 농장의 이미지 때문일까. 그런 식단이 고기를 먹는 것보다 훨씬 착한 선택처럼 느껴졌다. 어쨌든 나는 '동물이 죽지 않으면 괜찮다'라는 믿음이 있었고, 머릿속 동화의 농장에서는 소는 기꺼이 우유를 내어주고, 닭은 우리를 위해 알을 낳으며, 벌은 토스트에 바르라고 꿀을 나눠줬다. 그 모든 상상은 따뜻하고 달콤하며…철저히 환상에 불과했다. 그래도 농장 사람들이 모두 친절해서 동물을 잘 대해 준다면 그 자체로 잘못한 건 없지 않냐고 여전히 주장하고 싶었다. 내가 세상을 보는 눈이 좀 순진했을 수는 있어도 나름대로 옳은 방향에 서 있지는 않았을까?

하지만, 이 말을 해야 해서 누구보다도 마음이 아프지만, "과거의 리나야! 유감스럽게도 그건 아니었어." 알고 보니 내가 자랑스럽게 시작한 채식 식단도 꼭 더 '상식적'이거나 '옳은' 선택은 아니었다. 적어도, 내가 중요하게 생각하는 기준에서는 말이다. 치즈는 대부분의 돼지고기나 닭고기보다 탄소 배출량이 많다. 치즈 네 장이면 닭가슴살 한 덩이와 비슷한 수준이다. 치즈를 사랑하는 사람으로서, 이 사실이 얼마나 고통스러운지 안다. 그래서 우리 모두를 위해 잠시 치즈를 애도하는 시간을 갖고 싶다. (잠깐 묵념…)

이제 진지하게 돌아가 보자. 솔직히 전국의 버스 광고판마다 치즈의 탄소 배출량을 붙인다 해도, 레드레스터샌드위치는 여전히 점심시간마다 냉장

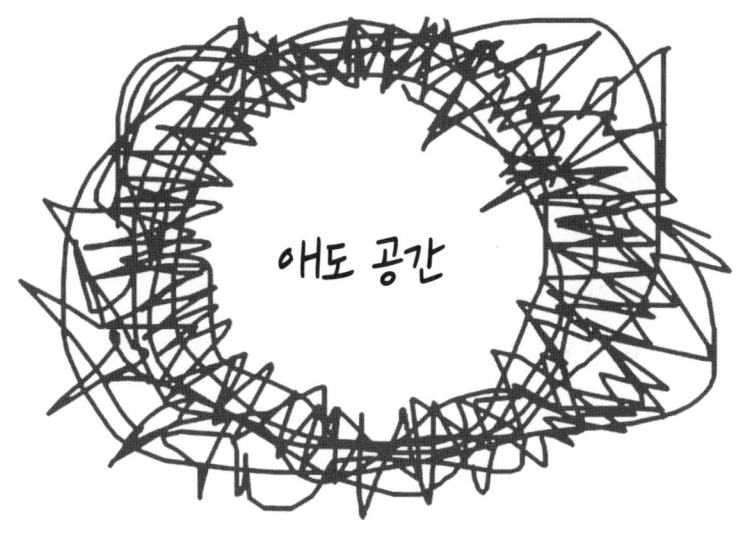

애도 공간

선반에서 사라질 것이고, 수천 개의 피자가 오븐으로 들어갈 것이며, 치즈감자튀김은 새벽 한 시에도 뜨겁고 위로가 되는 채 건네질 것이다. (미안하다, 잠시 군침이 돌았다. 어디까지 얘기했더라?) 설령 전국의 모든 뉴스 프로그램이 그 사실을 내내 방송하고(새로운 정보도 아니니 그럴 시간은 이미 충분했다), 화장실 문마다 치즈의 탄소 배출량을 보여주는 원형 그래프를 붙인다 해도 상황은 크게 달라지지 않을 것이다.

그렇다면 우리를 정말 바꾸는 건 뭘까? 사람이다. 여기서 말하는 사람은 다큐멘터리에 나오는 유명 비건 운동가도 아니고, 인스타그램에 훈계조 인포그래픽을 올리는 사람도 아니다. 거리에서 소리치며 전단을 나눠주는 활동가도, '더 푸른 미래'를 외치는 정치인도 아니다. 어쩌면 나도 아닐 수 있다. 우리는 이미 우리 삶 속에 있는 사람들, 가까이서 지켜본 친구, 가족, 동료에게서 정보를 들을 때 훨씬 더 자연스럽게 받아들이고 행동으로 옮길 수 있다. 낯선 사람의 말은 아무리 옳아도 너무 버겁게 느껴진다. 내용을 이해하려는 동시에 머릿속에 이런 생각이 맴돌기 때문이다.

- 이 사람 정체가 뭐지?
- 이 사람 믿어도 될까?
- 뭔가 속셈이 있는 건 아닐까?
- 나랑은 무슨 상관이지?
- 지금 당장 이걸 실천할 시간이 있을까? 북마크 했다가 나중에 다시 볼까? 그냥 전단만 챙겨갈까?
- 그게 진짜라면, 나보고 대체 뭘 어떡하라는 거야!

하지만 오랜 친구들이 어느 날 조심스럽게 비건에 관해 얘기를 꺼낸다면, 그들이 비욘드미트 주식을 갖고 있어서라고 생각하지는 않는다. 그들은 쉽게 극단에 빠지는 성격도 아니고, 늘 균형 잡힌 시선을 가진 사람이었다. 무엇보다 나를 잘 알았고, 내가 받아들일 준비가 되었을 때 이야기를 꺼냈으며, 내가 이해할 수 있는 방식으로 설명해 주었다. 왜냐하면 그들은 나를 이해했기 때문이다.

 그들이 실천하고 있었기 때문에, 그들의 말은 더 진실하게 다가왔다. 엄격한 비건 식단을 따르든, 가능한 범위에서만 유제품을 줄이든 내게는 중요하지 않았다. 애초에 내 기대치는 높지 않았으니까. 그저 친구들이 그 믿음을 실제로 삶에 조금씩 옮겨가고 있다는 신호만으로도 나는 충분히 설득됐다. 그들은 나와 비슷한 사회·경제적 배경을 가지고 있었고, 나와 비슷한 직장 문화와 사회생활을 경험하고 있었다. 그래서 그들에게 유제품을 어떻게 줄였는지 물었을 때, 내 삶에 실제로 적용할 수 있는 예를 들려줄 수 있었다. 우리 동네 마트에서 어떤 비건 대체품이 맛있고, 어떤 건 그냥 돈 낭비인지까지 자세히 알려주었다.

  나는 비건 운동가 에드 윈터스Ed Winters의 글을 읽으며 한 가지 흥미로운 사실에서 깊은 인상을 받았다. 그는 《고기 먹는 사람과 논쟁하는 법(How to Argue With a Meat Eater)》이라는 책을 쓸 만큼 비건에 대한 반박을 논리적으로 조목조목 반박하는 데 최고의 달인이다. 그런 그도 정작 자신의 가까운 가족 중 누구 하나 육식을 멈추게 설득하지 못했다고 아주 솔직하게 털어놓았다. 가족 파티에서 자신의 식단을 설명하느니 차라리 낯선 농부들과 고기에 관해 토론하는 편이 낫다고까지 말한다.

  그 글을 읽으며 심리학자 메그 제이Meg Jay 박사의 '정체성 자본'과 '약한 연결 관계' 이론이 떠올랐다. 메그 제이는 경력 맥락에서 이 개념을 설명하는데, 우리가 인생의 중요한 기회를 얻는 건 가까운 친구나 가족보다도 오히려 조금 덜 가까운 외부 인맥을 통해서라고 한다. 정보는 약한 연결을 통해 더 멀리, 더 빠르게 퍼진다. 그런 관계는 서로 겹치는 인맥이 적기 때문이다. 이 개념은 말콤 글래드웰Malcom Gladwell의 책 《티핑 포인트Tipping Point》에서 다룬 연구와도 이어진다. 글래드웰은 유행, 소문, 행동 변화와 같은 사회적 전염 현상이 어떻게 퍼지는지 분석해, 결국 이런 흐름은 '커넥터', '메이븐', '세일즈맨'이라는 특정한 유형의 몇몇 사람들로부터 시작된다는 사실을 밝혀냈다. 이들은 대개는 자기도 모르게 단지 사람들과 관계를 맺는 방식만으로도 사회의 흐름을 '기울게 만든다'.

  내 경험상 이건 정말 그럴듯하다. 어릴 적 내가 알았던 채식주의자는 오빠의 여자친구 한 명뿐이었다. 내 가까운 친구나 가족 중에 철저한 비건은 지금도 없다. 그런데 시간이 흐르며 조금씩 세상이 변했고, 말 많고 친근한 비건들이 내 인맥 안으로 자연스럽게 스며들었다. 그래서 궁금한 것이 생겼을 때 나는 누구에게 물어보면 될지 떠올릴 수 있었다. 그 누구도 나를 붙잡아

앉혀놓고는 "리나, 숙취에 시달리는 일요일 아침마다 네가 먹는 소시지에 관해 얘기 좀 해봐야겠어!"라고 말한 적이 없다. 그들은 그냥 내 주변에 존재하고 있었을 뿐이다. 학회에서, 직장에서, 친구의 생일파티에서 그들은 같은 공간에서 당당히 식사했고, 내가 비건에 관해 궁금한 걸 물었을 때 모든 질문에 완벽하게 답하진 못했지만 늘 열린 태도로 응해주었다. 자신이 먹은 음식을 하나하나 변호하진 않았지만, 대신 조용한 진심이 있었다.

나이를 먹을수록 내 '약한 연결' 관계에 있는 비건들의 숫자는 점점 늘어났다. 영국만 해도 2023년과 2024년 사이에 비건 인구가 110만 명 증가한 것으로 추정한다. 예상대로라면 2025년엔 1,500만 명에 이를 것이라고 한다. 코미디언 데이비드 미첼David Mitchell은 〈가디언Guardian〉에 쓴 칼럼에서 이렇게 말했다. '새로운 채식주의자가 급증하는 것이 짜증스러운 점은, 왠지 그들이 진짜 옳을지도 모른다는 생각이 자꾸 든다는 것이다. 채식주의자가 거의 없던 시절엔 그런 불편한 의심 따윈 할 필요조차 없었는데 말이다.'

나는 미래가 완전히 비건의 세상이 되리라고는 생각하지 않는다. 그럴 필요도 없고, 그렇게 되지도 않을 것이다. 하지만 분명한 건 단순히 물류의 측면에서도 고기가 훨씬 비싸지고 훨씬 더 구하기 어려워질 거라는 사실이다. 지금과 같은 속도로 고기를 생산할 만큼의 자원도, 땅도 더 이상 충분하지 않기 때문이다. 결국 고기는 일상적인 음식이라기보다는 '별식'에 가까워질 것이다. 그리고 당신이 '비건 친구'가 되지 않더라도 비건 친구는 점점 더 많아질 것이다.

진정성만으로는 세상을 바꾸기 어렵다는 생각이 든다. 결국 우리가 이기려면 '숫자'로 밀어붙여야 한다. 물론 PETA 같은 단체는 사람들이 하루아침에 찬장에서 모든 '불순한' 식품을 치우고 거리로 나가 피켓을 들고 외치기를 바랄 것이다. 하지만 적어도 우리처럼 온순한 영국인들에게 그런 급진적인 변화는 일어날 리 없다. 그렇기에 적당히 채식하는 사람들이 점점 늘어나는 것이 중요하다. 우리가 부담스럽지 않게 실수를 인정하면서도 더는 진실을 외면하지 않겠다는 태도를 보일수록, 당신 주변에서도 그런 사람을 발견하게 될 것이다. '우리'는 당신의 사무실에도 있고, 뜨개질 모임에도 있으며, 공연장에도 있다. 사촌의 새 남자친구일 수도 있고, 아버지의 자동차 정비사일 수도 있다. 동네 펍에서 일하는 사람일 수도 있고, 어쩌면 당신이 사놓고 읽기를 망설이고 있는 그 책의 저자일지도 모른다.

비건을 제한적 식단이나 정화 의식 또는 도덕적 우월함의 표현으로만 본다면, 음식은 더 이상 사회적 주제가 아니라 사적인 문제로 축소된다. 그러면 비건은 곧 자기 내면의 어두운 면을 씻어내기 위한 도덕적 수단이 된다. 이 논리는 결국 이렇게 작동한다. '고기를 먹는 사람은 괴물이다!' 그러니 고기를 끊기 위해선 먼저 자신을 괴물이라고 인정해야 하고, 그다음엔 자신이 구원받았다는 확신을 얻고 나서야 다른 사람들도 괴물처럼 보이기 시작하는 것이다. '대충 비건'이 된다는 건 이런 효과 없는 경직된 사고방식에서 벗어나겠다는 뜻이다.

당신이 태어난 육식 중심 문화는 당신이 만든 것이 아니다. 슈퍼마켓 진열대를 어떻게 채울지도 당신이 결정한 적 없다. 어릴 때부터 주입된 엉터리 영양 정보와 공포 마케팅 역시 당신의 선택이 아니었다. 고기와 유제품이 한때는 공동체 안에서 소중한 역할을 했을 수 있지만, 이제는 인류가 자기를 파괴하는 방식 중 하나가 되어가고 있다. '대충 비건'이 된다는 건 그 현실을 더는 외면하지 않겠다는 선언이다. 방관자가 되지 않겠다고, 침묵하지 않겠다고 다짐하는 것이다. 그리고 자신이 안전하다고 느끼는 방식으로 자기 속도에 맞춰 되도록 빠르게 그 파멸의 벼랑 끝에서 조금씩 물러서겠다는 다짐이다. "절벽이 그렇게 나쁘다면서 넌 왜 아직 그 주변에 있어?"라고 누군가

소리칠까 봐 두려워하면서도, 누군가 절벽 끝을 향해 걸어갈 때 "야! 거기 절벽이야!"라고 외칠 용기를 내는 것이다.

'대충 비건'이든 '자주 실패하는 비건'이든, 당신이 자신을 비건이라고 부르는 일은 우리가 어떤 방향에 동의한다는 뜻이다. 물론 거기엔 조건도 있고, 예외도 있고, 치팅데이도 있을 것이다. 변화는 더디고, 헷갈리고, 가끔은 후퇴하기도 할 것이다. 하지만 중요한 건 우리가 이제 이 문제의 해법에 관해 공개적으로 이야기하고 혼자 짊어지지 않기로 했다는 것이다. 먹거리 시스템이 집단적 선택의 산물이라면 그 해결책 역시 공동의 것이어야 한다. 세상의 균형을 바꾸는 건 '완벽한' 비건이 아니라 '수다스러운' 비건이다. 결국 우리가 이 상황에서 벗어나는 유일한 방법은 '먹으면서 벗어나는 것'이다. 혼자 몰래 화장실 칸에서 먹는 창피한 점심이 아니라 모두가 함께할 수 있는 축제로 만들어야 한다.

'대충 비건'을 시작하는 10가지 방법

치즈를 끊지 않고도 당신이 똑똑하고 상식적이라고 느끼는 방향으로 식단을 조금씩 맞춰갈 수 있는 10가지 방법이 있다. 가끔은 달콤한 초콜릿바를 먹어도 괜찮고, 병아리콩 샌드위치를 찾아 기름 먹는 차를 몰고 80킬로미터를 넘게 달리는 아이러니도 피할 수 있다. 여전히 '이게 맞는 걸까?' 고민할 수 있다. 하지만 좀 더 현실적인 선택이라고 느껴지면 그때부터 진짜 이야기가 시작된다.

재미있게도 비건 생활이 내 조깅 습관과 꽤 닮았다는 걸 알게 됐다. 조깅을 막 시작했을 땐 집 앞 골목 끝까지 뛰기도 벅찼다. 그런데 지금은 뛰고 나면 하루 종일 활기차고, 매달 조금씩 더 수월해진다고 느낀다. 비건 요리도 마찬가지였다. 처음엔 간단한 한 가지를 배우는 일조차 눈꺼풀을 뒤집는 것처럼 끔찍하고 어려웠다. 하지만 자잘한 일들이 익숙해지면 적당한 힘만 들여도 더 큰 변화에 도전할 수 있다.

아래에 '대충 비건'을 시작할 수 있는 몇 가지 방법을 제안한다. 하나를 골라 꾸준히 해도 되고, 가끔 어겨도 괜찮다. 두 가지를 번갈아 해도 좋고, 주마다 번갈아 해도 된다. 이리저리 섞어도 되고, 부담 없을 만큼 줄이거나 해볼 만할 때까지 조절해도 괜찮다. 미치게 힘들지 않은 방법을 찾을 때까지 이것저것 다 시도해 보는 것이다. 중요한 건 무엇을 하느냐보다 지금 바로 시작하는 것이다. 일단 엉덩이를 의자에 붙이기라도 하자.

1. 아침식사용 비건

비건 식단 입문자에게 가장 쉬운 방법이다. 하루 중 다른 끼니는 일단 놔두고 아침만큼은 꼭 비건식으로 시작하자. 아침은 대개 재료도 간단하고 혼자 먹는 경우가 많아서 가장 실험하기 좋은 끼니다. 토스트에 땅콩버터 발라 먹기, 비건 팬케이크 쌓아두고 먹기, 시리얼에 귀리우유와 블루베리 얹기 등 뭐든 좋다.

2. 브랜드 비건

이건 거의 노력이 필요 없는 방식이다. 마트에서 장을 볼 때 평소에 집어 드는 제품 대신 바로 옆 칸에 있는 비건 버전을 집으면 된다. 늘 사는 브랜드에서 비건 대체 제품을 만든다면 그걸 장바구니에 넣으면 된다. 요즘은 유명 브랜드 대부분이 비건 제품을 내놓는다. 캐시드럴 시티 Cathedral City 치즈, 리치먼드Richmond 초콜릿, 하인즈Heinz 케첩, 부르상Boursin 치즈, 옵션스Options 핫초코, 심지어 린트Lindt 초콜릿까지!

비건 신제품이 나오면 한 번쯤 사서 판매량을 올려주는 것도 중요하다. 그래야 그 제품이 한정판으로 사라지지 않고 우리 동네 마트에도 계속 들어올 수 있다. 익숙한 브랜드 제품을 비건 버전으로 바꾸는 정도는 변화에 민감한 뇌도 별다른 차이를 느끼지 못한다. 완벽한 비건이 아니어도 괜찮다. 이런 선택 하나하나가 지역 사회의 비건 문화에 큰 도움이 된다.

3. 협력하기

'내가 비건인가 아닌가' 하는 정체성의 문제보다는 실제로 어떤 영향을 줄 수 있는지에 집중해 보자. 그렇게 생각하면 이 여정을 누군가와 함께할 수 있다. 비건 식단을 온전히 지키기 어렵다고 느끼는 친구가 있다면, 둘이 머리를 맞대고 한 달짜리 조각조각 짜맞춘 비건 식단을 만들어보자. 어설퍼도 괜찮다. 역할을 나누고 일정도 맞춰서 때로는 '나는 아침 전담, 점심은 하루 건너서!' 하는 식으로 규칙을 정해도 좋다. 누군가 실수하거나 하루쯤 일탈이 필요할 때도 부담 갖지 말고 문자 한 통으로 조정하자. 아니면 그냥 같이 나가서 비건 식사로 한 끼 외식하면 된다!

이런 방식은 단순한 식단 계획을 넘어 한 달 동안 서로 연락하며 음식 이야기를 나눌 수 있는 훌륭한 구실이 되기도 한다. 아무도 하지 않았던 비건 식단을 둘이 힘을 모아 하나라도 만들어냈다면 그 자체로 충분히 기특한 일 아닌가!

4. 비건 외식하기

밖에서 밥을 먹을 때 메뉴판에 비건 옵션이 있다면 그냥 그걸 시켜보자. 끝이다. 이게 전부다. 이 방법이 좋은 이유는 요리를 직접 할 필요가 없기 때문이다. 어차피 누군가가 나 대신 요리하는 대가를 치르는 거니까 그 기회를 최대한 활용하자. 고민 없이 주문할 수 있고, 전에 한 번도 먹어본 적 없는 기묘하고 흥미로운 음식들을 맛보는 재미도 있다. 한 단계 더 나아가 규칙을 만들어도 좋다. '외식할 땐 코가 달린 음식은 안 먹기!' 대충 그런 느낌으로 말이다. 흠, 규칙은 좀 더 다듬어 보자.

5. 집밥으로 비건 실천하기

짐작했겠지만 집에 있을 때는 비건으로 식사해 보는 것이다. 이 방법은 '외계인 절임'이 메뉴에 있을 확률이 더 높은 곳에 살거나, 비건 식단과 잘 맞지 않는 식이 제한이 따로 있는 경우라면, 식당 메뉴에서 비건 음식을 찾기보다 훨씬 나은 대안이다(글루텐 프리까지 병행하는 '대충 비건'이라면 정말 고생이 많다). 시작은 간단하다. 주방에 맛있는 비건 소스들을 잔뜩 채워두고 평소 냉장고에 늘 쟁여두는 요리들을 비건 버전으로 하나씩 바꿔보는 것이다. 의외로 정말 재밌다. 재료를 바꾸는 것만으로도 새로운 요리처럼 느껴지고, 입맛에 맞는 조합을 발견하는 작은 성취감도 있다.

 이 방식에는 예상치 못한 보너스도 있다. 외식할 때 오히려 더 새롭고 색다른 기분이 든다는 것이다. 동물성 식품이 '당연히 먹는 주식'이 아니라 가끔 즐기는 특별한 간식처럼 느껴진다. 마치 시간 여행을 떠난 기분이랄까? 미래에서 한발 먼저 살아보는 느낌이다!

6. 비건 간식

아직 식사를 바꾸긴 부담스럽거나 식단을 스스로 결정하기 어려운 환경이라면 간식을 비건으로 바꿔보는 것도 좋은 시작이다. 세상엔 생각보다 훨씬 다양한 맛의 견과류와 비건 간식이 있다. 마트에서 기묘한 신상 수입 간식을 뒤져보거나 집에서 영화 보는 날엔 팝콘으로 창의력을 발휘해 보자. 좀 뻔하긴 하지만 입이 심심할 때는 과일이나 채소로 입을 달래는 습관도 도움이 된다. 게다가 이 방법은 새로운 '최애 간식'을 찾을 핑계가 되기도 한다. 친구들을 불러서 시식회 파티를 열어보자. 기묘하고 웃긴 비건 초콜릿이나 치즈를 잔뜩 들고 오라고 하면 된다. 결과가 어찌 되든 웃긴 상황은 반드시 생기니 사진도 꼭 찍어라. 가장 웃기고 이상하게 찍힌 사람이 우승!

7. 소스부터 비건으로

마요네즈, 페스토, 스톡 큐브, 그레이비 소스 등 우리가 일상적으로 사용하는 소스에는 대부분 비건 버전이 있다. 심지어 어떤 인스턴트 그레이비 브랜드는 전혀 의도하지 않았는데도 이미 비건이다! 내가 이런 소스를 통해 심지어 즐기지도 않으면서 동물성 식품을 섭취하고 있었다는 사실을 처음엔 몰랐다. 대부분 소스는 토핑이나 부재료이고 맛은 거의 첨가된 향신료나 조미료에서 나오기 때문에 소스를 바꿔도 큰 차이는 없다. 실제로 비건 소스로 바꿨을 때 원래 쓰던 것과 맛 차이는 거의 없었다. 게다가 소스는 한 번 사면 오래 쓰고 자주 바꾸지도 않으니, 약간의 수고를 들여 비건 제품을 찾아도 그다지 번거롭지 않다.

8. 진짜 '비건 대체'로 바꿔보기

혹시 지금 채식주의자지만 고기가 빠진 자리를 유제품이나 달걀로 채우고 있다면 이제는 한 단계 더 나아갈 때다. 그 자리를 '완전히 동물성이 없는 대체 식품'으로 바꿔보자. 나는 처음 고기를 끊기 시작했을 때 아침 식사에서 베이컨 대신 할루미 치즈를 구워 먹었고, 외식할 땐 스테이크 대신 오믈렛을 선택했으며, 집에서는 치킨너깃 대신 치즈 바이트를 오븐에 넣었다. 그러니까 여전히 뭔가에 기대고 있었던 셈이다. 이제 자주 먹는 메뉴를 찬찬히 살펴보자. 고기가 있던 자리에 두부, 병아리콩, 렌틸콩, 버섯 또는 식물성 고기 등으로 대체할 수 있는지 생각해 보는 것이다. 더 나아가 식사가 고기 대체품 중심으로 돌아가지 않도록 완전히 새롭게 구성할 수도 있다.

9. 비건 요리 배우기

유명 셰프의 책이나 영상을 보며 비건 요리를 배워보자. 당신이 좋아하는 셰프라면 누구든 괜찮다. 이 방법은 '일주일에 고기 몇 번 이하'와 같은 규칙보다는 '오늘 저녁은 뭐 먹지?'처럼 식사를 메뉴 중심으로 생각하는 사람에게 더 잘 맞는다. 내가 비건 식단으로 서서히 전환할 수 있었던 가장 큰 비결도 간단한 비건 요리법을 하나씩 배우면서 익숙해지려고 노력했기 때문이다. 요리하기를 즐기는 사람이라면 특히 더 좋은 선택지가 될 것이다(나는 노력했지만, 요리에는 그다지 소질이…).

당신의 과제는 이렇다. 일정 기간 동안(일주일이나 한 달?) 나만의 전속 셰프가 되어 보는 것이다. 그리고 그 기간 동안 나만의 비건 시그니처 요리를 하나 찾아내는 것이다. 나는 이 도전에서 '땅콩버터 칠리'라는 요리를 발견했고, 지금은 일요일마다 대량으로 만들어두는 단골 메뉴가 되었다. 이런 도전은 요리 실험을 해볼 절호의 기회이며, 마트에서 새롭고 낯선 진열대를 구경하는 재미와 가족이나 친구들에게 요리를 해주는 소소한 기쁨은 덤이다. 무엇보다 당신의 뇌가 '그래, 비건식을 해보자! 근데 뭘 먹지?' 하고 불안해질 때 냉장고에 붙여 둔 '내가 만든 비건 요리 목록'이 든든한 답이 돼줄 것이다.

요리하는 게 정말 내키지 않는다면? 괜찮다. 이 방법을 당신만의 방식으로 바꾸면 된다. 예를 들어, 요리는 관두고 새로운 비건 외식 메뉴나 식당 탐험을 도전 목표로 삼아도 좋다. 그런 정도의 반칙은 충분히 허용된다. 어쨌든 이건 '대충 정신'에 아주 잘 맞으니까 말이다.

10. 포인트 모으면 보상

나는 혼자서는 동기 부여가 잘되지 않는다. 대신 반짝이 스티커, 별, 배지, 작은 간식 같은 것에는 꽤 잘 움직인다. 그래서 한 번은 '포인트 쌓으면 보상 받기' 시스템으로 비건 식단을 실천해 봤다. 1월 한 달을 기준으로 하면 총 31일, 하루에 세 끼니까 무려 아흔세 번의 식사 기회가 있다. 나는 그중 몇 번을 비건 식사로 채웠는지 기록하기로 했다. 방법은 간단했다. 비건 식사를 할 때마다 달력에 반짝이 스티커를 하나씩 붙였다. 스티커 하나를 1포인트로 계산했다. 그리고 한 달이 끝났을 때 포인트에 따라 나 자신에게 줄 보상을 미리 정했다. 40점이면 혼자 영화관 가서 좋아하는 B급 영화 보기, 60점이면 내가 좋아하는 근교 마을로 하루 나들이 가기로.

그리고 놀랍게도(정말로 나만큼 놀란 사람은 없었다) 나는 87점을 기록했다. 그 보상으로 진한 빨강의 굉장히 독특한 안경 하나를 내게 선물했다. 물론 안경은 '눈 때문에' 꼭 필요했지만, 하나 더 사는 건 사치 같아 오랫동안 참았던 터였다. 보상은 당신이 동기를 부여받을 수 있게 원하는 방식으로 자유롭게 설정할 수 있다. 반드시 돈을 쓰는 보상일 필요는 없다. 가족이나 친구에게 보상을 부탁해도 좋다(40분간 등 마사지는 어떤가? 한 달간 청소 면제권은?). 예전에는 '완벽하게 못 할 바엔 아예 안 해'라는 식의 도전만 반복했다. 조금만 삐끗해도 금세 포기하기 일쑤였다. 그런데 유치하게 느껴질 수도 있지만 전체적인 성공을 기준으로 삼는 방식이 의외로 나를 훨씬 멀리 데려다주었다. 그러니 제한받는 건 질색이지만 스티커 하나에는 진심을 다하는, 조금은 쫀잔하고, 경쟁심 많고, 멋지고, 유치한 그 모습으로 당당하게 살아도 된다.

이 10가지 외에도 시작하는 방법은 많다. 예를 들어, 카페인 비건을 시도해 볼 수도 있다. 따뜻한 음료는 전부 비건으로 마시는 식이다. 아니면 저녁 식사를 준비할 때 고기 1인분을 두 접시에 나눠 담는 식으로 시작할 수도 있다. '대충 비건'이 되는 방식은 그 음식을 먹는 사람의 수만큼이나 다양하다. 가장 중요한 건 완벽한 계획이 아니라 그저 시작하는 것이다.

'대충 비건' 시작하기의 예상치 못한 부수적 효과는 뜻밖에도 자신감이 생긴다는 것이다. 조금 우습게 들릴지도 모르지만 나는 음식 선택에서 언제나 갈팡질팡했다. 이성적이고 원칙적인 선택은 내게 어울리지 않는다고 생각했고, 정의에 관해선 말은 잘하면서 막상 실천은 못 하는 산만하고 소심한 사람일지도 모른다고 스스로를 의심했다. 나는 결국 '입만 살아 있는 운동가'로 끝나버릴 줄 알았다.

그런데 식단을 조금씩 바꿔 가는 과정에서도 나는 여전히 음식을 즐길 수 있었다. 익숙했던 식습관을 천천히 해체해 보는 일도 생각보다 나쁘지 않았다. 실제로 비건 식단을 실천하는 사람들이 섭식장애의 비율이 더 낮다는 연구 결과도 있다. 하지만 섭식 문제를 겪은 적이 있다면 더 조심스럽게 접근해야 한다. 그래서 나는 비건 운동에서 완벽주의나 '순수성' 중심의 문화에 반대한다. 결국 우리는 언젠가 모두 '고기 중독호'라는 커다란 배에서 내려야 할지도 모르지만, 그 배에서 어떻게 내릴지는 각자의 속도와 방식에 맡겨야 하기 때문이다.

어떤 사람은 한순간에 확 끊듯 갑판에서 차가운 물 속으로 뛰어드는 짜릿함을 좋아한다. '할 거면 확실하게' 사고방식을 가진 사람은 새해 결심처럼 단번에 바꾸는 방식이 더 잘 맞는다. 반면, 어떤 사람은 먼저 안전한 구명보트에 몸을 실은 뒤 물에 익숙해지는 걸 선택한다. 변화를 시작하기 전에 수면을 살피고 익숙해질 시간을 확보해야 하는 사람들이다. 언젠가 '고기 중독호'가 결국 가라앉을 것이라는 데에 우리가 동의한다면, 그리고 갑판에서 바이올린을 켜며 아무 일도 없는 척하는 게 얼마나 어리석은지 안다면(여긴 타이타닉호가 아니니까), 사람들이 저마다 자기만의 속도와 방식으로 탈출할 수 있도록 믿어주는 것도 충분히 괜찮은 일이라고 나는 생각한다.

지금 이 글을 쓰는 시점까지 나는 4개월 동안 치즈를 한 입도 먹지 않았다. 앞으로 다시 치즈를 먹게 될까? 아마도. 나는 그런 식으로 대충 하는 사람이니까. 그래도 다시 먹게 된다면 그건 분명 아주 특별한 순간일 것이다. 기념할 만한 날, 완전한 침묵 속에 그 한 조각을 마지막까지 오롯이 음미할 수 있도록 말이다. 이제 더는 주차장에서 슬픈 얼굴로 치즈샌드위치를 통째로 삼키는 일은 없다. 나에겐 별일 아니지만 지구의 미래에는 큰 차이를 만드는 무심한 그런 한 입은 이제 그만이다. 내 인생의 각본에도 더는 '치즈에 쫓기며 퇴장' 같은 장면은 등장하지 않는다. 수치심은 변화를 지속시키지 못한다. 그저 잠시 조용하게 만들 뿐이다.

우리가 왜 늪에 빠졌는지 서로 탓하기보다 그 늪에서 함께 기어 나오는 편이 더 나을지도 모른다. 고기를 덜 먹는 것, 단거리 비행기 대신 야간 기차를 타는 것, 양말을 조금 더 윤리적인 브랜드에서 사는 것, 당신이 어떤 방식으로든 환경을 위한 변화를 시도한다면 가장 중요한 건 '왜 그렇게 하려고 하는지' 스스로 분명하게 아는 일이다. 용암이 곧 밀려올지도 모르는 시대라면 더더욱 말이다. 누구도 당신에게 "귀리우유 핫초코에 진짜 휘핑크림을 얹는 건 모순 아니야?"라고 말하게 두지 마라. 그건 그저 당신이 더 나은 미래를 향해 가고 있다는 작지만 유쾌한 신호일 뿐이니까.

자, 다시 일하러 갈 시간이다. 조금만 더 버티면 곧 퇴근이다!

대충 집 꾸미기

"엄마, 집에 가고 싶어!" 충분히 놀았다고 느낀 아이들은 어김없이 이렇게 소리친다. 이 말은 단순히 집으로 돌아가자는 뜻이 아니다. 그건 곧 '좀 쉬고 싶어.', '자극은 이제 그만!', '안전한 곳에 있고 싶어.', '더는 못 참겠어.', '이 잔혹한 세상에서 벗어나고 싶어.'라는 마음의 암호다. 서른네 살인 지금도 나는 가끔 하늘을 향해 절규하고 싶다. "집에 가고 싶다고!" 그런데 요즘 '집'은 더 이상 그런 위로와 안정을 주는 공간으로 다가오지 않는다. 일, 몸매, 경력, 세상 돌아가는 모든 것에 지쳐버린 당신, 스트레스받고 있는가? 그래서 집에 가고 싶은가? 안타깝지만 완벽주의는 집까지도 당신을 따라갈 것이다.

이제 집은 더 이상 안식처가 아니다. 오히려 또 하나의 할 일 목록이 되어버렸다. 정리하고, 치우고, 꾸며야 할 프로젝트. 구석구석 쌓인 잡동사니와 밋밋한 벽면은 단순히 미관상의 문제가 아니다. 어느 순간 그것들은 나의 게으름과 무기력을 드러내는 창처럼 느껴졌다. 특히 하루하루가 전쟁 같았던 이십 대 시절엔 퇴근하고도 집에 가기 싫어서 일부러 더 오래 밖에 머물렀다. 당시 내 집은 스트레스와 방치가 만든 풍경이었다. 누가 쓰레기통을 뒤

엎은 것처럼 어질러졌고, 물건들은 마치 슬픈 색종이처럼 바닥에 흩어져 있었다.

당신의 공간을 업그레이드한 10단계!

집 리노베이션!

찐 살림꾼들의 3가지 습관

집 꾸미기 대변신!

집을 '진짜 내 공간'으로 만드는 법!

집을 진짜 내 공간으로 만드는 법!

인테리어 아이디어 총정리!

편하고 예쁜 홈웨어 총집합!

집 꾸미기나 인테리어를 상상하는 걸 좋아하는 사람도 많다. 나 역시 그런 상상을 즐긴다. 하지만 집이 얼마나 예뻐야 하는지에 대한 기준은 솔직히 너무 높아졌다. 나만의 생각이 아닐 것이다. 아무리 좋게 보려 해도 그 기준이 지나치게 과하고 숨이 턱 막힐 정도다. 집을 꼭 호텔처럼 반짝이게 관리할 필요는 없다. 그렇다고 아무렇게나 방치해서는 더더욱 안 된다. 분명 그 사이 어딘가에 '적당히 괜찮은' 지점이 있을 것이다. 그런데 그 '적당히'를 찾기 어려운 이유는 언제부터인가 너무 높아져 버린 기준 때문이다. 대체 이 기준은 누가 만든 걸까? 그리고 왜 우리는 그것을 따라야 하는 걸까?

'이상적인 집'이란 개념은 최근에 생겼다

왕실 드라마나 섭정 시대를 배경으로 한 영화 속에서 집이란 늘 고상한 취향을 뽐내는 전시장처럼 묘사된다. 하지만 인류 역사 대부분의 시간 동안 평범한 사람들에게 '집'이란 그저 '사는 곳'이었다. 인테리어를 뽐내는 공간이 아니라 생존을 위한 최소한의 조건을 갖춘 장소면 충분했다. 더 큰 집을 원한다면 물건을 더 들이기 위해서가 아니라 함께 살 사람들을 위한 공간이 필요해서였다.

하지만 지금은 다르다. 어느새 집은 단지 먹고, 씻고, 쉬는 공간이 아니라 우리의 삶을 실시간으로 펼치는 무대가 되었다. 주방 식탁에서 줌 회의를 하고, 멀리 떨어진 가족과 영상통화를 하며, 욕실 리모델링 과정을 SNS에 중계한다. 특별히 대중 앞에 나서는 일을 하지 않더라도 집은 점점 더 많은 사람에게 보여주는 공간이 되어버렸다. 나 역시 집에서 콘텐츠를 만드는 일을 하다 보니 그 흐름에 동참하고 있다. 수십만 명이 내 침대 머리맡, 식탁에서 보이는 창밖 풍경, 매일 쓰는 주전자, 욕실 문에 걸린 낡은 수건까지 보았다. 엉망인 내 집만 방송되는 게 아니다. 현대인은 부유하고 유명한 사람들의 집을 보여주는 콘텐츠에 폭격당하며 살고 있다.

이런 흐름은 사실 SNS 이전부터 있었다. 그 시작은 1960년대 재키 케네디가 진행한 백악관 TV 투어였는지도 모른다. 이후 90년대 인기 프로그램 'MTV 크립스Cribs'(셀럽들의 집을 소개하는 리얼리티 쇼 - 옮긴이)로 이어졌고, 최근엔 잡지 〈아키텍처 다이제스트Architectural Digest〉에서 만든 집 공개 영상들이 그 흐름을 잇는다. 제니퍼 애니스톤이나 나오미 캠벨, 트래비스 바커 같은 유명 연예인들이 자연스럽게 자기 집을 소개하는 영상은 수억 회의 조회수를 기록했다.

내가 사랑에 대해 터무니없는 환상을 품게 된 건 남자 작가들 탓이었다(니콜라스 스파크스 고마워요…. 아니, 고맙지 않아요). 그리고 '집이란 이런 것'이라는 이상은 여자 감독들의 영화에서 비롯했다. 노라 에프론Nora Ephron과 낸시 마이어스Nancy Meyers가 스크린 위에 그려낸 소박하고 따뜻한 방 한구석을 보며 언젠가 어른이 되면 나도 그런 집에서 책을 들고 몸을 웅크리고 있을 날을 상상했다. 가끔 간식이 생각나면 '어른의 부엌'으로 향했다가 결국엔 아일랜드 식탁에 기대어 와인을 홀짝이는 장면까지, 모든 상상이 머릿속에 있었다.

당신도 분명 이런 집의 이미지 하나쯤은 무의식 속에 품고 있을 것이다. '로맨틱 홀리데이(The Holiday)', '해리가 샐리를 만났을 때(When Harry met Sally)', '페어런트 트랩The Parent Trap', '유브 갓 메일You've Got Mail', '사랑은 너무 복잡해(It's Complicated)'와 같은 영화 속 집은 늘 따뜻하고 환하고 생활감이 물씬 느껴지면서도 기품 있는 멋이 묻어났다. 마치 집 자체가 따뜻한 코코아에 캐시미어 스웨터를 입은 듯한 느낌이랄까.

그런가 하면 크리스털로 만든 욕조와 샹들리에, 금박 장식이 들어간 벽지, 완벽하게 광을 낸 원목 바닥이 깔린 셀럽들의 집도 있다. 운동화 전용 방부터 실내 볼링장, 지하 수영장까지 이 모든 게 가능한 집들도 실제로 존재한다. 그런 집을 보고 있으면 '마스터 욕실'이니 '실내용 그네' 같은 단어가 어색하지 않다. 벽난로는 오직 크리스마스 양말을 걸기 위해 존재하고, 양초만 보관하는 전용 수납장이 따로 있으며, 각 방에는 각기 다른 스타일의 얼음 제조기가 하나씩 배치되어 있다.

끊임없이 집을 꾸미고 물건 하나하나에 '나'를 담아야 한다는 사회적 압력이 과연 우리에게 무엇을 남겼을까? 통계는 명확하다. 지난 십 년간 인테리어 시장은 눈에 띄게 성장했다. 2016년 1,210억 달러(약 165조 원) 규모였던 시장은 2025년엔 무려 2천억 달러(약 273조 원)에 이를 전망이다. 물론, 이 시장이 우리가 오래도록 아끼며 쓸 물건을 만들어낸다면 괜찮을 수도 있다. 문제는 그 반대라는 데 있다. 영국에서는 매년 약 칠천만 개, 무게로 22억 파운드(약 4조 원)에 이르는 인테리어 물품이 쓰레기 매립지로 향한다. 이토록 많은 물건을 쏟아붓고도 집 안에 맴도는 그 묘한 허전함은 도대체 뭘까? 어쩌면 '집 같은 느낌'을 얻고자 할수록 우리는 소비 앞에 더 무방비해지는지도 모른다.

임대 주택 비율이 늘고 있는 현실도 이 맥락과 무관하지 않다. 영국에서는 2010년 이후 임대 가구가 25퍼센트나 늘었다. 특히 18~34세의 젊은 층은 자녀와 함께 자기 집에 사는 것보다 부모님 집에 머무는 비율이 두 배나 높다. 집값은 소득 대비 1876년 이래 가장 높은 수준에 이르렀다. 1876년, 찰스 디킨스Charles Dickens가 세상을 떠난 지 겨우 6년, 자동차조차 없던 그 빅토리아 시대 말이다. 이십 대부터 삼십 대 초반까지 내가 살아본 집의 집주인(무려 아홉 명이나 됐다)은 하나같이 이렇게 말하고 싶은 듯했다. "이건 네 집이 아니야, 잠깐 머무는 곳일 뿐이야." 반려동물은 안 되고, 파티는 당연히 안 되고, 못생긴 가구를 치우는 것도 안 되고, 그림을 걸거나 커튼을 바꾸는 것조차 금지되었다. 심지어 최근엔 런던의 몇몇 집주인이 세입자에게 섹스를 금지하거나 손님이 집에 머무는 것조차 막으려 했다는 기사도 보았다. 우리 세대(어쩌면 두 세대에 걸쳐)는 늘 누군가의 감시 아래 살아간다. 내 부모든 남의 부모든 간에 말이다. 밀레니얼 세대의 3분의 1은 평생 자기 집을 소유하지 못할 거라는 전망이 있고, 운 좋게 집을 갖더라도 절반은 사십 대가 되어야 비로소 월세살이를 끝낼 수 있다고 한다.

그러니 커다란 외투를 입은 세일즈맨이 나타나 "이 소품만 있으면 당신의 집도 온전한 안식처처럼 느껴질 거예요."라고 속삭일 때, 혹해서 지갑을 여는 것도 무리는 아니다. 방 안 분위기를 확 바꿔줄 러그, 거실에 우아함을 더하는 꽃병, 축 늘어진 소파에 생기를 불어넣을 쿠션 하나까지, 이런 것이 왠지 삶을 조금은 나아지게 만들어 줄 것만 같은 느낌은 나만 드는 걸까? 물론 그런 소품들을 진심으로 좋아하고 즐긴다면 전혀 문제없다. 하지만 꼭 기억해 두자. 인테리어 감각이 없다고 해서 부족한 사람은 아니다. '예쁜 집'은 우리가 자신에게 강요해야 할 기준이 아니다. 오히려 그 반대다. 그런 미적인 기준은 진짜 '내 집'이라는 감각에 비하면 턱없이 부족한 대체물일 뿐이다. 아무리 겉을 예쁘게 꾸며도 그 안이 제대로 채워져 있지 않다면 결국 아무 의미도 없다.

내가 성인이 되어서도 '집에 있는 느낌'을 전혀 못 받았던 이유가 가구 배치를 못해서도, 완벽한 침구를 못 골라서도, 정리 전문가처럼 물건을 말끔히 정리하지 못해서도 아니라는 걸 깨달았을 때부터 뭔가 달라지기 시작했다. 더 근본적인 이유는 따로 있었다. 아무리 꾸며도 결국은 남의 집에 사는 중이라는 사실을 내 마음이 외면하지 못했던 것이다. 그걸 인정한 순간, 내 안에 자리 잡은 집에 대한 부끄러움이 조금씩 풀리기 시작했다. 그리고 나의 허름한 은신처를 보며 괜히 위축됐던, 이상형처럼 떠받들던 그 멋진 인테리어들을 좀 더 깊이 들여다보기 시작했을 때 그 속의 균열들이 눈에 들어오기 시작했다. 우리를 번번이 자책하게 만든 그 '이상적인 집'이라는 기준은 어쩌면 애초부터 실체 없는 신기루였는지도 모른다.

'로맨틱 홀리데이', '페어런트 트랩', '사랑은 너무 복잡해' 같은 영화를 만든 낸시 마이어스는 잡지 〈벌처Vulture〉와의 인터뷰에서 자신의 영화가 인테리어에만 집착하는 '건축 포르노'처럼 다뤄지는 것에 아쉬움을 털어놓았다. 관객과 평론가들이 예쁜 공간에만 집착하며 영화의 본질을 놓친다는 것이다. 그녀에게 정말 중요한 것은 집이 얼마나 예쁜지가 아니었다. 그 공간들은 단지 90분 안에 인물들에게 생명을 불어넣기 위한 하나의 영화 속 장치일 뿐이다. 그녀의 영화 속 집들은 인물과 관객 사이의 거리를 단숨에 좁혀주는 매개체다. 그 집이 마음에 들면 우리는 자연스럽게 그 안에 사는 사람에게도 마음이 간다. 그리고 더 많은 시간을 함께 보내고 싶어진다.

이 시간에 대한 감정은 내 인테리어 로망의 또 다른 주인공 노라 에프런의 이야기에서도 다시 등장한다. '해리가 샐리를 만났을 때', '유브 갓 메일', '줄리&줄리아Julie&Julia'를 쓴 그녀는 〈더 뉴요커The New Yorker〉에 기고한 에세이 '이별, 한 편의 러브스토리(Moving On: A Love Story)'에서 점점 더 비싸지는 아파트에 자신을 온전히 내어주었던 일종의 맹목적인 사랑을 회고한다. 에프런은 그 집을 마치 자신의 일부처럼 여겼다. 하지만 집세가 오르면서 마침내 현실을 깨닫는다. 그 집은 애초에 그녀의 것이 아니었고 잠시 빌려 쓰고 있었을 뿐이라는 사실을. 그제야 그녀는 '예쁜 집'이라는 환상에서 자신을 조금씩 떼어내기 시작한다. 그 공간과의 관계가 일방적이었다는 것, 즉 그 공간은 그녀를 사랑하지 않았다는 사실을 받아들이고 좀 더 저렴하고 작지만 감당할 수 있는 집에서 새로운 관계를 시작한다. 새 월셋집의 장점을 하나하나 나열한 뒤, 에프런은 아주 담담하게 이렇게 말한다. "여긴 내 집은 아니다. 그냥 내가 사는 곳일 뿐이다."

우리가 그토록 동경한 인테리어 세계를 만든 이들조차 이제는 그 미학에 집착하지 않는다면, 우리도 집착을 내려놔도 되지 않을까? 집의 미적인 부분에만 몰두하다 보면 정작 그 공간을 오가는 '사람'이라는 요소를 놓치기 쉽다. 영화 속 인물들처럼 단 90분 안에 모든 서사를 마무리해야 하는 것도 아니고, 우리는 좋아하는 사람들과 좋아하는 공간에서 오래 머물 여유가 있다. 나만의 스타일을 위해 의미 없이 애쓰던 것과 마찬가지로, 어쩌면 우리는 색 조합을 맞추고 미적으로 꾸미는 걸 통해 '여기가 내 집이야, 여기가 편안해'라는 감정을 억지로 만들어내려는 것일 수도 있다.

집 같은 분위기를 돈으로 살 수 있는 시대일수록, 정작 '집이 집다워지는 진짜 이유'에는 무관심해지는 것 같다. 말하자면 자율성, 소유권, 지속성 같은 것들 말이다. 그런데 이런 것은 임대나 대출 시장, 불완전한 지역, 민주주의, 심각한 하수 문제 따위가 엉킨 현실 속에선 제대로 누리기 어렵다. 결국 집을 집답게 만드는 건 완벽한 미관이 아니라 어질러졌든 말든 그 안에 머물 수 있고 안전하다고 느낄 수 있는 허락, 바로 그 감각이다. 나는 낸시 마이어스의 영화 '사랑은 너무 복잡해'에서 메릴 스트립이 연기한 인물을 위해 만든 세트에 관한 일화가 특히 인상 깊었다. 메릴은 세트장에 도착하자마자 집이 너무 완벽하게 깔끔하다며 물 얼룩 같은 것으로 공간을 살짝 어지럽혀보자고 제안했다고 한다. 당연히 감독은 즉각 따랐다. 아니, 언제든 미란다 프리슬리('악마는 프라다를 입는다'에서 메릴 스트립이 맡았던, 패션 잡지 편집장 역할 - 편집자)로 돌변할 수 있는 여자의 말에 누가 감히 토를 달겠는가?

셀럽들의 '진짜 집'도 오랫동안 들여다보고 있으면 결국 일종의 '연출된 공간'일 뿐이라는 느낌이 든다. 켄드라 게일로드Kendra Gaylord는 유명한 '아키텍처 다이제스트' 투어 영상을 조사했는데, 그 쇼에 소개된 셀럽들의 집 중 무려 29퍼센트가 영상 공개 후 매물로 나왔고 대부분은 2년 안에 팔렸다고 한다. 게다가 이런 집들은 영상 덕분에 실제보다 훨씬 비싼 값에 팔린다. 어떤 집은 심지어 영상이 공개되기 전에 팔리는 경우도 있다. 이런 프로젝트는 예쁜 인테리어나 유명세를 이용해 집을 되팔기 위한 성격이 짙다. 그래서 셀럽들은 몇 년에 한 번씩 새로운 '내 평생의 집'을 들고 다시 쇼에 등장하고, 그 집은 또다시 비싼 값에 팔린다. 돈 걱정 없는 사람이 꾸미는 집 구경은 확실히 재미있다. 물론 카라 델레바인Cara Delevingne(영국의 모델, 배우, 가수로 유명 패션 브랜드의 메인 모델로 유명함 - 편집자)의 '질 터널', 그러니까 벽난로에서 시작해 분홍색 털로 된 통로를 지나 가짜 세탁기에서 끝나는 그 구조물만큼은 조금 이해가 안 되지만 말이다.

어쨌든 우리가 열광하는 이 인테리어 판타지의 창조자들조차 정작 우리만큼 그 집에 애정이 있는 것 같지는 않다. 우리가 동경하는 사람들의 사적인 일상을 살짝 엿보는 것 같았던 영상들은 알고 보면 배경음악만 근사하게 깔린 일종의 부동산 광고에 불과하다. 무심코 계속 보게 되는 셀럽들의 화려한 집들과 달리, 우리의 집은 스토리를 꾸미기 위한 배경도, 촬영을 위한 무대도, 돈벌이용 물건도 아니다. 그곳은 진짜 공간이고 우리가 실제로 삶을 살아가는 현장이다. 우리 삶에는 영화처럼 커튼 색깔을 성격에 맞춰주는 미술감독도 없고, 예쁜 장면을 위해 집을 치우고 꾸며주는 팀도 없다. 그저 우리뿐이다. 방 안을 뛰어다니며 귀걸이를 간신히 끼우고, 소파 틈새로 열쇠가 빠지지 않게 막으려 애쓰는 우리. 그 정신없는 날들의 한복판에서 어떻게 노라 에프런의 영화 속 주인공이 막 들어올 것 같은 그런 집을 유지하란 말인가?

좋은 소식은 우리는 그런 집을 굳이 유지할 필요가 없다는 것이다. 예술가이자 작가인 윌리엄 모리스William Morris는 이런 격언을 남겼다. "쓸모가 있다고 확신하거나 아름답다고 믿는 것이 아니라면 집에 아무것도 두지 마라!" 누군가는 이 말을 핑계로 '별로인 인테리어'를 싹 정리하고 예쁜 소품을 사 모으려 들지 모른다. 사실 이 격언의 본래 의도는 전혀 그런 뜻이 아니었다. 모리스는 결점은 있었지만 사회주의 성향이 강한 활동가였고, 이케아 같은 대량 생산형 인테리어 산업을 강하게 반대했다. 그래서 요즘 말하는 '이케아 효과(IKEA Effect)'를 본다면, 그는 아마 웃으면서도 다른 한편으론 얼굴을 살짝 찡그렸을 것이다.

'이케아 효과'란 어떤 물건을 만드는 데 조금이라도 손을 보탰다면, 물건의 품질과 무관하게 더 큰 애착을 느끼고 더 높이 평가하는 심리 현상을 말한다. 이 효과를 다룬 연구 논문 중에는 '이케아 효과를 통한 능력감 향상 및 회복'과 같은 흥미로운 제목도 있다. 이유야 어떻든 사람이 뭔가를 직접 조립하거나 마지막에 살짝 손보기만 했더라도 뇌는 그 물건에 유난히 정을 붙인다. 우리가 서브웨이 샌드위치를 '조립'하거나 스타벅스 음료를 취향껏 주문하고, 이케아 책상의 삐걱대는 나사를 억지로 끼워 넣고, 인형 안에 플라스틱 심장을 밀어 넣고 꿰매는 순간까지 이케아 효과는 소비자를 상대하는 산업 전반에 아주 능숙하게 활용된다.

내가 가장 좋아하는 사례는 베티 크로커Betty Crocker다. 물만 넣으면 되는 '초간편' 케이크 믹스를 출시했다가 시장에서 실패하고, 그 뒤로 이케아 효과를 활용해 대성공을 거뒀다. 조리법을 살짝 바꿔 소비자가 달걀을 직접 넣게 한 것이다. 그러자 판매량이 확 올랐다. 손이 더 가도록 만든 게 오히려 효과적이었던 셈이다. 달걀 하나 넣었을 뿐인데 사람들은 마치 자신이 진짜 제빵사라도 된 양 몰입했고, 그 감정으로 시장까지 삼켜버렸다.

의사결정 연구소(Decision Lab)는 이런 식의 비즈니스 모델을 소비자가 스스로 노동하고도 그 대가를 기꺼이 지급하게 만드는 구조라고 설명한다. 조립하는 재미에 빠진 나머지 사실은 손해 보고 있다는 사실마저 잊은 것이다. 상업계에선 영리한 상술이라고 하겠지만, 나는 그 속임수 뒤에 우리가 지닌 다정하고 어쩌면 지구를 살릴 수도 있는 본능이 숨어 있다고 믿는다. 은퇴하고 일에서 벗어나 여유를 찾은 사람들을 보면, 인간이란 결국 무언가를 만들고 싶어 하는 존재라는 걸 알 수 있다. 코바늘로 뜬 담요, 깎아 만든 새 모형, 정원 창고, 주말농장 등 누가 시킨 것도 아닌데 몸을 가만히 두질 못한다. 피식 웃음도 나지만 곰곰이 생각해 보면, 해야 할 일이 아무것도 없는 사람은 결국 하고 싶은 일을 한다는 사실을 깨닫는다.

나는 핀터레스트에 저장해둔 근사한 집들의 사진에서 희망을 느끼긴 않는다. 그보다는 가끔 값싸고, 반짝이고, 손쉽게 가질 수 있는 물건에 끌린다. 하지만 우리 마음 깊은 곳에서는 거칠고, 불완전하고, 세련되진 않지만, 내 손으로 만든 것을 더 아끼고 사랑한다는 사실이다. 시간과 자원만 허락한다면, 인간은 결국 다시 손으로 뭔가를 만드는 삶으로 돌아가게 된다. 그렇다면 우리가 완벽하게 잘 지어진 집을 그토록 갈망하는 건 대체 어떤 의미일까? 목공예 수업을 듣고, 의자를 분해하고, 조립하는 법을 배워야 한다는 뜻일까? 아니면 방 두 개짜리 집을 마련하려고 강도 짓이라도 해야 한다는 말일까? 솔직히 말해 나에겐 다 너무 고단하게만 들린다. 어차피 우리, 인생을 좀 '대충' 살기로 마음먹은 거 아니었나? 집을 통째로 사는 것과 목수가 되는 것 사이 어딘가에는 앉아서 숨 돌릴 수 있는 작은 계단 같은 공간이 분명히 있을 것이다. 그러니 우리, 그 중간 지점을 찾아보기로 하자.

당신의 집은 이미 하나의 기적이다

내 할아버지는 생전에 꽤 활기찬 한편, 조금은 엉뚱한 분이었다고 한다. 내가 아직 혼자 앉는 법도 배우기 전에 세상을 떠나셨지만, 살아 계시는 동안 참 많은 일을 하셨다. 도장공으로 일하기도 했고, '노밍턴스'라는 작은 가게를 열기도 했는데, 나는 아직도 그 가게 이름이 찍힌 갈색 종이봉투를 가지고 있다. 위탁가정을 운영한 적도 있고, 독학으로 익힌 배관 기술로 생계를 잇기도 했다. 정식 교육을 많이 받지도 못했고 물려주신 유산도 많지 않았다. 하지만 할아버지가 세상을 떠난 뒤, 집에 남겨진 단 두 가지는 지금까지도 우리 가족을 은은하게 밝혀주는 소중한 보물이 되었다. 바로 로열블루 색상의 브리태니커 백과사전 전집과 그것을 보관할 수 있게 만든 수제 나무책장이었다.

가족 사이에 전하는 이야기로는, 할아버지가 그 백과사전을 알파벳 순서대로 한 권씩 차곡차곡 사 모으셨다고 한다. 그 방대한 전집을 다 갖추기까지 무려 수십 년이 걸렸다니, 얼마나 오랜 시간 애정을 쏟았을지 짐작이 간다. 하지만 할아버지는 다른 가구나 살림살이보다도 이 전집을 마련하는 일이 훨씬 더 중요했고 최우선이었다. 누구에겐 터무니없는 집착처럼 들릴지 모르지만, 나는 할아버지가 왜 그 책들을 사들였는지 알 것 같다. 당시는 1950년대로 할아버지는 노동 계층 출신의 참전 용사로 마음속 깊은 곳에 늘 지식에 대한 갈증이 있었다고 한다. 그리고 무엇보다 자식들만큼은 더 많이, 더 넓게 배우길 바랐다.

그런 할아버지에게 백과사전 전집은 최고의 투자이지 않았을까? 세상의 모든 지식이 한 세트 안에 다 들어 있다고? 그걸 집에 두고 아무 때나 꺼내 볼 수 있다고? 구독료도 없고, 클럽에 가입할 필요도 없고, 특정 대학 문턱을 넘지 않아도 된다고? 누구의 허락도 필요 없이 스스로 책장을 열기만 하면 된다니! 밤중에 문득 떠오른 엉뚱한 궁금증 하나도 마음만 먹으면 바로 책을 펼쳐 답을 찾을 수 있다니! (아, 할아버지가 지금의 위키피디아를 보셨다면 얼마나 감격하셨을까!) 어쩌면 이 전집은 후손들이 결코 지식의 세계에서 밀려나지 않도록 지켜주는 '사실의 요새'가 아니었을까. 세상의 정보로 무장한 노밍턴 가문의 작은 도서관, 그 누구도 빼앗을 수 없는 가장 강력한 '선물'이었을지도 모른다. 그리고 할아버지에겐 분명히 그만한 값어치가 있는 투자였을 것이다.

내가 공부를 시작할 무렵, 이 책들은 더 이상 세상에 관한 정보를 얻는 가장 정확하거나 빠른 방법은 아니었다. 어쩌면 할아버지가 기대한 만큼 이 전집이 내게 실용적인 도구는 아니었을지도 모른다. 하지만 그 투자 자체가 낡고 쓸모없는 건 아니었다. 오히려 그 반대였다. 그 시절 나는 미처 깨닫지 못했지만, 수작업으로 만든 나무책장 위에 고이 놓인 그 푸른 전집을 배경 삼아 가족들이 주변을 어슬렁거리며 이야기꽃을 피우던 시간들, 그 대화의 풍경이 내게는 강렬한 인상으로 남아 있다. 그 모든 풍경 속에 담긴 건 단순한 책이 아니라 하나의 '믿음'이었다는 것을 이제야 알겠다. 교육은 언제나 투자할 만한 가치가 있고, 지적 호기심은 돈을 들여서라도 지켜야 할 소중한 우선순위라는 믿음 말이다.

그리고 이제는 아무도 펼치는 사람 없이 책장 위에 책이 조용히 놓인 현실이 할아버지에게는 상상조차 벅찼을 놀라운 세상이 되었음을 보여준다. 내 집에서 보내는 평범한 저녁 풍경조차 조상들의 눈에는 꿈속에서나 가능한 일이었을 것이다. 영국 청부청사에서 일한다는 고양이에 관해 위키피디아로 이것저것 알아보다가 세탁기를 세 번 연속 돌리고, 밤 10시에 사 온, 전 세계의 재료로 만든 도넛을 집어 먹는 풍경, 공용이 아닌 전용 화장실, 아이를 낳고 책임질 의무 없는 섹스, 따뜻한 물로 하는 샤워. 이 모든 것이 불과 한 세기 전만 해도 우리 집안 어른들에겐 감격의 눈물이 쏟아질 만큼 경이로운 일들이었을 것이다. 수돗물이 콸콸 나오고, 앉을 자리가 여러 개나 있고, 온도 조절 장치는 물론 음악이 울려 퍼지는 초인종까지 있는 집이라니!

이런 풍경은 시간을 수십 년, 수백 년쯤 멀리 떨어져 바라보면 누가 봐도 세대를 건너 일군 '작은 기적'이다. 그리고 이 순간에도 전 세계 수많은 가정과 비교해 보면 여전히 드문 풍경이다. SNS 피드를 들여다보면 내 집이 유행에 뒤처진 스타일 실패작처럼 느껴질 때도 있다. 하지만 조상들의 눈으로 본다면? 내 집은 스타트렉 우주선 못지않은 놀라움으로 가득 찬, 그야말로 최첨단 미래 공간처럼 보일 것이다.

그래서 나는 할아버지와 나보다 앞서 세상을 산 모든 가족의 집을 떠올리며 '도대체 무엇이 집을 진짜 집답게 만드는지' 생각해 보기로 했다. 그리고 지금부터 내게 집이나 아파트가 진짜 집이 되게 만들어 주는 요소들을 적어 보려 한다.

- 언제든 돌아와 쉴 수 있고 조건 없는 안전함을 느낄 수 있는 곳
- 있는 그대로의 나를 드러낼 수 있고 가식이 필요 없는 곳
- 따뜻하고, 밝고, 씻을 수 있고, 머리를 맑게 하고, 맛있는 음식을 마음 편히 즐길 수 있는, 기본적인 삶의 욕구가 자연스럽게 충족되는 곳
- 사랑하는 사람들을 초대해 돈 걱정 없이 함께 웃고 떠들며 이야기 나눌 수 있는 곳
- 쫓겨날 걱정 없이 당분간 감당할 수 있는 비용으로 오래 머물 수 있는 곳

핀터레스트에서 본 예쁜 액자 장식이나 고급스러운 향초, 주변 곳곳에서 마주치는 세련된 공간을 볼 때마다 내가 말하는 단출한 '집다운 집의 조건'조차 갖춘 곳이 너무 드물다는 사실이 씁쓸하다. 나는 수도권에 사는 중산층 월세 세입자였을 때조차 보일러가 제대로 작동하거나 창문 너머로 자연광이 들어오거나 하는 기본 중의 기본이 당연하지 않았다. 게다가 몇몇 집주인의 무능함 때문에 내 안전과 사생활이 위협받는다는 기분도 종종 들었다. (계약 기간이 6개월이나 남았는데 부동산 중개인과 다음 세입자 커플이 예고도 없이 들이닥쳐 팬티 한 장 걸치고 시리얼을 먹던 내 앞에 불쑥 나타났던 일. 혹시, 나만 겪었나?)

우리 세대는 참 이상하다 싶을 만큼 기대의 기준이 한없이 높기도 하고, 한없이 낮기도 하다. 한편으로 우리는 거실 하나조차 우리 내면의 감성과 정체성을 완벽하게 담아내길 바란다. 소파의 색감, 조명의 분위기, 향초의 브랜드까지 말이다. 그런데 또 다른 한편으로는 제대로 된 전등 하나 달아주지 않는 집주인에게 월급의 절반을 내고 살아가는 현실에도 점점 익숙해지고, 점점 무뎌진다.

나는 우리가 주택 시장을 바로잡고 '주거 불안정'이라는 이름 아래 놓인 다양한 삶의 경험을 겪는 모든 사람의 운명을 바꿀 수 있었으면 좋겠다. 당연

히 그건 아주 큰 일이고, 누구나 다 그 길에 뛰어들어야 하는 건 아니다. (물론 그게 당신일 수도 있다. 마지막 장 '전력을 다할 일 찾기'에서 확인해 보라!) 정말 중요한 건, 우리가 새 향초나 예쁜 인테리어 소품을 갈망하는 그 마음을 단지 개인적인 허영심이나 약점으로 여기지 않는 것이다. 그것은 이 흔들리는 세상 속에서 진짜 '집' 같은 느낌이 나는 공간이 절실하다는 신호일지도 모른다.

나의 취미 중 하나는 사람들이 잘 모르는 페이스북 그룹을 조용히 구경하는 것이다. 그중에서도 특히 좋아하는 그룹은 이름부터 마음에 드는 '지루한 여성들의 클럽'이라는 페이지다. 이 그룹에 올라오는 게시물들은 이름 그대로 정말 지루하다. 누가 봐도 그럴 정도다. 사람들은 카펫 청소를 하며 진공청소기로 생긴 선의 무늬에 감탄하고, 숟가락과 포크를 서랍에 어떤 순서로 넣을지 열심히 토론한다. 집 안을 돌아다니는 작은 거미를 애정 어린 눈길로 관찰해 기록하고, 햇빛이 유리문을 통과하며 굴절되는 모습을 사진이나 글로 남긴다. 특이한 뒤집개, 벼룩시장에서 발견한 찻주전자, 잘 익어가는 바나나 하나에도 뿌듯함을 느끼며 자랑스럽게 올린다. 그런데 이 그룹은 그런 지루한 이야기들 덕분에 더 매력적이다. 모두가 한숨 쉬듯 편안하게 머물 수 있는, 조용한 쉼터 같은 느낌이 있다. 그리고 그 단조로움 속에서도 왠지 모르게 은근한 '저항의 아름다움' 같은 것이 느껴진다.

적어도 자기 집 안에서 지루하다는 게 뭐 그렇게 나쁜 일일까? '지루하다'는 말은 결국 덜 자극적이고, 덜 강렬하다는 뜻이잖은가. 그걸 좀 다르게 말하면 그냥 '쉼' 아닐까? 기대도 없고, 뭔가 해내야 한다는 부담도 없는, 그건 어쩌면 가능할지 알 수도 없는 '화려함'을 좇는 대신 이 순간의 '충분함'을 선택하는 조용한 거부 같은 건 아닐까? 내가 너무 진지하게 생각한 걸까? 말도 안 되는 방향으로 흘렀는지도 모르겠다. 하지만 만약 그렇다면, 분명 나만 그런 건 아니다. '지루한 여성들의 클럽'에는 무려 백만 명이나 모여 있다. 일부러 '지루한 삶'을 선택하는 이 새로운 방식이 생각보다 많은 사람에게 위로가 되고 힘이 되는 것 같다. 나도 그 흐름에 슬쩍 몸을 실어보고 싶다. 적어도 하루의 절반쯤은 말이다.

굳이 식물을 키우며 살 필요는 없다

2020년, 팬데믹 첫해를 발코니도 없고 창문도 제대로 열 수 없는 아파트 꼭대기 층에서 지낸 나는, 사람들이 왜 식물이나 자연을 집 안에 들이고 싶어 하는지 정말 잘 안다. 나 또한 공원 같은 자연 공간에 마음대로 갈 수 없게 되자 그동안 자연을 너무 당연하게 여겼다는 걸 새삼 깨달았다. 집을 옮길 수도, 법을 바꿀 수도, 부엌에서 백신을 만들 수도 없는 상황에서 결국 내가 할 수 있었던 일은 식물을 들이는 것이었다. 그리고 나만 그렇게 느낀 건 아니었다.

2019년 영국 왕립 원예 협회(RHS)의 조사에 따르면, 성인의 약 72퍼센트가 집에서 식물을 키우고 있었고, 특히 16~24세 사이의 젊은 층은 무려 80퍼센트에 이르렀다. 그리고 팬데믹이 시작된 이후 '식물 열풍'은 본격적으로 몰아쳤다. 밖으로 나갈 수 없게 된 사람들의 갈증은 실내 식물을 키우는 '플랜터언서(plant+influencer)'와 화려하고 희귀한 식물을 짧은 영상으로 소개하는 '식집사'의 등장과 맞물려 더 커졌다. 영국의 온라인 식물 판매업체 패치Patch는 첫 번째 봉쇄 기간에만 판매량이 무려 다섯 배나 증가했다고 밝혔다.

나는 2020년을 친구 샤네가 잘라서 선물해 준, 작은 중국 머니트리 한 그루로 시작했다. 그리고 2023년, 세상이 다시 '정상'으로 연결되기 시작할 무럽 내 집엔 어느새 식물이 스물두 가지나 있었다. 문제는 내가 그 실내 정글 같은 식물들을 제대로 돌보지 못했다는 거다. 내가 '식집사'라면 돌보는 아이를 슈퍼에 두고 그냥 떠나버리는 집사 정도랄까. 양육에 대한 열정도 딱 트런치불 수준이다. '마틸다Matilda'에 나오는 아이들을 질색하는 그 교장 선생님 말이다.

죽어버린 식물의 잔해를 바라보며 느끼는 죄책감은 어딘가 원초적인 감정에 가깝다. 아마도 진화론적으로 꽤 실용적인 목적이 있었을 법한 죄책감일 것이다. 자연과 함께 살아가던 시절엔 훨씬 더 강력했을 그 감정이 지금은 우리가 자연과 멀어지면서 점점 무뎌진 게 아닐까. 하지만 내 마음속에서는 여전히 이렇게 말한다. '맙소사, 식물 하나도 못 살리면 내 삶의 다른 책임들은 대체 어떻게 감당하는 거지? 이렇게 쉬운 일인데, 왜 나는 이걸 못 해? 이번엔 제대로 키워보자. 새로 하나 사서 이번엔 성공해 보는 거야. 그게 나한테도 도움이 될 테니까.'

식물은 우리 몸에 좋지 않나? 공기를 정화해 준다든가, 그런 거 말이다. 뇌에도 좋다고 하던데…그런가? 그렇다고 해달라, 제발! 하지만, 실내 식물이 사람에게 '유익하다'는 설을 뒷받침하는 연구는 생각보다 근거가 약하다. '기분이 좋아진 것 같다', '건강해진 것 같다'라는 식으로 대부분 자기 보고 방식에 의존하고, 연구 대상도 적으며, 맥락도 엉뚱한 경우가 많다. 가장 흔히 인용하는 예는 병원 환자를 대상으로 한 연구다. 밖에 나가지도 못하고 정신적으로 힘든 상태에 있는 환자라면 방에 식물 하나만 있어도 기분이 나아질 수 있다는 건 분명하다.

그렇다고 평범한 일요일에 집에서 뒹굴뒹굴할 때 느끼는 기분에도 그 연구 결과를 그대로 적용할 수는 없다. 또 식물이 생물학적으로 몸에 좋다는 연구를 자세히 들여다보면, 그 효과는 대부분 식물을 직접 돌보는 활동에서 온다. 흙을 만지고, 분갈이하고, 물을 주는 손의 움직임 말이다. 그냥 예쁜 화분 하나 사서 책장 위에 올려두는 것과는 다르다. 식물이 집 안 공기를 정화한다는 통념도 이미 꽤 많이 깨졌다. 〈내셔널 지오그래픽National Geographic〉에 따르면, 실내 공기를 눈에 띄게 정화하려면 14평짜리 아파트 안을 거의 '숲' 수준으로 만들어야 한다.

식물이 생각만큼 큰 도움이 되지 않을뿐더러 의외로 꽤 큰 해를 끼칠 수도 있다. 요즘 몇 년 사이 '패스트 패션'에 관한 이야기가 많아졌지만, 식물 업계 역시 이른바 '패스트 플랜트' 산업처럼 버려지는 비율이 꽤 높다. 우리는 실내 식물을 그냥 '자연에서 자라던 식물을 집 안으로 옮긴 것' 정도로 쉽게 생각한다. 하지만 사실 대부분의 실내 식물은 대규모 농장에서 대량 생산된 제품에 가깝다. 열대우림이나 들판에서 자란 '야생 식물'이라기보다는 감자나 토마토처럼 '농산물'에 더 가깝다.

옷과 마찬가지로 우리가 키우는 식물도 집에 오기까지 꽤 긴 여정과 복잡한 과정을 거친다는 걸 우리는 종종 잊는다. 식물이 우리 집 창가에 자리 잡기까지의 과정은 생각보다 단순하지 않다. 난방이 잘되는 집 안에서 조용히 자라는 것처럼 보이지만, 사실 그 식물은 공장 같은 대규모 시설에서 길러진 경우가 많다. 그리고 거기엔 꽤 많은 에너지가 소모된다. 판매용 다육식물 하나를 키우려면 온도 조절이 가능한 시설에서 무려 1년 반 동안 재배해야 하고, 몬스테라는 크기에 따라 15개월에서 12년, 분재는 무려 15년이 걸린다.

이 식물들은 대개 습지에서 채취한 이탄이 포함된 흙에 심겨 있다. 그리고 최근 밝혀진 바로는, 이탄은 생각보다 심각할 정도로 탄소를 많이 배출한다고 한다. 나는 습지를 걱정해야 할 문제로 생각해 본 적이 한 번도 없다. 그런데 과학자들에 따르면, 습지는 열대우림만큼이나 중요한 탄소 저장고로 우리 생태계를 유지하는 데 꼭 필요하다고 한다.

지금까지 이야기한 것은 겨우 재배 과정일 뿐이다. 일단 판매할 수 있는 크기로 자라고 나면 식물을 이동시키는 킬로미터 수가 본격적으로 쌓이기 시작한다. 짐작하듯이 각 잡힌 책처럼 네모지고 쌓기 편한 '죽은' 물건과 달리 식물은 살아 있고, 쉽게 눌리며, 요구사항도 많다. 그러니 이들을 운송하는 일은 꽤 비효율적이다. 영국에서 판매하는 대부분의 실내 식물은 네덜란드, 이탈리아, 독일 등지에서 재배해 일회용 포장재로 싼 채 온도 조절 트럭에 실어 먼 거리를 이동한다.

그리고 식물은 보통 오래가지 못한다. 대부분 1년 안에 죽는다. 하지만 그 이후가 더 문제다. 식물이 죽고 남은 플라스틱 화분을 재활용하는 지방자치단체는 영국 전체에서 겨우 10퍼센트에 불과하다. 결국 해마다 약 5억 개의 플라스틱 화분이 매립지에 버려진다. 매년 말이다! 물론 이 말이, 실내 정원을 자랑스럽게 가꾸며 식물을 잘 키워온 사람들에게 부끄러워하라는 뜻은 아니다. 식물이 우리의 일상에 상징적인 기쁨을 줄 수 있다는 건 나도 안다. 집에 머물러야 하는 사람들에게 작은 즐거움을 주고, 힘든 시기나 우울한 겨울을 버텨내게 해주는 존재니까 말이다. 식물은 때때로, 아주 단순하고 적당한 선에서라면 해롭지 않은 작은 기쁨이 될 수 있다.

지금까지 실내 식물 산업의 이상한 현실을 굳이 말한 이유는, 식물을 잘못 키운다고 괴로워하는 우리 같은 사람들에게 조금의 해방감이라도 주고 싶어서다. 그리고 꼭 말해주고 싶었다. 식물이 당신 삶에 진정으로 도움이 되지 않는다면 굳이 식물을 더 사야 한다는 압박감을 이젠 좀 내려봐도 된다고. 사실 이 글은 그 식물이 살기에도 쉽지 않은 집에서 죽이지 않고 잘 키우는 게 '괜찮은 어른'의 기준처럼 돼버린 이 문화를 한 번쯤 거부해 보자는 이야기다.

나는 어느 순간, 식물이 죽는 게 내 인간적인 부족함 때문이 아니라 오히려 내가 얼마나 팍팍한 환경에서 살고 있는지를 보여주는 증거였다는 걸 깨달았다. 런던 외곽의 작은 집들 속에서 내가 간신히 구한 방은 대부분 좁고 어두웠으며, 그 안에서는 나도 식물도 숨 돌릴 틈이 없었다. 그 비좁은 집의 월세를 감당하기 위해 출근하고 일하는 데 시간을 쏟아붓느라 삶의 느긋한 리듬도, 식물에 물 한 번 주는 걸 기억할 정신적 여유도 없었다. 봉쇄 기간이 길어질수록 나는 스스로에게 물었다. 왜 나는 빛도, 공기도, 흙도, 공간도 식물에 필요한 가장 기본적인 조건조차 없는 이곳에서 살고 있을까? 만약 식물도 그런 것을 요구할 수 있다면, 나 역시 똑같이 요구해도 되는 것 아닐까? 가장 단순한 해답은 '이사하자!'였다.

결국 나는 정말 그렇게 했다. 런던 도심의 직장을 그만두고, 고향 근처로 내려가 프리랜서로 일하기로 한 것이다. 물론 그곳도 여전히 생활비가 터무니없이 비싸지만, 밀레니얼 세대의 얇은 지갑으로는 그래도 좀 더 버틸 만했다. 하지만 이게 그렇게 간단한 해답은 아니다. 현실은 훨씬 더 복잡하니까. 이건 우리 모두의 고통을 해결해 줄 답이 아니었고, 지금도 마찬가지다. 많은 이에게는 현실적으로 불가능한 선택이고, 도덕적으로도 모두에게 옳다고 할 수는 없다. 기본적인 생존 조건조차 충족되지 않는 상황에서, '운이 좋았다'거나 '특권이 있었다'라는 식의 해답은 무책임하다. 어쩌면 그 둘은 결국 같은 말일지도 모른다. 마찬가지로 집 안에 화분을 가득 채우고 초록을 바라보며 '감사하는 마음'을 가져보려는 시도 역시 근본적인 해답은 아니다. '혁명을 일으키자!'라는 외침 역시 완전한 답은 아니다. 나도 그러고 싶다. 하지만 그건 함께 조금씩 해나가는 일이라고 생각하자(책의 뒷부분에서 더 자세히 이야기할 예정이다!).

그럼 그때까지는 어떻게 해야 할까? 만약 지금보다 생활비가 덜 드는 곳으로 옮길 여유도, 자유도 없다면 어차피 곧 시들어버릴 실내 식물에 큰돈을 들이는 대신 어떻게 하면 당신에게 진짜 공간과 초록 그리고 소속감을 줄 수 있을까? 내게 중요한 질문은 '실내 식물을 키우는 일이 귀찮더라도 가치 있느냐'가 아니었다. 내가 관심을 가졌던 건, 왜 우리는 식물을 통해서만 평온함이나 성취감, 자연과의 연결 같은 감정을 느끼려 하는가였다. 내가 정말 궁금한 건, 왜 그런 '공백'이 생기는지 그리고 그 빈자리를 식물보다 더 나은 무언가로 채울 가능성은 없는지였다.

돈 들이지 않고 집 확장하기

실내식물이 정신 건강에 긍정적인 영향을 준다는 믿음은 대부분 플라시보 효과를 크게 벗어나지 않지만, 자연 풍경을 바라보면 집중력, 기억력, 사고 조절 능력 같은 뇌 기능이 향상된다는 연구는 꽤 많다. 예일대 연구진에 따르면, 불안이나 혈압, 스트레스 호르몬을 줄이고 면역 기능을 높이고 싶다면 가장 효과적인 방법은 그냥 자연 속으로 나가보는 것이라고 한다. 혈액 속 사이토카인 수치를 확실히 낮추고 싶은가? ("또 그 얘기야?"라고 할 수 있겠지만, 이 수치가 지나치게 높아지면 염증을 유발하고 결국 자가면역 질환으로 이어질 수 있다.) 집 안의 식물로는 효과를 보기 어렵지만, 숲에서 두 시간을 보내는 건 확실한 효과가 있다.

우리 몸속 미생물은 다양한 균에 자주 노출될수록 더 건강해지는데, 그 방법의 하나가 바로 밖에서 시간을 보내는 것이다. 우리가 숨 쉴 때 들이마신 이런 균들은 입안과 목 등에 흡수되어 면역력은 물론 장과 뇌의 연결, 정신 건강에도 긍정적인 영향을 준다. 이건 과학적으로 입증된 사실이다! 그리고 흙과 함께라면 그 효과는 더 커진다. 진흙 속에 있는 특정 박테리아가 뇌의 세로토닌 생성을 자극한다는 사실이 밝혀졌는데, 이 세로토닌은 우리가 항우울제를 통해 늘리려는 바로 그 물질이다. 알면 알수록 관련된 연구 결과는 계속 늘어난다. 어릴 적 스카우트나 가이드 활동을 한 아이들이 성인이 된 후 더 건강한 정신 상태를 유지하는 경향이 있다는 연구도 있고, 자연 속에서 시간을 보내는 것이 아이들의 ADHD(주의력결핍 과잉행동장애) 증상을 완화한다는 결과도 있다.

여기서 흥미로운 사실이 있다. 직접 '밖으로 나가지' 못하더라도 멋진 자연이 '밖에' 존재한다는 사실만으로도 도움이 된다는 것이다. 프랜시스 E. 쿠오Frances E. Kuo 교수는 고층 아파트 거주자들의 경험을 연구했는데, 창밖으로 나무와 풀 같은 자연을 볼 수 있는 사람들과 공터처럼 황량한 풍경만 보는 사람들을 비교했다. 다른 변수는 통제한 결과, 창밖으로 조금이라도 자연을 보았던 사람들은 특히 가족 간 갈등을 조율할 때 집행 기능, 즉 자기 조절 능력이 더 뛰어났다.

또한 침실 창밖으로 자연 풍경을 볼 수 있었던 대학생들도 집중력을 비롯해 전반적인 인지 기능이 더 좋다는 비슷한 연구 결과가 나왔다. 집 안 여기저기에 작은 화분을 놓아 자연을 흉내 내는 건 그다지 효과가 없지만, 단지 '밖에 자연이 있다'라는 느낌만으로도 훨씬 더 강한 영향을 줄 수 있다. 그리고 실제로 밖에 나가면 그 효과는 말할 것도 없이 더 커진다.

그렇다면 왜 우리는 그렇게 하지 않을까? 현재 영국인이 야외에서 보내는 시간은 인생 전체의 약 1~5퍼센트 수준, 하루 평균 고작 32분이다. 유엔이 전 세계 교도소에 하루 최소 1시간의 야외 활동을 보장하라고 권고한다는 사실을 알면 이 시간이 얼마나 적은지 실감한다. 최소 1시간, 그것도 죄수들에게, 법적으로 구금된 사람들 말이다. 그런데 이 죄수들이 무려 유아의 74

퍼센트보다 더 많은 시간을 밖에서 보낸다. 나는 가구 배치나 페인트 색에는 한참을 고민하면서도 정작 나 자신에게는 죄수보다도 적은 자유 시간을 주었다는 사실에 뒤늦게 반성했다. 그들은 감옥에 있는 사람들인데 말이다. '집 안을 어떻게 꾸밀까'를 고민할 게 아니라 밖으로 나가야겠다고 결심하게 만든 최고의 계기는 바로 이 통계였다.

어쩌면 우리는 집 꾸미기 산업에 너무 휘둘렸다고(농담 반, 진담 반으로) 핑계를 댈 수도 있을 것이다. 하지만 도시 설계에도 분명 일정 부분 책임이 있다는 건 인정해야 한다. 2050년이면 인류의 3분의 2가 도시에 살게 될 것으로 예측한다. 현재도 이미 약 56퍼센트가 도시에 거주한다. 자연을 접하기 어려워지고, 여가 시간은 줄어드는 요즘, 우리가 '밖에서 시간을 보내고 싶다'고 해도 그 가능성은 점점 더 낮아진다. 영국에서는 시민이 '자유롭게 드나들 수 있는 권리'를 가진 땅이 전체 국토의 단 8퍼센트에 불과하다. 사유지 중심의 역사, 점점 더 커지는 빈부 격차, 부족한 대중교통, 이 모든 요소가 맞물리며 자연 속에서 시간을 보내는 일은 단순한 선택이 아니라 점점 더 실현하기 어려운 일이 되어간다.

도시에서는 돈을 쓰지 않고 밖에서 시간을 보내는 일 자체가 어느새 대단한 일이 되어버렸다. '적대적 건축'이라는 용어를 검색해 보면 도시 설계자가 사람들을 집 안에 틀어박히게 만들고 싶은 게 아닐까 하는 생각이 들 정도다. 벤치를 없애고, 평평한 바닥엔 돌기를 박고, 야외에는 그늘이나 화장실도 제대로 마련해주지 않는 걸 보면 이 사회는 우리가 밖에서 편히 쉬기를 바라지 않는 것 같다. 대신 쇼핑하거나, 집 안 인테리어를 바꾸거나, 새 주전자를 들이는 일로 삶이 조금이라도 나아질 수 있을지 고민하길 바라는 것처럼 보인다.

하지만 우리도 '집'이라는 공간을 더 넓히려는 움직임에 함께할 수 있다.

예를 들어, 도시 주민들이 스스로 버려진 동네 구석의 초록 공간을 되살리고 자연스럽게 가꾸는 '게릴라 가드닝' 같은 활동이 있다. 시골에서 자유롭게 돌아다닐 권리를 되찾기 위한 캠페인도 벌어진다. 가만히 주변을 둘러보면 마치 포장도로 틈새에서도 풀이 자라듯 곳곳에서 작은 반란들이 피어나는 걸 발견할 수 있다. 개인 공간을 예쁘게 꾸미는 데 너무 많은 에너지를 쏟으라고 강요받는 이 세상에서, 잠시 물러서서 바라보면 진짜로 오래 머물 수 있는 '집 같은 곳', 즉 입장료를 요구하지 않고, 스위치에 먼지가 쌓였다고 쫓겨나지 않는 그런 공간을 우리가 놓치고 있었다는 사실을 깨닫는다.

셀럽들의 집 투어에서 가장 흥미로운 점은, 그들 역시 본능적으로 사적인 호화 공간 안에 공공을 위한 공간을 만들고자 한다는 것이다. 수영장에는 텅 빈 선베드가 줄줄이 놓여 있고, 지하에는 맥주 탭이 달린 바가 있고, 스케이트장, 영화관, 볼링장, 공연 무대, 가족 구성원 수보다 훨씬 많은 벤치가 있는 정원까지 이 모든 것이 하나의 '집' 안에 들어 있다. 바브라 스트라이샌드 Barbra Streisand는 아예 자기 집 지하에 작은 쇼핑거리를 직접 만들었다. 사탕 가게, 선물 가게, 인형 가게까지 실제로 운영 중이다. 결국 우리와 마찬가지로 그들 역시 '집'도 '직장'도 아닌, 공공의 '제3 공간'을 갈망하는 것이다. 엄청난 부를 가진 그들이 만들어내는 것도 새로운 목적지나 공간이 아니다. 사실은 우리 대부분이 함께 나누며 쓰고 있는 그 공간을, 오직 자신만을 위한 사적 공간으로 '복제'할 뿐이다.

'집'이라는 개념을 단지 건물 한 채나 주소가 아니라 공동체와 소속감으로 확장해 보면, 커튼 색깔 같은 사소한 일에 불안해할 일도 훨씬 줄어든다. 집의 의미를 더 넓게 받아들일수록 우리는 그만큼 쉽게 내쫓기지 않는다. 우리가 집을 꾸미고 식물을 가득 들이는 건 단순한 인테리어 욕구 때문만은 아닐지도 모른다. 어쩌면 느리게 살고 싶고, 손으로 뭔가를 만들고 싶고, 자연으로 나가고 싶은 본능이 조금 엉뚱한 방식으로 표출된 것일 수도 있다. 가구 매장이나 화원에는 다소 불행한 이야기겠지만, '내 집이 완벽하지 않다'라는 생각에 시간을 쏟아온 우리 같은 사람들에게는 반가운 소식이다. 그렇게까지 신경 쓸 필요, 전혀 없다.

내가 특히 아끼는 시 중에 로저 로빈슨Roger Robinson의 '휴대 가능한 낙원 (A Portable Paradise)'이 있다. 시에서 시인의 할머니는 진짜 낙원은 '어딘가 밖에 있는 장소'가 아니라, 자기 안에 간직하는 것이라고 말해준다. 그러고는 오두막에 있든, 호텔에 있든, 잠들기 전까지 주머니에서 그 낙원을 꺼내 희망으로 채우라고 말한다. 낙원이 특정한 장소에 국한되지 않고 오히려 내면에 있는 나만의 공간일 수 있다는 이 비유가 나는 참 마음에 든다. 그렇다면 우리는 어떻게 하면 완벽하진 않더라도 우리의 방식대로 '집'이라는 감각을 만들어갈 수 있을까?

집을 '대충 안식처'로 만들기

'내게 집이란 무엇인가?'에 대한 기준을 목록으로 만들어 냉장고나 눈에 잘 띄는 곳에 붙여두자. 집이 어질러졌거나 정돈되지 않아 스트레스받는 순간이 오면 처음 적어둔 그 기준 목록을 다시 꺼내 보자. 지금도 내가 여전히 중요하게 여기는 요소들이 맞다면, 지금의 집도 괜찮은 것이다. 자책할 이유는 없다. 반대로 기준에 맞지 않는다면, 그건 오히려 변화가 필요한 시점이라는 뜻이고 바꾸기 위한 좋은 출발점이 된다. 여기 시작을 도와줄 참고할 만한 예가 있다.

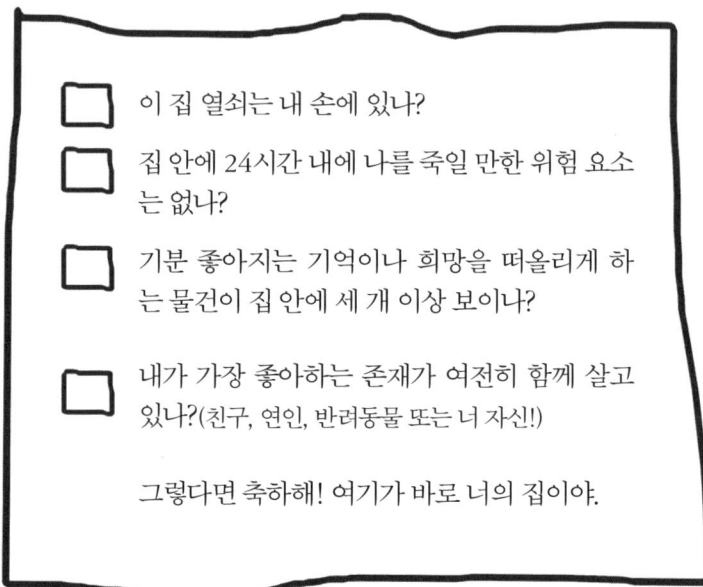

'이곳이 바로 내 집이다'라는 감각을 더 분명하게 느끼고 싶다면 가족이나 친구들과 함께한 행복한 순간을 담은 사진을 집 안에 붙여보자. 비싸거나 완벽할 필요는 전혀 없다. 그냥 벽에 걸어두는 것만으로도 이 공간이 내 공간이라는 걸 당당히 선언할 수 있다. 그렇게 하면 지금 이 집 안에서 쌓여가는 추억들이 한눈에 보일 것이다.

탈출 계획을 짜라

나는 책상 위 거울에 '나는 죄수가 아니다'라는 쪽지를 붙여 두었다. 좀 웃길 수도 있지만, 감옥에 있는 사람보다 더 바깥에 나가지 않는 삶은 분명 비정상이라는 걸 잊지 않기 위해서다. 그 쪽지는 내가 하루에 이십 분이라도 동네를 한 바퀴 도는 데 동기를 부여하는 작은 장치다. 물론 한 시간을 온전히 산책하며 보낼 수 있다면 더없이 좋겠지만, 과학적으로는 일주일에 단 두 시간, 하루로 치면 십칠 분만 밖에 나가도 충분하다는 연구 결과가 있다.

가끔은 집순이(집돌이)에서 탈출할 계획도 필요하다. 밖에 나갈 시간을 미리 계획표에 넣고 최소한의 시간이라도 꼭 지켜보자. 점심시간은 절대 줄이지 말고 온전히 챙겨 써야 한다(앞에서 다룬 '임금 착취' 개념을 기억하는가?). 누군가 만나자고 하면 "같이 걸을까?"라고 제안해 보자. 퇴근 후에 배우자나 동거인과 이야기를 나누고 싶다면, 집 안이 아니라 동네를 한 바퀴 돌면서 대화해 보자. 통화할 일이 있다면 앉아서만 하지 말고 베란다나 마당, 공원처럼 바깥 공간에서 몸을 조금이라도 움직이며 받아보자. 이렇게 사소한 움직임 하나가 집순이(집돌이) 탈출의 시작이 될지도 모른다.

밖에 나가야 한다는 사실을 자꾸 잊고 있다면 앞서 소개한 '야외 활동이 몸에 좋은 이유' 목록을 다시 한번 떠올려보자. 그리고 이것을 '건강을 위해 해야 할 일'이 아니라, '감옥 탈출'이나 '탈옥'이라고 부르면 훨씬 더 흥미진진하게 느껴질 수 있다. 체크리스트의 또 하나의 항목이 아니라 마치 영화 속 주인공처럼 모험을 떠나는 기분이랄까. '잠깐 핸드폰 안 보기'는 이제 너무 식상하다. 지금 우리에게 필요한 건, 정말로 문밖을 나서는 진짜 '탈옥'이다.

나만의 이동형 키트 준비해 두기

집을 임대 중이거나 앞으로도 이사를 밥 먹듯이 할 것 같다면, 어디서든 '여기가 내 집이지!' 싶은 물건을 미리 챙겨 두자. 갑작스러운 이사에도 후다닥 차에 실어 옮길 수 있어야 하니까. 내 '휴대용 천국' 키트에는 작은 러그, 아만다 파머의 액자 포스터, 접이식 독서등, 소파 덮개로도 쓰는 커다란 담요, 꽃장식 조명 그리고 귀여운 코끼리 장식 하나가 들어 있다.

이런 물건들이 꼭 거창할 필요는 없다. 그냥 나한테 중요한 걸 상징하거나 시간이 지나며 '우리 사이 좀 익숙해졌네?' 싶은 존재가 되면 그만이다. 벽을 완벽한 색으로 칠해야만 내 방 같다고 느끼기보단 저 조명 아래 담요에 푹 싸여 책 한 장 넘기는 그 순간이 있는 곳, 그게 바로 내 집이다. 작고 소박하지만 은근히 든든한 나만의 왕국. 인생에 어떤 일이 닥치든 이 조촐한 패키지는 언제나 내 편이 되어 나와 함께 움직여줄 것이다.

은신처를 건드리지 마라

'변화를 위한 변화', 즉 그냥 뭔가 바꾸고 싶어서 바꾸는 것에서 잠깐 벗어나 보자. 공간을 확 갈아엎고 싶은 충동이 들 때는 진짜 내가 바라는 게 뭔지 스스로에게 먼저 물어보자. 내 경우엔 그럴 때 스케치북에 끄적이거나, 뜨개질하거나 아무튼 뭔가 손으로 만드는 활동으로 그 마음이 풀리곤 한다. 그래도 진짜 '새로워지는 기분'이 간절할 땐, 저렴한 중고 아이템 하나를 들여오는 것만으로도 꽤 크게 만족한다. 예를 들어, 테이블 중앙에 올릴 만한 약간 촌스럽지만 화려한 소품 하나나 큼직한 덮개 하나만 바꿔도 공간 분위기가 확 달라진다. 물론 한꺼번에 싹 바꾸는 것도 짜릿하지만, 시간을 들여 천천히 하나씩 채워온 집은 훨씬 경제적이고 무엇보다 오래 간다. 훌륭한 화가도 하루 만에 캔버스에 물감을 와르르 쏟아붓진 않는다(물론 예외는 있다). 스케치하고, 한발 물러나 바라보고, 틈날 때마다 덧칠하면서 완성해 간다. 집도 마찬가지다. 몇 달, 아니 몇 년에 걸쳐 천천히 다듬고 쌓아가다 보면 어느새 그 공간은 오래도록 진짜 당신을 닮은 은신처가 되어 있을 것이다.

직접 만들고, 고치고, 손보는 사람이 되자

필요한 게 생기면 당장 사기보다 직접 한번 만들어보는 거다. 소비는 천천

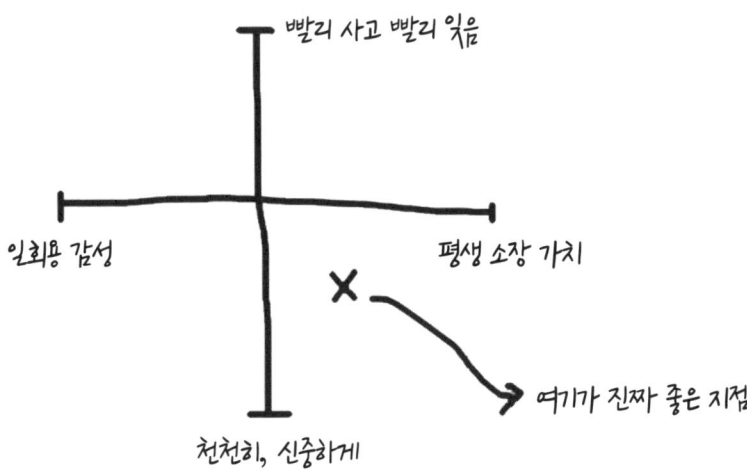

히, 손은 부지런히! 그렇게 '이케아 효과'를 제대로 누려보자. 나는 욕실 매트, 쿠션 커버, 바람막이, 키친타월, 커튼까지 집 안 곳곳을 내 손으로 만들어 왔다. 그래서 누가 그걸 좀 치우라고 해도 미안하지만 죽었다 깨어나도 못 버린다. 사실 새로 만드는 것뿐만 아니라 이미 있는 걸 고치고 손보는 것만으로도 이케아 효과는 톡톡히 누릴 수 있다. 조금은 어설픈 손길일지라도 그게 바로 '내가 살았던 흔적'이 되니까. 무언가를 만드는 과정에 내가 직접 참여하면 그 물건은 쉽게 버릴 수 없다. 시간은 좀 걸릴지 몰라도 한 번 만들고 나면 그건 내 집에 오래오래 남아 나와 함께 살아간다.

화분보다는 지평선을 택하라

집 안에 화분을 잔뜩 들이기 전에 바깥 풍경을 더 자주 바라볼 수 있는 방법부터 찾아보자. 혹시 창밖에 나무나 덤불 같은 초록 풍경이 보인다면 가구 배치를 살짝 바꿔서 눈에 더 잘 띄게 해보자. 어떤 방에서 내가 가장 많은 시간을 보내는지 생각해 보고, 그에 맞춰 방의 용도를 바꾸는 것도 방법이다. 물론 집 구조나 창문 방향은 마음대로 안 되지만, 그렇다고 자연을 가까이하는 경험까지 포기할 필요는 없다. 창문이 없다면? 괜찮다! 연구자 S. 카플란 S. Kaplan은 아름다운 풍경 사진만 봐도 인지 능력에 긍정적인 영향을 줄 수 있다는 사실을 밝혀냈다. 노바스코샤의 자연 사진을 단 10분만(그렇다, 정말 딱 10분!) 바라본 참가자들은 도시 사진을 본 사람들보다 집중력이 훨씬 높아졌다고 한다. 그러니 진짜 풍경이 없다면 사진도 괜찮다. 책상 위, 싱크대 옆, 빨래 개는 자리의 벽처럼 눈이 자주 머무는 곳에 풍경 사진 하나 붙여두는 것만으로도 충분하다.

수집가가 아니라 '번식자'가 돼라

식물을 잘 못 키우는 편인데도 자꾸 들이고 싶다면? 키우기 까다로운 아이들은 과감히 포기하고 손이 거의 안 가는 종으로 눈을 돌려보자(나도 식물에 소질은 없지만, 집 안에 몇 개는 있다. 그냥 존재 자체만으로도 기분이 좋아지는 건 확실하다!). 나는 내 눈에 보기 좋고 관리도 거의 필요 없는 두 가지 품종을 찾았다. 바로 금전수와 렉스 베고니아다. 집 안에 초록이 좀 더 있었으면 싶을 땐 굳이 새 화분을 사지 않고, 지금 있는 식물에서 가지를 하나 잘라 번식시킨다('식집사들' 사이에 유명한 '초간단 번식법'이 있다. 가지를 하나 톡 잘라 콜라 캔에 담가두면 며칠 내로 뿌리가 나고 그걸 화분에 심으면 끝이다). 이렇게 해서 조금씩, 천천히, 나만의 식물 군단이 자라난다. 새 식물을 사느라 돈 걱정, 시간 걱정할 필요도 없고, 무엇보다 이 아이들은 선물로도 딱 좋다. 나는 아예 창가에 모아두고 필요할 때 하나씩 챙겨 나간다. 화분은 재사용하고, 흙은 이탄이 없는 것으로 고른다. 가끔은 지역 식물 교환 모임에도 들러보자. 정말 정말 어쩔 수 없을 때만 새로 사는 걸로!

집안일에 대한 개념을 확장하라

당신의 집이 세워진 땅바닥이 용암이라고 했던 말 기억하는가? 그러니까 괜히 바닥에 너무 많은 에너지를 쏟지는 말자! 청소, 인테리어, 광내기 같은 일에 시간을 덜 쓰고 싶은 핑계를 찾는다면, 이런 활동도 집 관리의 일종이라고 생각해 보자. 동네에 더 튼튼한 홍수 방지 대책을 요구하는 운동 벌이기, 공동체 정원 가꾸기, 이웃들과 단체 채팅방 만들기, 친구들과 함께하는 지역사회 걷기 투어, 골목에 책 교환 상자 하나 설치하기. 이런 일은 생각보다 훨씬 비용이 덜 들고, 주말을 외롭지 않게 보내는 좋은 방법이기도 하다. 그리고 무엇보다 이것도 집안일이다. 그러니까 누가 약속을 잡자고 할 땐 "아, 미안해. 오늘 집안일이 있어서"라고 자연스럽게 빠져나갈 수 있다.

    이제 집에 돌아왔고 가사 노동의 굴레에서 벗어났으니 슬슬 샤워하고 내 몸도 좀 관리해 볼까?

대충 몸 챙기기

내 몸과 나 사이는 내 인생에서 손꼽히는 복잡한 관계다. 애초에 내 몸과 나는 중매결혼을 한 셈이다. 서로를 고른 것도 아닌데 어쨌든 평생 같이 살아야 하니까. 문제는 이 몸이라는 파트너가 말도 안 통하고, 소통 방식도 영 엉망이라는 거다. 내가 진심을 담아 신호를 보내면 돌아오는 건 어정쩡한 피부 트러블이나 기묘한 타이밍의 감정 기복뿐이다. '떨어져 있으면 그리움이 커진다'라고들 한다. 솔직히 나도 내 몸도 서로 좀 떨어져 지내고 싶었던 적이 많다. 하지만 현실은 그럴 수가 없다. 겨우 친해질라치면 내 몸은 또 슬그머니 태도를 바꾸고 전혀 다른 걸 원한다.

우린 밤에 노는 방식부터 자주 의견이 엇갈린다. 내 몸은 늘 내 에너지를 감당 못 해 쩔쩔맨다. 몇 년 동안 나는 몸의 신호를 무시하고, 외모를 탓하며, 솔직히 꽤 못되게 굴었다. 내가 술을 과하게 마셔 몸을 망치려 들면 몸은 체념한 얼굴로 눈을 굴리다 조용히 토해내며 항의했다. 몸이 수상한 남자에게 끌릴 때면, 나는 단호하게 정신을 붙잡고 몸을 진정시켜 집으로 향했다. 내가 자꾸 덜렁거리자 몸은 자기를 보호하겠다며 엉덩이에 살을 좀 더 붙였다. 생존 본능도 엄청 강해서 곧 대기근이라도 올 줄 아는지 계속 비축해 댔고, 그 덕에 우리 '집'은 쓰지도 않는 저장물들로 그득하다. 이건 서로 고집이 부딪히는 싸움이며 어딘가 어색하고 불편한 콤비 같다. 그래도 어쩔 수 없다. 평생 같이 살아야 하니까. '죽을 때까지 함께'라는 말이 이 경우에도 적용되는지는 잘 모르겠다. 결국엔 우리 둘 다 동시에 흙으로 돌아가니까!

어쨌든 이 얘기가 어쩐지 낯익다면, 그러니까 당신도 당신의 몸과 '앙숙 → 사랑 → 그냥 잘 지내는 동거인' 같은 관계를 겪어봤다면, 이번 장은 당신을 위한 것이다. 이 책의 목적은 당신을 불멸의 존재로 만들거나, 올림픽 금메달리스트로 바꾸거나, 아기 피부처럼 완벽하게 만들려는 게 아니다. #LOVEYOURSELF(자신을 사랑하라)라고 요구하지도 않을 것이다. 대신 이 장에서는 '대충 하기'를 이 가혹한 세상 속에서 자신에게 좀 더 너그러워지는 방법으로 바라볼 것이다. 이제 당신이 몸을 위해 해야 한다고 생각한 일들, 그 목록을 뒤집어보고 거기서 어떤 이상한 강박이 나오는지 들여다보자. 시작은 가장 무서운 것부터다.

움직여라 - 강박적인 아침 루틴

당신은 새벽 다섯 시에 눈을 뜬다. 세상은 막 태어난 것처럼 맑고 상쾌하다. 아시탕가 요가 한 세트를 마친 뒤 전날 밤에 시칠리아산 레몬을 띄워 미리 준비한 활성탄 정수 물병에 든 얼음물 3리터를 꿀꺽꿀꺽 마신다. 그러고는 당신의 이니셜이 새겨진 만년필로 맞춤형 가죽 다이어리에 '모닝 페이지'를 적는다. 잉크색은 '임페리얼 블루', 물론 유기농 잉크다. 이젠 명상 앱을 켜고 좋아하는 셀럽이 속삭이는 호흡 안내 멘트를 들으며 마음을 차분히 가라앉

힌다. 치아시드가 들어간 크럼펫에 요거트와 과일을 예술적으로 얹고, 재활용한 웨일스산 석판 위에 정성스럽게 담아 마무리한다.

나는 솔직히 세상에 넘쳐나는 아침 루틴 추천 글 중 99퍼센트는 도저히 믿을 수가 없다. 우선 눈에 띄는 건, 그런 루틴을 따르려면 사야 할 물건이 너무 많다는 거다. 그리고 정작 누구나 알고 있는 '진짜' 아침 루틴, 그러니까 시원하게 한 판 '볼일' 보는 얘기는 빠져 있다는 사실이다. 배변 이야기는 잠깐 접어두고라도 요즘 웰빙 전문가나 인플루언서가 소개하는 '이상적인 아침 루틴'에는 현실적인 요소들이 턱없이 부족하다. '하루를 제대로 시작하려면' 이 모든 루틴을 다 해내야 한다는 건 결국, 잠을 줄이고 평소보다 훨씬 일찍 일어나라는 얘기다. 하지만 걱정 마시라. 침대에 있는 시간을 줄이는 대신(침대는 원래 게으른 사람을 위한 성소 아니었나?) 당신은 종달새처럼 부지런히 일어나 이 '이상적인 루틴'을 따라 함으로써 다음과 같은 혜택을 얻는다.

- 면역력을 높인다.
- 혈당을 안정적으로 유지한다.
- 몸속 호르몬을 균형 있게 맞춘다.
- 기억력을 높인다.
- 감정을 잘 처리하게 된다.
- 정신적 웰빙을 높인다.
- 불안을 완화한다.
- 알츠하이머병의 원인일 수 있는 독성 단백질을 제거한다.

(메모를 다시 확인하며) 아, 아니네요. 죄송합니다. 제가 잘못 봤어요. 일기 쓰기, 얼음 목욕, 이른 아침 기상 같은 걸로 얻을 수 있는 혜택 목록인 줄 알았

는데, 저건 더 오래 잠을 잘 때 얻을 수 있는 혜택이었네요. 하루 최소 권장 수면 시간은 일곱 시간에서 아홉 시간이다. 이건 거의 모든 사람에게 타협 불가한 기본값이다. 대부분이 일곱 시간도 못 자는 요즘, 수면을 줄이라면서 사실은 우리 몸이 잠만 자도 공짜로 챙겨주는 혜택을 다시 돈 주고 사게 만드는 조언이 유행하는 건 참 이상한 일이다. 나는 가끔 그런 콘텐츠나 브랜드가 우리가 자고 있을 땐 돈을 못 쓴다는 사실이 못마땅한 게 아닐까 싶다.

나도 다른 수백만 명처럼 수면 연구자 매슈 워커Matthew Walker의 영향으로 '잠잘 권리'를 지키기 위한 투사가 되었다. 그는 인간의 수면과 사람이 잠을 빼앗겼을 때 생기는 위험성을 폭넓게 연구해 글을 써왔고, 그의 글을 읽고 나면 누구라도 고개를 끄덕이게 된다. 책을 읽고 나니 벤저민 프랭클린Benjamin Franklin, 헨리 데이비드 소로Henry David Thoreau, 로널드 레이건Ronald Reagan, 윈스턴 처칠Winston Churchill, 마거릿 대처Margaret Thatcher처럼 짧은 수면 습관으로 유명한 인물들이 우리가 흔히 떠올리는 '아침형 인간의 모범 사례'는 아닐 수도 있겠다는 생각이 들었다. 물론, 그들이 무언가를 이루어냈다는 점은 인정한다. 하지만 그 일들이 정말 다 좋은 일이었을까? 그들이 언제나 맑은 정신으로, 이성적으로 행동했을까? 과연 그들이 최고의 두뇌 상태였을까? 결과는 다양할 수 있다.

아침 루틴만 잘 지키면 잃어버린 여러 가지가 회복될 거라고들 말한다. 자기를 위한 시간, 정신적인 회복, 하루를 준비할 여유, 몸을 돌보는 시간 그리고 몸에 좋은 음식을 준비할 시간까지. 물론 이런 것들이 모두 훌륭하고 누구나 마땅히 누려야 할 가치라는 건 부정하지 않는다. 하지만 부족한 시간을 메우기 위해 수면을 줄이는 일이 과연 '습관'이 되어야 하는지는 잘 모르겠다. 오히려 그건 정말 어쩔 수 없을 때 꺼내는 '최후의 수단'이어야 하지 않을까? 과장하려는 건 아니지만 수면 부족은 자살 충동의 전조로도 지목되고,

혈압을 높이고, 심박수에 악영향을 주고, 감염 위험, 심혈관 질환, 불안, 알츠하이머, 면역력 저하, 우울증, 심지어 조기 사망의 가능성까지 높인다. 나도 처음엔 안 믿겼다!

요즘 세상은 우리를 쉴 틈 없이 몰아붙인다. 돌아볼 시간도, 실수를 수습할 여유도 거의 없다. 그래서 아침 루틴은 매력적인 해답처럼 보인다. "그냥 일찍 일어나면 되잖아. 이 게으름뱅이들아!" 하지만 모든 지름길에는 그만한 대가가 따르게 마련이다. 우리는 그 대가가 뭔지 알고 선택할 권리가 있다. 부족한 시간을 수면에서 깎기보다 다른 일상에서 찾아보려는 태도가 필요하다. 물론, 빠듯한 일정에 갇힌 삶도 있다. 그게 현실이라면 우리는 그런 사람들을 위해 제도적 지원을 요구해야 한다. 하지만 당신이 진짜 그런 '갇힌 삶'에 있는 게 아니라면 세상이 '당신도 어쩔 수 없어'라고 믿게 만들도록 놔두지 마라. 지금 당신은 선택의 기로에 있다. 한계까지 자신을 몰아붙이는 삶을 살 것인가, 아니면 규칙적인 수면이 가능한 삶을 만들 것인가. 수면 부족이 불러올 위험 목록을 떠올려 보라. 그리고 가능하다면 일곱 시간에서 아홉 시간의 수면 시간을 누릴 수 있게 도와줄 직장, 배우자, 집을 선택하는 것은 분명 가치 있는 선택일 수 있다.

그래도 요가를 하고, 일기를 쓰고, 건강한 음식을 준비하는 시간을 갖고 싶은가? 그렇다면 잠을 줄이려 애쓰지 말고, 이제는 솔직하게 말해볼 때다. "혹시 강아지 산책, 기저귀 갈기, 요리 같은 일 좀 대신 해줄 수 있을까?" 그래야 내가 원하는 아침 활동을 새벽 시간까지 억지로 쏟아붓지 않고도 할 수 있으니까. 혼자만의 시간이 정말 필요하다면, 깨어 있는 낮에 그런 시간을 확보할 수 있게 요청하라. 그리고 버릴 수 있는 일, 정말로 내려놓아야 할 일, 당신이 인간의 몸을 돌보는 데 필요한 시간을 빼앗아 가는 일들은 과감하게 손에서 내려놓아라. 몸을 챙기는 일은 생각보다 훨씬 어렵다. 정말 못

놓는 일이라면, 잠을 지키기 위해서라도 그냥 대충 해도 괜찮다.

일찍 일어나야 한다는 도덕적 압박은 이제 놓아버려도 된다. 몸이 꿈틀대고 움직이고 싶어질 때, 그때 일어나라. 세상이 그렇게 나쁘지만은 않다는 생각이 들게 해주는 것으로 아침을 채워라. 커피, 좀 과하게 마셔도 괜찮다. 그 커피를 타고 생각이 어디든 낯선 아이디어로 달려가게 둬라. 몸이 뻐근하면 스트레칭하라. 유연성 달인이 되려는 게 아니라, 그냥 몸이 원해서 하는 거니까. 실 감기, 매니큐어 칠하기, 퍼즐 맞추기 같은 사소한 일에도 시간을 써라. 절대 헛된 시간이 아니다. 아무것도 하기 싫다면? 푹 자라. 과학자들은 당신 편이다.

엉덩이를 움직여라 - 운동하지 않는 듯 운동하기*

*여기서는 몸, 건강, 칼로리에 관해 조금 더 깊이 이야기한다. 전부 긍정적인 이야기지만 이 내용을 건너뛰고 싶다면, 195쪽으로 넘어가도 괜찮다.

아쉽게도 열심히 찾아봤지만, 운동이 해롭다는 증거는 없었다. 운동 따위 안 해도 된다고 시원하게 말하고, 할 일 목록에서 쓱 지워버릴 수 있다면 얼마나 좋을까. 하지만 과학자들은 끈질기게 그 반대의 근거를 들이민다. 결론은 하나, 우린 어느 정도는 몸을 움직여야 한다. 그렇다고 당신이 상상하는 그 빡센 운동을 하라는 건 아니다. 효과를 보려면 초인처럼 혹은 전력을 다해 움직일 필요는 없다. 운동에 많은 시간이나 돈, 정해진 루틴이 꼭 필요한 것도 아니다. 우리가 진짜 해야 할 일은 운동과의 관계를 단순화하는 것이고, 그 시작은 '이름 붙이기'부터다.

운동

이 단어만 들어도 왠지 숨이 턱 막힌다. 즐겁거나 속 시원해야 할 일이 '운동'이라는 말 하나로 차갑고 기계적인 느낌이 되어버린다. 누군가 '운동'이라고 말하면 내 머릿속엔 메시 옷을 입고 근육을 뽐내는 남자들, 실내용 스마트 자전거 위에서 군대식으로 달리는 여성들, 기운이 다 빠진 채 또 한 번의 버피를 힘겹게 해내는 사람들의 모습이 떠오른다. 당신도 학교 체육관의 눅눅한 바닥, 공기 속의 비웃음과 싸구려 데오드란트 냄새, 입안 가득한 굴욕의 맛을 떠올릴지도 모른다. '운동하라'는 말을 들으면 거의 모두가 집단으로 몸서리를 친다. 나도 그런 반응을 바꿀 수 있을지 솔직히 자신이 없다. '운동'이라는 단어를 다시 긍정적으로 쓰자는 취지엔 백번 동의하지만, 우리가 쓸 수 있는 에너지는 한정돼 있으니까. 어쩌면 더 중요한 단어에 집중하는 게 나을지도 모른다. 그래서 너무 힘주지 말고 '운동' 대신 좀 더 가볍고, 우리를 진짜 움직이고 싶게 만드는 단어를 골라보려고 한다. 내가 먼저 해보겠다.

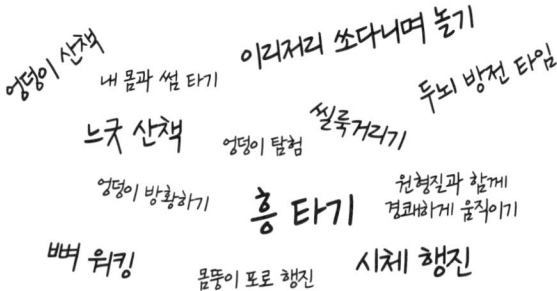

이런 식으로 말하면 훨씬 더 끌리지 않는가? "나 지금 시체 행진 나가는데 같이 갈래?" 또는 "뼈 워킹 좀 시키고 올게" 또는 "씰룩거리기로 트랙 한 바퀴 돌고 올게" 아니면 "맙소사, 나 스트레스를 너무 많이 받아서 엉덩이 탐험 좀

해야겠어"라고 말이다. '운동'이 어떤 행위를 말하든 완전히 움직이지 않으면 언젠가 병원을 다니고, 검사받고, 서류를 작성하는 등 귀찮고 지루한 일이 생길 수 있다. 우리가 아무리 열심히 살아도, 인생은 원래 병 하나쯤은 안 겨준다. 몸을 가지고 사는 이상, 그건 피할 수 없는 운 같은 것이다. 그러니 가능하다면 병이 생길 확률이라도 줄여보자. 그 정도면 장기적인 '적당주의적 승리' 아닐까? 지금 적당히 움직여서 나중에 피땀 흘리는 상황을 피하자는 것이 바로 우리의 전략이다. 좋은 소식은 그것이 진짜 당신이 해야 할 전부라는 것이다. 이유는 딱 세 가지다.

적당히만 운동해도 충분히 건강할 수 있다

운동이 건강에 미치는 장기적인 효과는 '얼마나 열심히 하느냐' 또는 '어떤 운동을 하느냐'보다 얼마나 오랫동안 꾸준히 하느냐에 달려 있다. 그레첸 레이놀즈Gretchen Reynolds의 《1일 20분 똑똑한 운동(The First 20 Minutes)》은 운동 과학을 일상에 적용하는 방법을 깊이 있게 설명한 책이다. 핵심은 이렇다. 운동 효과의 대부분은 시작 후 20분 안에 이미 발생한다. 그 이후는 보너스일 뿐, 큰 변화를 주진 않는다.

운동 효과는 사실 곡선처럼 반응한다. 전혀 안 하다가 조금만 해도 효과가 폭발적으로 올라가지만, 많이 한다고 무조건 좋은 건 아니다. 과하면 오히려 효과가 줄어들 수 있다. 게다가 우리의 몸은 생각보다 꽤 관대하다. 한 번 근력을 키우고 나면, 예전의 3분의 1만 노력해도 그 효과를 최대 8개월까지 유지한다니 말이다. 그러니 새해마다 몰려드는 헬스장 인파가 사실은 '건강한 습관'보다는 '급발진 프로젝트'에 가깝다고 해도 과언이 아니다. 과학적으로도 부상 없이 운동하려면 운동량은 주마다 10퍼센트 이상 늘리지 않는 게 좋다고 한다. 결국 핵심은 천천히 시작하고, 대충 하는 것이다. 과학도 그렇게 말한다.

  이 원리는 얼마나 자주 움직이느냐에도 똑같이 적용된다. 운동을 하루쯤 거르는 건 피트니스 전문가가 우리에게 믿게 만들려는 것처럼 '죄'가 아니다. 정말 그렇다. 전문가 대부분이 일주일에 150분 정도의 가벼운 또는 중간 강도의 운동이 이상적이며, 시간을 어떻게 나누든 얼마나 최선을 다하든 몸은 전혀 신경 쓰지 않는다고 한다. 하루에 20분 빠르게 걷기? 훌륭하다! 헬스클럽에 두 번 가서 75분씩 운동하기? 좋다! 주중에 거실에서 30분씩 가볍게 흔들기? 완전 콜! 우리 몸은 생각보다 기분 좋게 해주기 쉽다. 나는 우리가 몸을 너무 복잡하고 까다로운 지배자처럼 여기는 걸 이젠 좀 그만뒀으면 좋겠다.

대충 운동해도 뇌는 더 똑똑해진다

알고 보니, 내가 좋아하던 90년대 로맨틱 코미디 속 '운동선수 vs 공부벌레' 구도는 꽤 틀린 생각이었다. 사실, 신체를 움직이는 건 새로운 뇌세포를 만들어내는 데 중요한 요소 중 하나다('신경 생성'이라는 멋진 이름까지 붙었다). 즉, 영화 속 미식축구팀 멤버 중 몇몇은 의외로 수학 문제도 잘 풀었을지 모른다는 얘기다. 요즘은 운동이 뇌에 얼마나 좋은 영향을 미치는지를 다룬 연구가 매일 쏟아져 나오는 느낌이다.

  특히 운동은 작업 기억에 좋다. 인지 과학자 시안 베일록Sian Beilock 박사는 작업 기억을 '뇌 속의 임시 메모장'이라고 부른다. 우리가 문제를 해결할 때 그 과정을 머릿속에서 그려보는 능력이 바로 작업 기억이다. 스트레스는 이 작업 기억을 줄어들게 만들지만, 운동은 오히려 촉진한다. 그리고 작업 기억 용량이 작은 사람일수록 짧고 적당한 운동에서 더 큰 효과를 얻는다고 한다. 운동은 도파민도 증가시키는데, 창의력, 집중력, 몸의 조절력(특히 덜

령대는 사람에게 매우 중요함) 그리고 긍정적인 마음상태를 유지하는 데 큰 도움이 된다.

생각해 보면 인간의 뇌는 원래 활발하게 움직이던 시절에 만들어졌다는 가설도 꽤 그럴듯하다. 수렵채집인들은 자주 이동했고, 우리보다 훨씬 정착되지 않은 삶을 살았다. 우리가 몸을 조금만 움직여도 뇌는 원래의 리듬을 다시 찾아가는 셈이다.

대충이라도 시작하면 저절로 하게 된다

처음 달리기를 시작했을 때, 나는 거리와 속도를 센티미터 단위로 정확하게 측정해 주는 앱을 깔았다. 처음엔 그 앱이 동기부여가 될 줄 알았다. 아니면 최소한 '잘 달렸는지'를 판단할 기준은 되겠지 싶었다. 하지만 현실은 달랐다. 속도나 거리가 조금만 부족하면 '평균 이하'라는 평가가 떴고, 나는 괜히 실패한 기분만 들었다. 지금 돌이켜보면 참 우스운 일이다. 애초에 '잘 달리는 것'이 목표가 아니라 그냥 달리는 것 자체가 목적이었는데 말이다. 결국 난 그 앱을 지웠다. 그리고 깨달았다. 달리기는 어떻게 하든 괜찮다는걸.

운동 습관에 '도움이 되는' 조언들은 대체로 최적화, 측정, 성과 지표 같은 것에 초점을 맞춘다. 몇 킬로미터를 뛰었는지, 몇 번 반복했는지를 따지며 운동을 수치로 증명하라고 말한다. 물론, 그럴 수도 있다. 어차피 그런 팁은 운동에 진심인 사람들을 위한 거니까. 하지만 나는 운동에 그렇게까지 진심은 아니었다. 내게 운동은 '잘하고 싶은 대상'이라기보단 그냥 몸과 같이 살아가기 위한 필수 부록 같은 거였으면 했다. 설명서 맨 뒤에 짧게 덧붙인, 있지만 잘 안 보는 그 부록 말이다. 내가 운동에 바랐던 건 장기적으로 건강한 몸 그리고 '안 움직이다 다리가 망가지는 사태'만 피할 수 있다면 만족이었다. 나는 '아예 안 하는 상태'에서 '서툴게라도 하는 상태'로 가고 싶었을 뿐이다. 적어도 그 상태라면 어쨌든 '하고는 있는' 거니까. 그 '서툰 상태'가 내가 할 수 있는 전부였는지도 모른다. 이미 내 에너지는 다른 데 다 써버렸으니까. 하지만 엉덩이를 전혀 움직이지 않고 널브러져 있는 것보단 훨씬 낫다.

몇 번이나 실패하고 나서야(앞서 언급한 온갖 이유를 다시 참조), 나도 결국 꾸준히 달리는 사람이 되었다. 지금은 일주일에 세 번 정도 달린다. 그리고 결과는 거의 신경 쓰지 않는다. 내 유일한 규칙은 이것 하나였다. 운동화를 신고 집을 나서서 최소 20분 동안은 돌아오지 않기. 그 20분 내내 걷기만 해도 상관없었다. 실제로 가끔은 그랬다. 하지만 걷기만 하는 건 꽤 지루했고, 무엇보다 영국 날씨는 가만히 있으면 꽤 춥다. 달리지 않으면 진짜 덜덜 떨게 된다. 그래서 차라리 조금 뛰는 게 낫겠다 싶었다. 그게 더 따뜻하고, 덜 고통스럽고, 덜 바보 같았다.

그러다 마음에 들고 안전할 것 같은 코스를 하나 찾았다. 그 후로는 시간이 될 때마다 그 길만 뛴다. 꽤 오랫동안 그 길을 다니고 나서야 '도대체 이게 몇 킬로미터나 되지?'라는 궁금증이 생겨 찾아봤더니, 무려 3킬로미터였다. 기분은 좋았다. 하지만 일부러 시간을 재거나 거리를 늘리지는 않았다. 그 욕심이 들어오는 순간 재미가 빠질 수 있으니까. 어떤 날은 좀 더 달리고 싶고, 어떤 날은 덜 달리고 싶다. 많이 뛰든, 적게 뛰든 그건 중요하지 않다. 중요한 건 '아, 또 달리기 싫다'라는 마음을 안고 돌아오지 않는 것이다. 그것만 지키면 충분하다. 그게 바로 내가 이 습관을 유지할 수 있을지 없을지를 가장 잘 예측해 주는 지표다. 만약 달리기에 대한 마지막 기억이 비참하거나, 너무 무리했거나, 비에 흠뻑 젖어 돌아온 것이라면 다음번에 러닝화가 "이리와" 하고 날 부를 때 내 잠재의식은 강하게 반발할 것이다.

피트니스 고수들은 종종 이렇게 말한다. "나는 남과 경쟁하지 않아. 오직 나 자신과 싸워." 그들이 이기고 싶어 하는 대상은 주변 사람이 아니라 자신의 최고 기록이라고 자랑한다.

그런데 나는 묻고 싶다. 애초에 왜 경쟁을 해야 하나? 심지어 자기 자신과도? 경쟁은 잠깐 접어두고 그냥 지금 내 몸이 해낼 수 있는 것에 집중하면 안 될까? 산책 중인 강아지는 어제보다 더 잘 뛰었는지 따지지 않고, 지난주보다 느려졌다고 걱정하지 않는다. 그냥 오늘을 산다. 실력이 늘지 않아도 기록이 좋아지지 않아도 괜찮다고 생각한 것이 오히려 내가 운동을 계속할 수 있었던 비결이었다. 나는 그걸 '재미'라고 부른다.

베스트셀러 《아주 작은 습관의 힘(Atomic Habits)》은 회의적인 부분도 많지만, '습관 쌓기'라는 개념만큼은 꽤 설득력 있다고 생각한다. 저자 제임스 클리어는James Clear는 기존 습관에 새 습관을 살짝 얹는 방식으로 새로운 행동을 자연스럽게 만들라고 조언한다. 예를 들어, 약 먹기를 자주 까먹는다면? 양치하는 습관에 붙여서 양치 후 바로 복용하도록 뇌를 훈련하라는 거다. 일주일에 한 번 글을 쓰고 싶다면? 쓰레기통을 비운 직후에 글 쓰는 습관을 들여보는 건 어떨까?

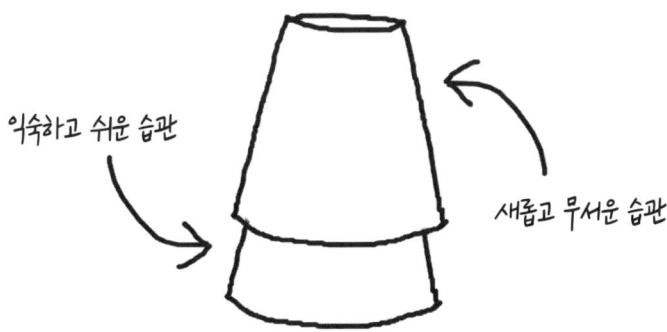

몇 년 전, 나는 (꽤 자주 하는) 샤워 습관에 (아주 불규칙한) 조깅 '습관'을 붙여봤다. 샤워해야 할 때마다 그 전에 20분 정도 조깅할 시간을 내보자는 아주 단

순한 시도였다. 항상 그렇게 하냐고? 전혀 아니다. 하지만 덕분에 나는 일주일에 여러 번 달리게 되었고, 내 실패율을 고려하더라도 '위대한 습관 쌓기' 이전보다 훨씬 높은 성공률이었다. 그렇다고 피곤하거나, 날이 어둡거나, 그냥 하기 싫을 때 억지로 샤워 전에 달리라는 얘기는 아니다. 다만 겨드랑이에서 뭔가 이상한 냄새가 나고 '샤워해야겠다'라는 생각이 들 때마다 내 뇌 어딘가에서 자동 버튼이 작동하며 이렇게 묻는 거다. '그 전에 잠깐 달릴 수도 있지 않을까?' 평소엔 달리기라는 단어조차 떠올리지 않는 나 같은 사람에겐 정말 단순하고 좀 바보 같아 보이지만, 의외로 꽤 기적 같은 방식이다.

'대충 하기'는 생각보다 덜 힘들다

물론 달리기를 좋아하지 않는 몸이나 뇌도 있다. 그리고 그건 전혀 문제가 아니다. 모두가 달려야 하는 것도 아니고, 모두가 할 수 있는 것도 아니다. 그렇다고 해서 대충이지만 좋은 습관이 당신과 맞지 않는다는 뜻은 아니다. 우리는 종종 다이어트, 이상적인 몸, 엄청난 성과 같은 것에만 몰두하느라 작은 움직임의 가치를 잊는다. 관절, 정신건강, 심장 기능처럼 우리 몸은 겉으론 잘 안 보이지만 조용히 좋아지거나 나빠진다. 겉으로는 누가 건강한지, 누가 아픈지 알 수 없다.

그래서 미국 노스캐롤라이나 대학의 토드 M. 마니니Todd M. Manini는 운동이 일상 에너지 소비에 어떤 영향을 주고, 10년 후 살아 있을 확률과 어떻게 연결되는지를 연구했다. 그는 하루에 고작 287칼로리만 더 태워도 조기 사망 확률이 30퍼센트나 줄어든다는 놀라운 사실을 밝혀냈다. 참고로 빨래, 정원 손질, 청소기 돌리기만 해도 한 시간에 수백 칼로리는 그냥 날아간다. 시속 2~3킬로미터 정도로 쇼핑하듯 걷기만 해도 신진대사율이 두 배로 뛴다. 운동 좀 한다는 사람들 눈에는 이런 수치가 한심해 보일 수도 있다. 하지만 당신이 '대충 해도 된다'는 태도를 받아들일 준비가 되어 있고, 조금 더 건강하고, 조금 더 오래 살고 싶기만 하다면 이런 작은 대충의 움직임들이 실제로 생명을 연장할 수도 있다.

요리하면서 냄비를 휘젓거나 앉아서 다리를 까딱이는 사소한 몸짓도 '비운동 활동 열 생산(non-exercise activity thermogenesis)', 줄여서 NEAT라는 연구 분야로 분류될 만큼 건강에 이로운 효과가 있다고 밝혀졌다. NEAT는 건강에 꽤 큰 도움이 된다고 알려졌는데, 당신이 생각하는 것처럼 무조건 많이 움직여야 좋은 것은 아니다. 예를 들어, 하루 1만 보를 걸어야 한다는 말은 사실 근거가 부족하다. 이 숫자는 1960년대 일본의 한 만보기 제조사가 별다른 과학적 근거 없이 그냥 기억하기 좋다는 이유로 만들어낸 기준일 뿐이다. 최근 연구에 따르면 건강에 효과적인 걸음 수는 대략 7천~8천 보 수준으로 그 이상은 효과가 크게 늘지 않는다고 한다.

그러니 일상에 움직임을 살짝 더해보자. 인스타그램에 올릴 사진은 안 생기겠지만, 헬스장 못지않게 효과 있고, 돈도 들지 않는다. 나는 온라인 주문을 할 때 일부러 추천 수령지보다 더 멀리 있는 곳을 고른다. 미용실도 집 근처 말고 다른 동네로 예약해 두고 걸어간다. 장도 한 번에 몰아서 보기보다 자주 조금씩 보도록 루틴을 바꿨다. 덕분에 걷는 시간이 늘었고, 음식물도 덜 버리게 됐다.

당신의 '적당히 움직이기'는 나와 방식이 다르겠지만, 일상에 몸을 더 쓸 여지는 분명히 있을 것이다. 버스에서 몇 정거장 먼저 내려도 되고, 전화 통화는 서서 해도 된다. 설거지 끝낸 접시는 한 번에 들고 가지 말고 접시 하나, 컵 하나씩 들고 왔다 갔다 해보자. 장 본 물건도 장바구니를 방 한쪽에 두고, 하나씩 들고 와서 정리해 보면 그게 또 운동이 된다. TV 광고 나올 때 잠깐 일어나서 방을 한 바퀴 도는 것도 좋다.

내 기준에선 이런 게 하나도 우습지 않다. 집에 화장실이 위층 아래층 다 있다면, 일부러 안 가던 층 화장실을 쓰는 것도 나쁘지 않다. 카페에 앉아 수다만 떠는 대신, 커피 한 잔 들고 공원이나 동네 한 바퀴 도는 것도 괜찮다. 제인 오스틴 시대 사람들은 그걸 '정원 산책'이라 불렀다. 무례한 남자나 지루한 이웃, 결혼할 마음 없는 목사에 대한 험담을 조용히 나눌 수 있는, 고상한 명분이었달까. 그러니 제인 오스틴을 기리는 마음으로라도, 슬쩍 한 바퀴 걸어보자.

대충 움직이기를 일상에 적용하는 법

1. 일단 싫지 않은 움직임부터 찾아보자. 억지로 애쓰지 말고 여유를 갖고 찾아보자. 달리기처럼 흔한 것도 좋고, 좀 엉뚱하거나 '이게 운동이야?' 싶은 것도 괜찮다. 거실에서 혼자 춤추기, 직장 화장실에서 리듬 타기 같은 것 말이다.
2. 매일 혹은 매주 하는 일, 자주 가는 장소들을 쭉 적어보자. 그중에 '움직임'이라는 이름을 붙일 만한 게 분명 하나쯤은 있을 것이다.
3. 목표는 가볍게 잡자. '일주일에 세 번은 해야지'라고 생각했다면, 일단 한두 번으로 줄여 시작해 보자.
4. '해냈어!'에 대한 기준은 스스로 정하자. 성과 목표 말고, 출석 도장 찍는 기분이면 충분하다. 얼마나 잘했는지, 얼마나 빨리했는지는 중요하지 않다. 그냥 '했다'는 사실 자체로 멋지다.
5. 무리한 도전은 금물이다. 어떤 일이 있어도 몸에 부담이 되는 목표는 피하자.

6. 힘들어지기 전 기분 좋을 때 멈추자. 땀이 쏟아지기 직전, '아 좀 더 할 수 있는데' 싶을 때 딱 멈추자. 그래야 다음에 또 하고 싶은 마음이 생긴다.
7. 자기 비난은 하지 말자. "나는 왜 이것밖에 못 해"라는 말은 아무 도움이 안 된다. 잘하고 있고, 하고 있는 만큼이면 충분하다.

그렇게 애쓰지 않고도 좀 더 건강해지기

목표를 세우자

'arse(엉덩이)'라는 단어를 학문적이거나 은유적인 맥락에서 파고들기 시작했을 때, 일이 이렇게까지 커질 줄은 몰랐다. 그런데 생각해 보면 '엉덩이'라는 말은 정말 많은 것을 상징한다.

- '나는 그의 엉덩이가 싫어!'(나는 그 인간이 정말 싫어!)
- '그들은 엉덩이 통증 같아!'(정말 짜증 나는 인간들이야!)
- '그녀는 엉덩이를 걷어차는 사람이야!'(그녀는 정말 멋져!)
- '그는 자기 엉덩이를 잘 지켜야 할 거야!'(조심하지 않으면 큰일 날 거야!)

이런 문맥에서 '엉덩이'는 한 사람 전체를 대신한다. 결국 우리는 우리 '엉덩이'인 셈이다. 이 내용을 조사하다가 만약 우리 몸에 엉덩이가 없었다면 우리는 존재조차 할 수 없다는 사실을 깨달았을 때, 내가 얼마나 놀랐을지 상상해 보라. 그리고 얼마나 우주적으로 그럴듯하게 느껴졌을지도.

우리 몸의 구조에서 등은 핵심적인 축이다. 그런데 그 등을 떠받치는 것은 뭘까? 바로 엉덩이다. 목, 허리, 무릎, 발목이 아픈 이유도 사실 따지고 보면 엉덩이 근육이 약해서일 수 있다. 따라서 엉덩이 근육을 키우면 통증이 회복될 수도 있다. 엉덩이가 강해지면 단순히 근육이 좋아지는 걸 넘어 몸의 구조 자체가 안정된다. 부상을 예방하고 균형도 확실히 좋아진다. 나처럼 덤벙대는 성격이라면 중심이 잘 흔들리지 않고 예상 못한 물체에 부딪혀도 넘어지지 않는 것만으로도 황당하고 민망한 부상을 피할 수 있다.

어떤 스포츠든 진지하게 잘해보고 싶다면, 엉덩이에 투자하는 것이 가장 효과적이고 효율적인 전략일 수 있다. 엉덩관절(고관절)이 안정돼야 방향 전환도 빠르고 정확하게 할 수 있다. 그러니 골프채를 휘두르든, 공을 차든, 수영을 하든, 결국 엉덩이의 협력이 필요하다. 그리고 나처럼 구부정한 자세가 고민인 사람이라면 원인이 엉덩이일지도 모른다. 현대식 책상과 앉는 방식은 엉덩이 근육을 점점 약하고 무기력하게 만들어 오래 앉아 있는 것조차 버거워진다.

더 좋은 소식도 있다. 예쁜 엉덩이를 만들려고 고생하지 않아도 건강한 엉덩이의 혜택은 얼마든지 누릴 수 있다는 것이다. 겉모습만으론 그 엉덩이에 근육이 얼마나 있는지 알 수 없다. 인터넷에서 보는 '완벽한 엉덩이'들, 사실 생각보다 건강하지 않을 수도 있다. 특히 그 엉덩이가 시술로 만들어졌다면, 안타깝게도 엉덩이 건강엔 별 도움이 안 된다. 전신 운동이나 근력운동에는 영 관심이 없지만, 그래도 근육 강화의 장기적인 이점은 좀 챙기고 싶다면? 그렇다면 '대충 하기'의 타깃은 엉덩이 하나면 충분하다. 나는 엉덩이 운동만 따로 하겠다고 시간을 낸 적이 없고, 앞으로도 그럴 계획은 없다. 근육 단련에 대한 인내심은 거의 없지만, 물 끓일 때나 양치할 때 스쿼트는 몇 번씩 해보려 애쓴다(참고로 나는 차를 정말 자주 마신다. 차 중독도 이럴 땐 쓸모가 있다). 자신만의 평범한 루틴에 엉덩이 운동을 살짝 끼워 넣을 수 있다면, '엉덩이 운동 하기'라는 항목은 마음 편히 목록에서 지워도 된다.

일부러 남긴 음식의 놀라운 효과

집밥의 도덕적 기준을 생각할 때마다 나는 늘 '바위'와 '단단한 곳' 사이에 끼인 기분이다. '바위'는 매 끼니를 정성껏 요리해 바로 먹으며 그 과정에서 영혼까지 반짝이는 사람들이고, '단단한 곳'은 일주일 식단을 미리 계획하고 해병대 입대 시험이라도 보듯 식사 준비를 하는 사람들이다. 나는 오래전부터 그런 식단 관리는 내 길이 아니라는 걸 받아들였고, 최근엔 '남은 음식도 몸에 좋다'는 연구 결과를 발견하면서 꽤 큰 위안을 얻었다.

전분을 물에 삶은 뒤 식히면 분자 구조가 바뀐다는 사실, 알고 있었는가? 그리고 그걸 다시 데우면 또 한 번 구조가 변한다는 것도? BBC가 지원한 영국 서리대학교 연구에 따르면, 파스타나 감자처럼 전분이 많은 탄수화물은 한 번 식혔다가 다시 데우면 건강에 더 좋다고 한다. 갓 만든 따뜻한 식사는 혈당을 훅 올릴 수 있지만, 식은 음식 속 전분은 혈당 상승을 완화하고, 식이섬유의 이점도 챙겨주며, 소화도 더 잘되고, 장에 좋은 박테리아까지 남긴다. 즉, 식단을 새로 짤 필요도 없이 그냥 남은 음식 덕분에 이런 건강 효과를 누릴 수 있다는 얘기다.

일부러 남기는 식사를 '역방향 식사 준비'라고 부른다면, 꽤 그럴싸하지 않은가? 경험상 확실히 말할 수 있다. 볼로네즈 소스, 브라우니, 양념 두부 같은 건 하루 이틀 냉장고에 뒀다가 먹으면 훨씬 더 맛있다. 그러니 따지고 보면 당신은 메뉴를 더 고급스럽게 '업그레이드'하는 중인 셈이다! 식단 준비를 철저히 하는 사람들이 요일별로 나눠 담은 고급스러운 도시락통 덕분에 미적으로 우위를 점할 수는 있겠지만, 요리할 여유가 있을 때 두세 배쯤 넉넉히 만들어두는 습관만 있어도 충분하다. 그 정도만으로도 식사 준비 비용 절감 효과, 집밥의 건강함, 둘 다 챙길 수 있다. 게다가 장 건강에도 은근히 도움이 된다. 이 정도면 남긴 음식은 꽤 괜찮은 전략 아닌가?

커피, 끊으려 애쓰지 말고 마시는 방식만 바꾸기

나는 카페인 섭취를 '분별력 있게' 조절할 생각이 없다. 커피 한 잔은 나에게 '소확행' 그 자체니까. 딱히 해로운 것도 아닌 습관 하나 고치자고 기운을 낭비하고 싶지 않다. 대신 방법을 살짝 바꿨다, 아주 사소하게. 그런데 그게 꽤 큰 차이를 만들었다. 이젠 아침 식사 후에 첫 커피를 마시고 공복엔 절대 마시지 않는다. 연구에 따르면, 특히 잠을 설친 날 아침에 눈 뜨자마자 커피부터 들이키고 그다음에 밥을 먹으면 음식 속 당을 분해하는 능력이 절반 가까이 떨어진다고 한다. 그 말인즉, 포도당이 천천히 방출되지 않고 갑자기 우르르 몰려와 혈당을 훅 끌어올린다는 뜻이다.

그리고 아침의 몽롱함은 아주 자연스러운 생리 현상이다. 우리 몸은 그 시간에 밤새 쌓인 '졸림 유발 물질' 아데노신을 열심히 정리 중이다. 그런데 몸이 아직 준비도 안 됐는데 카페인이 갑자기 들이닥치면? 깨는 건 잠이 아니라 정신이다. 그리고 그 반동은 피로와 무기력으로 돌아온다. 내 방법은 단순하다. 일단 물 한 잔, 그다음엔 블루베리를 넣은 시리얼 그릇에 손을 뻗는다. 그러다 보면 커피는 잠깐 잊고, 몸은 자연스럽게 깨어나고, 나중에 마시는 커피는 훨씬 더 반갑다. 생각해 보면 커피는 친한 친구랑 비슷하다. 당연히 반갑겠지만 아침 일곱 시에 갑자기 들이닥치면 반가움보다 당황스러움이 먼저다. 커피도 마찬가지다. 여덟 시에 오면 훨씬 환영받을 수 있다.

앉는 자세를 '엉덩이 중심'으로 점검해 보자

요가나 딥티슈 마사지(심부 조직 마사지)는 물론 좋다. 하지만 모두 할 수 있는 것도 아니고, 모두 좋아하는 것도 아니다. 나는 솔직히 한 달에 요가 수업한 번만 가면 스스로 꽤 괜찮은 인간이라고 느낀다. 내 삶을 (그렇게까지 애쓰지 않고도) 바꿔준 건 도대체 왜 온몸이 쑤시고 결리는지 원인을 알게 됐을 때였다. 자세를 딱 한 번만 제대로 고쳐도 생각보다 효과가 오래간다. 내 경우엔 허리 아래쪽이 특히 문제였다. 이것저것 찾아보다가 알게 되었다. 인간의 몸은 원래 '무릎이 엉덩이랑 같은 높이'에서 오래 앉아 있게 설계된 구조가 아니었다는 사실을. 그래서 무릎의자를 샀다. 그걸 못 쓸 때는 그냥 일반 의자에 살짝 앞으로 걸터앉고 발을 뒤로 쑥 넣어서 무릎을 낮춘다. 너무 간단해서 좀 어이없을 정도지만 웃기게도 효과는 확실하다.

아침 요가를 못 했다고 찔리는 마음도 이제는 없다. 하고 싶을 때 하면 되고, 굳이 무슨 응급처치 하듯 다급하게 움직일 필요도 없다. 물론 사람마다 아픈 부위는 다르다. 하지만 잠깐 시간을 내서 원인만 알아두어도 해결은 적당히 해두고, 나머지 시간은 빈둥대며 잘 쓸 수 있다. 꼭 고쳐야 할 곳만 고치고, 나머지는 편하게 살아도 된다.

이제 걸음 수나 식단 준비 걱정은 좀 접어두었으니, 이쯤에서 욕실 수납장 문이나 한번 열어보자. 그 안엔 또 어떤 공포가 기다리고 있을지 아무도 모른다.

얼굴 가꾸기에 모든 걸 쏟아붓는 시대

스킨케어 시장이 무려 1,860억 달러(약 254조 원) 규모라는 사실에 어떤 사람은 충격을 받고, 어떤 사람은 '그럴 만하지'라고 생각할 수도 있다. 여기까지 읽고 "도대체 왜 얼굴 크림 얘기를 이렇게 길게 하려는 거지?"라고 묻는다면 이미 삶이 꽤 단정하게 정리된 사람일 것이다. 이 세계에 아직 물들지 않았다면 그냥 건너뛰어도 좋다. 모두가 이 스킨케어 광풍에 휩쓸린 건 아니라는 사실이 참 다행이다. 하지만 작은 행운의 액체 몇 방울을 얻기 위해 기꺼이 큰돈을 써본 사람으로서 아직 '스킨케어 루틴'의 매력을 '잘 모르는' 독자들을 위해 이 거대한 산업의 유혹을 한번 풀어보려 한다.

요즘 세상은 가끔 끊임없는 '두더지 잡기 게임' 같다. 여기저기서 성가신 두더지들이 튀어나온다. 새치기하는 사람, 국물을 후루룩 마시는 사람, 이가 난 아기, 성질 급한 상사, 지독히도 못되게 주차한 사람, 성난 아내와 남편까지. 이 모든 스트레스를 이겨내라고 세상이 우리 손에 쥐여준 작은 망치는 현실의 혼란 앞에선 어쩐지 너무 무력해 보인다. 하지만 모든 게 다 망한 것 같은 날에도 우리는 우리만의 약상자를 열고 하루 종일 긴장된 미소와 찌푸린 이마를 정성스레 펴낼 수 있다. 그 순간 이상하게도 '오늘 뭔가 하나는 제대로 했다'라는 기분이 든다. 무언가 옳은 일을 해냈다는 느낌. 그게 뭐냐고? 우리는 스킨케어를 했다. 무언가를 지켜냈다. 루틴을 지켰다. 수많은 유혹 속에서도, 우리 자신을 완전히 내팽개치진 않았다.

화장은 물론 재밌지만, 밤이 되면 배수구로 휙 사라진다. 반면, 스킨케어는 투자 같다. 시간이 쌓이면 효과도 쌓이고, 복리처럼 이자가 붙고, 언젠가는 분명 결과가 따라올 것 같은 그런 무언가 말이다. 이건 마법이다. 아니, 마법보다 더한 무언가다. 이건 과학이다. 병에는 낯선 과학 용어가 빼곡히 적혀 있고, 옆면에 이렇게 쓰여 있다. '임상적으로 입증됨.' 나는 나이트크림 뚜껑을 닫으며 속삭인다. "이건 그냥 셀프케어가 아니야, 이건 과학이야!" 그 만족감 또는 '곧 뭔가 좋아질지도 몰라' 하는 기대감이 슬슬 올라오기 시작하면 바로 뒤따라오는 건 죄책감이다. 혹시 뭔가 빼먹지 않았을까? 나는 지금 '올바른 순서'로 바르고 있는 걸까? 싸게 샀는데 나중에 피부로 대가를 치르는 건 아닐까? 다들 나만 모르는 무슨 마법 같은 성분을 알고 있는 건 아닐까?

　스킨케어 루틴은 단순한 바르기가 아니다. 시간 약속이다. 그저 피부에 바르는 데만 시간이 드는 게 아니다. 어떤 제품이 좋은지 알아보는 데 걸리는 시간, 매장에서 성분표를 들여다보며 헤매는 시간, 샘플 냄새를 킁킁 맡는 시간 그리고 그걸 사기 위해 돈을 벌어야 하는 시간까지. 이 모든 걸 생각하면 스킨케어는 꽤 큰 각오와 노력이 필요한 일이다. 그래서 더 들여다볼 가치가 있다. 게다가 스킨케어를 안 하면 괜히 '게을러 보인다'라는 사회적 시선까지 있다. 참고로, 평균적으로 여성들은 일주일에 약 150분을 스킨케어에 쓴다고 한다.

　얼마 전 누군가가 소셜미디어에 올라온 내 피부 사진을 보고, '그걸 보여줄 용기가 대단하다'라고 칭찬했다. 그 말은 마치 내 피부가 배경 속 지저분한 물건처럼 숨기거나 치워버릴 수 있는 것인 양 들렸다. 제일 먼저 든 생각은 이랬다. '선택지가 있긴 해? 내 몸 전체가 다 이 피부인데?' 하지만 곧 알게 됐다. 그 사람은 온라인에서 '필터로 보정한 피부'를 너무 많이 본 나머지, 보정하지 않은 피부가 낯설고 그래서 용감하게 느껴졌던 거였구나 싶었다.

　결국 내 피부는 '보정 vs 비보정'이라는 이분법 속에서 '용기 있는 모습'이라는 라벨을 얻게 된 셈이다. 몇 년 전, 스킨케어 매장에서 일하던 직원이 내 피부를 보더니 이렇게 물었다. "건성이세요, 지성이세요, 아니면 복합성이세요?" 말투에서 이미 피부란 '어쨌든 뭔가 문제가 있는 상태'라고 말하는 것처럼 들렸다. 그래서 나는 조심스럽게 물었다. "저기, 아무 문제도 없는 상태는 혹시 없나요?" 직원의 표정이 그 질문에 대한 답을 대신했다.

　심각한 여드름이나 아토피 같은 피부 질환을 겪는 사람들에게 스킨케어 제품 얘기를 계속 늘어놓는 건 꽤 불편할 수 있다. 요즘은 정상적인 피부의 특징들조차 단순히 '보기 안 좋다'는 이유로 피부 질환과 같은 선상에 놓이고, 그마저도 점점 더 의학적인 용어로 포장된다. 내 피부에 있는 붉은 반점은 감춰야 할 '결함'이 아니라, 치료가 필요한 '증상'이 되어버렸고, 모공은 이제 기능이 있는 기관이 아니라 크기로 평가받고 줄이라고 권유받는 대상이 됐다. 스킨케어 제품은 약병처럼 생긴 용기에 담겨 약국처럼 꾸며진 매대에서 판매한다. 더 최악은 가끔 실험실 가운을 입은 점원들이 제품을 건네기까지 한다는 사실이다. 처음엔 이 모든 '스킨케어의 유난스러운 쇼'가 어딘가 사랑스럽게 느껴질 수도 있다. 하지만 방금 전까지만 해도 멀쩡했던 내 얼굴에 더 많은 시간과 돈을 쓰게 만드는 찰나가 되면, 그건 그냥 쇼가 아니다.

다행히 잠재적인 문제만큼이나 해결책도 다양하지만, 모두 상당한 비용을 치러야 한다. 한 조사에 따르면, 여성은 평생 외모에 약 22만 5천 달러(약 3억1,300만 원)를 쓴다고 한다. 그중 약 4분의 1은 얼굴에 들어간다. 얼굴 관리에 50년쯤 투자한다고 가정해 보면, 한 달 평균 약 16만 원쯤 되는 셈이다. 내가 자주 마주치는 베스트셀러 스킨케어 제품들은 가격대가 대략 2~13만 원 사이이다. 일반적인 약국 이용 고객을 대상으로 한 제품들이 이 정도다. 그러니 돈 쓸 준비가 안 됐다면 고급 스킨케어 매장 근처엔 가지 말자. 정신 건강에 해롭다.

그래서 화장품에 돈 쓰는 일이 전부 쓸데없는 짓이냐고? 조금 알아봤는데, 꽤 반가운 소식이 있다. 당신은 이제 피부의 '자가 주치의' 자리에서 살짝 내려와도 괜찮다. 클렌징을 예로 들어보자. 사실 피부는 이미 하루 종일 알아서 그 일을 하고 있다. 굳이 불필요한 관리 업무를 더 떠맡길 필요는 없다. 피부는 끊임없이 해독 작용을 하며, 우리가 생각하는 것보다 훨씬 성실하게 일하는 기관이다. 보톡스를 시간이 지나면 다시 맞아야 하는 것도 바로 그 때문이다. 우리 몸은 그걸 진짜 '독소'로 인식하고 열심히 배출해 버린다.

각질 제거 제품도 마찬가지다. 죽은 피부를 없애 새 피부를 드러내 준다지만, 사실 그건 인간의 피부가 수천 년 전부터 스스로 해오던 일이다. 피부는 한 달 주기로 표면을 스스로 갈아 끼우며 언제나 업데이트 중이다. 그렇다면 피부 말고, 우리 몸속의 다른 세포들은 어떨까? 〈뉴 사이언티스트〉에 따르면, 지금 내 몸의 세포 중 15년 이상 된 건 하나도 없다고 한다. 이보다 더 기분 좋은 '안티에이징'이 또 있을까?

그렇다면 나머지는 어떨까? 노화 방지, 배변, 활력 회복 같은 기능을 앞세운 제품들 말이다. 제품마다 '#과학적인' 이유는 제각각 달고 있지만 큰 그림은 이렇다. 피부엔 형태를 지탱해 주는 일종의 '지지대' 구조가 있다. 이 지지대가 튼튼할수록 주름은 덜 생기고 피부는 더 탱탱해진다. 이 구조엔 엘라스틴, 콜라겐 같은 성분이 포함돼 있다. 그리고 그 지지대 위엔 아주 멋진 '장벽'이 하나 있다. 전문가들은 이를 '각질층'이라 부른다. 기본적으로 이건 거대한 경호원 같은 존재다. 외부 침입은 철저히 막아내도록 설계돼 있다. 문제는 이것이다. 피부 속 구조를 개선하려면 그걸 지키라고 만들어진 장벽을 아이러니하게도 '뚫어야' 한다는 점이다. 즉, 그 경호원을 무시하고 안으로 들어가야 한다. 다행인지 불행인지 이 경호원은 세럼이 1만 원짜리든 10만 원짜리든 신경 쓰지 않는다. 히알루론산? "입장 불가입니다." 콜라겐 추가요? "절대 무리죠."

영국 킬대학교(Keele University)의 제약학 강사 수 웡Szu S Wong 박사는 이 상황을 이렇게 설명했다. "고양이용 출입문으로 코끼리를 밀어 넣으려는 시도죠." 물론, 이론상 아주 작고 특별한 분자라면 가능성은 있다. 벽돌처럼 생긴 피부 세포 사이의 지방층을 슬쩍 통과할 수 있다는 말이다. 단, 그 분자가 '지방에 잘 녹는' 성질을 갖고 있어야 한다. 놀랍게도, 이 기준으로는 안티에이징의 황제로 불리는 비타민C조차 통과할 수 없다. 심지어 로레알조차도 "비타민C는 피부 침투력이 매우 낮다"고 인정했다.

그나마 내가 '조금은 믿어볼까' 했던 건 레티노이드였다. 비타민A 유도체로, 흔히 말하는 레티놀이나 레티날 같은 것들 말이다. 사람에 따라 어느 정도 효과가 있을 순 있지만, 레티놀 제품에 붙어둔 그 자신감 넘치는 주장들을 과학적으로 뒷받침하는 연구는 놀랍도록 드물다. 레티노이드 제조사들의 마케팅을 분석한 가장 신뢰할 만한 연구 중 하나는 이렇게 결론 내렸다. '노화된 피부 외관을 개선한다는 일반 시판용 레티놀 제품의 효과를 뒷받침할 믿을 만한 증거는 거의 없으며, 있다 하더라도 매우 희박하다.' 헉!

처방이 필요한 고농도 비타민A, 일명 트레티노인(줄여서 '트렛')은 몇 가지 긍정적인 연구 결과가 있긴 하다. 하지만 그냥 주름만 좀 줄었으면 좋겠다는 평범하고 순진한 기대를 하는 우리가 이걸 '효과 있다'고 단정하기엔 아직도 미심쩍은 점이 많다. 사실 스킨케어 브랜드들이 "우리 제품 진짜 효과 있어요!"라고 내놓은 증거들을 보면 '귀찮아서 대충 한 거 아닌가?' 싶을 만큼 성의 없어 보일 때가 많다. 대조군도 없고, 플라시보 효과도 고려하지 않은 실험이 수두룩하다.

이런 내용을 알고 나면 평소에 무심코 지나친 스킨케어 광고 문구 속 '주의사항'들이 눈에 들어오기 시작한다. 대표적으로 '임상적으로 입증됨'이라는 표현이 있다. 약품에선 엄격하게 규제하지만, 화장품에선 거의 아무 제약 없이 쓸 수 있다. 어떤 제품이 '임상적으로 입증됐다'라고 말하려면 (놀랍게도) 10억 명에게 실험했든, 단 한 명에게 실험했든 상관이 없다. 그러니 라벨에 '여성 100퍼센트가 피부가 더 탄탄해졌다고 답했습니다'라고 적혀 있다면, '자넷'이라는 한 여성이 으깬 바나나 같은 무언가를 얼굴에 바르고 "세상에, 내 피부 완전 최고야!"라고 외쳤을 가능성도 있다는 뜻이다.

그런데 더 충격적인 것은 따로 있다. 요즘 스킨케어 제품에 들어 있는 일부 성분들이 오히려 노화 현상을 더 악화할 수 있다는 연구 결과도 있다는 것이다. 작가이자 연구자인 제시카 디피노Jessica DeFino는 이렇게 말한다. "연구에 따르면, 피부에 바르는 제품이 많을수록 피부 장벽과 피부 미생물 군집이 손상된다. 그 둘은 피부가 스스로 제 기능을 하려면 기본적으로 온전하게 유지되어야 한다."

진짜 신경 써야 할 것들

내 피부를 더 좋게 만들어주는 건 뭘까? 결국 피부 고민의 해답은 지루할 정도로 단순하다. 물, 운동, 잠 그리고 채소. 하지만 당신의 최우선 목표가 노화 방지라면? 딱 한 가지 방법이 있다. 엉덩이 들고 움직여야 한다. 농담이 아니라 진심이다. 당신의 엉덩이 피부를 한번 보자. 늘 어두운 방에만 있었던 그 피부는 당신의 몸이 원래 만들어낼 수 있는 피부 상태를 보여준다. 매끄럽고 주름 하나 없다. 아마도 그 피부는 지금껏 전문 클리닉에 간 적도, 레티노이드를 바른 적도, 한 겹 두 겹 쌓아 올린 수분 마스크를 써본 적도 없을 것이다. 엉덩이가 받은 유일한 전문 케어라면 평화와 고요함이다. 햇빛에 시달리지 않고, 아무 간섭도 없이 살아온 인생. 당신의 엉덩이가 내 엉덩이와 비슷하다면 아마 캄캄한 어둠 속 담요 아래에서 잉꼬처럼 조용하고 행복한 삶을 살아왔을 것이다.

물론 예외는 있다. 산을 오르고 성취감에 취해 바지를 내린 적이 있다거나(나다), 낮에 커튼 치는 걸 깜빡하고 성관계를 한 경우(절대 나 아님!) 말이다. 그런 순간들만 아니면 엉덩이가 맞닥뜨린 빛이라고는 방 안 조명이나 은은한 무드등 정도가 전부다. 피부 노화의 가장 큰 원인은 자외선이다. 그러니까 시중에서 구할 수 있는 진짜 과학적이고, 동료 평가를 거쳤으며, 거짓말은 아닐 가능성이 가장 높은 유일한 안티에이징 장비는 바로 자외선차단제다. 앞으로 생길 주름을 확실히 줄이는 또 다른 방법도 있긴 하다. 당신의 관을 미리 사두고 그 안에 일찍 들어가 어둠 속에 조용히 누워 집사에게 음식과 물을 전달받으며 사는 것이다. 물론 가족들에게 내 장례 절차를 좀 더 편리하게 해준다는 점을 빼면 이 방법은 별로다. 각자 방식이 있는 거니까 뭐라 하진 않겠다. 하지만 나는 자외선차단제를 바르겠다. 이 단락이 짧았던 건 이유가 있다. 답이 너무 간단하니까. 생각해 보라. 자외선차단제만 열심히 발라도 필요한 '대충의 노력'은 다 한 셈이다!

그렇다. 방금 한 말은 거짓말이었다. 사실 스킨케어에는 하나 더 중요한 요소가 있다. 바로 '용암'을 내려다보는 것, 즉 피부를 조용히 망치는 외부 환경을 직시하는 일이다. 피부를 위협하는 네 가지 주범은 오염, 빛, 기후 그리고 자극성 물질이다. 눈을 가늘게 뜨고 보면 이 말속에 꽤 중요한 정보가 숨어 있다.

- 오염(화석연료, 소비 중독, 비효율적인 교통이 만들어낸 공기 쓰레기)
- 빛(얇아진 오존층을 뚫고 내려오는 과도한 자외선)
- 기후(화석연료 산업이 만든, 변덕 폭발 중인 지구 날씨)
- 자극성 물질(사람과 환경을 해치는 방식으로 추출된 각종 화학성분)

대기 오염은 심해지고 태양에서 쏟아지는 자외선은 점점 더 강해진다. 우리는 이제 지구가 빠르게 잃어가는 보호막을 대신해 무언가를 열심히 피부에 발라야 하는 상황에 놓였다. 말하자면 이제 스킨케어는 더 이상 '당신'의 문제가 아니라 '우리 모두'의 문제다. 화장품 매대에서 기적의 크림을 찾아 헤매는 데 시간을 쏟을수록 진짜 세상을 바꿀 수 있는 행동을 할 시간은 줄어든다. 자, 우리가 진짜 원하는 것이 무엇인가? 정의로운 친환경 전환!(거기에 빛나는 피부도 덤으로!) 그걸 언제 원하냐고? 지금도 늦었고, 어제부터!

대충 하는 스킨케어 전략

욕실 선반에 올려둘 '대충 해도 효과 있는' 피부 관리법을 소개한다.

선크림 듬뿍 바르기

얼굴용 좋은(비싼 거 말고!) 선크림을 하나 사자. 매일, 무조건 바르는 거다. 스프레이 타입은 효과가 떨어진다. 크림 제형을 듬뿍 짜서 바르고, 꼼꼼히 흡수시키자. 파운데이션이나 메이크업 제품에 포함된 게 아니라 순수하고 강력한 진짜 선크림이어야 한다. 권장 사용량은 손가락 길이 두 배로 짜낸 양이다. 그렇다, 생각보다 양이 많다. 그래도 하자. 이 정도면 뷰티 스트레스에서 해방된 셈이다. 과학이 입증한 유일한 안티에이징 루틴을 끝냈으니 말이다. 주름 따위 신경 쓰이지 않더라도 자외선차단제는 피부암 예방에 도움이 된다니 안 바를 이유가 없다.

눈에 띄지 않으면 무시하기

아직도 스킨케어 제품을 찾아 헤매고 싶은가? 그럼 일단, 아주 간단한 대충 하는 테스트부터 해보자. 이 피부 고민, 내 친구 중에 알아챈 사람이 있던가? 남들 눈에는 아예 보이지도 않고 건강에도 큰 문제가 없다면 그냥 무시해도 되는 문제다.

무엇보다 즐기는 게 우선

스킨케어 루틴을 포기한다는 생각에 가슴이 찢어질 것 같은가? 괜찮다! 진짜다. 당신이 결과가 아니라 스킨케어의 '과정' 자체에 기쁨을 느낀다면 그걸 계속 즐기는 건 아무 문제 없다. 병의 색감, 향기, 바를 때 느끼는 잠간의 부드러움까지 마음껏 충분히 즐기자. 스킨케어에 관해 이것저것 깊이 파고든 끝에, 나 역시 제품을 살 일이 생기더라도 효과 없고, 심지어 살짝 사기였더라도 "그래도 재밌었잖아"라고 어깨를 으쓱할 수 있을 정도의 가격대 제품만 사기로 다짐했다.

내 손으로 하는 대충 마사지

꼭 비싼 제품을 바를 때만 얼굴 마사지를 해야 하는 건 아니다. 사실 진짜 중요한 건 제품이 아니라 손의 온기와 감각이다. 그러니 저렴한 크림이나 오일이어도 괜찮다. 편하면 된다. 아무거나 써도 된다! 내가 가장 좋아하는 습관 중 하나는 화장실을 다녀온 후 손을 씻고 거울 앞에 섰을 때 눈썹을 살짝 눌러가며 조용히 마사지하는 것이다. 그 짧은 몇 초가 생각보다 꽤 괜찮다.

내 몸으로 다시 돌아오기

스킨케어를 하면서 우리가 정말 원한 건 무엇일까? 만약 스킨케어나 뷰티 루틴이 단순한 '미용'을 넘어 '나는 몸을 가진 존재야!'라고 느끼게 해주는 행위였다면 굳이 비싼 제품 없이도 대충 할 수 있는 방법은 수두룩하다. 인터넷에서 몇 시간씩 제품을 검색하고 성분표 하나하나를 보며 고민하는 일은 그만두자! (걱정하면 주름만 생긴다지 않는가. 그런데 왜 광고는 그렇게 스트레스만 주는 걸까?) 이제는 더 쉽고 가벼운 방법으로 다시 내 몸으로 '돌아오는' 연습을 해보자. 몸속에서 편안함을 느끼게 하는 것은 무엇일까? 당신을 안정시키고 진정으로 안도의 숨을 내쉬게 하는 것은 무엇일까? 그 질문에 대한 답이 진짜 루틴이 될 수도 있다. 화장품 뚜껑을 열기 전에 잠깐 멈추고 나를 편안하게 만들어주는 그 동작 하나를 먼저 해보자.

이미 잘하고 있다고 칭찬하기

당신은 이미 스킨케어를 하고 있다. 다만 아직 모르고 있을 뿐이다. 물을 마시고, 과일과 채소를 먹고, 충분히 자고, 가끔 움직이기만 해도 이미 피부를 위한 최고의 루틴이다. 이건 진짜다. 피부가 좋아지는 데 실질적인 도움이 되는 것들이다. 물론 이 행동들은 '피부' 말고도 좋은 점이 아주 많긴 하다.

그리고 좋은 소식 하나 더! 당신은 사실, 이미 그걸 다 잘 해내고 있는 중이다. 몰랐겠지만. 진짜 똑똑하게도 말이다. 스킨케어를 조금 더 '업그레이드'하고 싶다고? 거창한 세럼이나 신비한 크림보다 먼저, 잠, 식사, 수분, 운동을 조금만 더 신경 써주면 된다. 이미 어느 정도 하고 있다면 스킨케어라는 항목은 할 일 목록에서 당당히 지워도 된다. 진심이다. 아, 그리고 마지막으로 한 가지 더, 혁명 일으키기!

뇌를 위한 스킨케어

스킨케어 업계에 마냥 화를 낼 수만은 없는 이유가 그들은 이미 이름으로 힌트를 줬다. 업계는 스킨케어를 '뷰티 리추얼'이라 불렀고, 나는 그걸 그냥 '예뻐지는 루틴' 정도로 가볍게 받아들였지만 알고 보니 이건 진짜 '리추얼 ritual', 즉 의식이었다. 단계마다 정성을 들여 의미를 만들어내는 그런 의식 말이다. 뷰티 의식은 결혼식과 비슷하다. 몸의 생물학이나 마음의 화학을 바꾸진 않지만 그 의미를 알고, 내가 선택하고, 그 선택에 책임질 준비가 된 상태에서 행한다면 그건 좋은 의식이다. 하지만 만약 원하지도 않는 상대와 '거부하면 사랑받을 자격이 없다'는 압박에 못 이겨 억지로 제단 앞에 서게 된다면? 그건 그냥 뿌리째 뽑아야 할 의식이다.

스킨케어는 절대 자연스러운 것이 아니다. 하지만 차별이 무섭고 그걸 피하고 싶은 마음은 믿기 힘들 만큼 본능적이다. 아쉽게도 세상의 시선을 차단해 주는 크림은 없다(그런 게 있었으면 벌써 품절 대란 났다). 스킨케어를 '할까 말까' 고민할 수 있다는 것 자체가 사실은 꽤 많은 특권을 누렸다는 신호일 수 있다. 누군가에겐 스킨케어를 그만두는 순간, 그 특권까지 함께 사라질 것처럼 느껴지니까. 그러니 내가 왜 이 '뱀기름'을 바르고 있는지, 그게 나를 조용히 길들이는 건지, 아니면 세상에 조용히 저항하는 방식인지, 그걸 아는 사람은 딱 하나, 나 자신뿐이다.

내게 스킨케어를 줄이는 일은 돈도 아끼고, 시간도 아끼면서, 무엇보다 나이 드는 걸 죽음보다 두려워하는 이 문화에 반기를 드는 완벽한 '대충 하기' 방식 같은 것이다. 아이러니하지 않나? 주름은 말 그대로 '아직 살아 있다'는 표시인데 말이다. 청춘을 지나 여기까지 왔다는 증거이자 지금도 버티고 있다는 흔적이다. 내 얼굴에 새긴 주름 하나하나가 말해준다. "리나는 오늘도 살아남았고, 여전히 여기 있어!"

솔직히 말하자면 피부 걱정은 어쩌면 너무 당연하다. 우리 몸에서 가장 큰 기관이 피부니까, '그럼 제일 신경 써야 하는 거 아냐?'라고 생각할 수 있다. 하지만 의외로 피부는 우리가 생각하는 것만큼 많은 관리가 필요 없다. 각질 제거? 세안? 보습? 상처 회복? 이 모든 걸 피부는 스스로 해낼 수 있다. 실제로 피부는 특별한 치료나 꾸준한 관리 없이도 꽤 잘 살아남는다. 밥 달라고 울지도 않고, 옆에서 감시하지 않아도 되고, 오히려 간섭하면 짜증부터 내는 사춘기 청소년 같달까? "엄마, 내 방에서 좀 나가줄래?"와 비슷한 느낌! 우리의 피부는 그렇게 까탈스러운 척하면서도 진화의 긴 여정을 꽤 훌륭하게 걸어왔다. 가끔 긁히고 다쳐도 건드리지 않고 가만히 두는 게 오히려 더 낫다. 회복할 준비가 되면 피부는 알아서 신호를 보내올 것이다.

내 엉덩이 사랑하기

지금부터 하려는 말이 이상하게 들릴 수도 있겠다. 나 자신과 어쩌면 당신까지 '내 몸을 사랑하는 여정'에 얼마나 많은 노력과 눈물을 쏟았는지 알기 때문에 망설여진다. 하지만 그래도 말하지 않을 수 없다. 애쓰지 마라! 진심이다. 그러지 않아도 된다. 지금 몇 시간씩 공들여 사랑해 주는 이 몸은 몇 년 뒤엔 또 달라져 있을 것이다. 결국 다시 처음부터 시작해야 할지도 모른다. 그러니 제발, 너무 애쓰지 마라. 몸은 감상용이 아니라 '사용하기 위한' 존재다. 그리고 신경 쓰지 마라. 아무리 애정 어린 눈빛이라도 몸을 의식하며 바라보는 시선은 결국 몸을 힘들게 한다. 그 시간에 차라리 바닥에서 뒹굴자. 좋아하는 거 실컷 먹으면서 마음껏 즐기자. 그게 훨씬 더 가치 있다.

아침 루틴처럼 되뇌는 '자기 자신을 사랑하라'는 메시지에도 늘 따라붙는 게 있다. 바로 '돈 버는 기념품 가게'다. 셀프 러브를 상징하는 머그잔, 티셔츠, 책, 보디 크림, 거기에 수백만 원짜리 힐링 여행 프로그램까지. 이 모든 것이 '너 자신을 사랑하라'는 명분 아래 팔린다. 어떤 사람들은 이런 걸 보고 '사람들이 참 잘도 속는구나!'라고 생각할 수 있다. 하지만 나는 달리 보인다. 얼마나 많은 사람이 자신을 진심으로 사랑하고 싶어 하는지, 얼마나 절실히 바라는지를 보여주는 데이터 같다. 그만큼 사람들의 결핍이 크고, 갈망이 깊다는 뜻이다.

'성장기'는 언제나 혼란스럽지만, 내가 어른이 되어가던 시절은 유난히도 기묘한 서구적 미의 기준이 세상을 지배했다. 사춘기에 막 접어들었을 때는 '이건 입지 마!(What Not to Wear)'나 '도전! FAT 제로(The Biggest Loser)'처럼 대놓고 뚱뚱한 사람을 조롱하는 TV 프로그램이 인기를 끌었고, 말도 안 되게 마른 마틴 맥커천Martine McCutcheon(영국의 배우이자 가수, TV드라마와 뮤지

컬에서 인기를 얻음. - 편집자)이 영화 '러브 액츄얼리Love, Actually'에서 '통통한 여자' 역을 맡았다. 그러다 내가 십 대의 끝자락에 다다를 무렵, 케이틀린 모란Caitlin Moran(페미니즘, 사회적 이슈, 문화에 관한 글을 쓰는 영국의 기자, 작가, 칼럼니스트 - 편집자)은 "작고 뚱뚱한 몸도 괜찮다!"라고 외쳤고, 나는 《뚱뚱한 사람은 페미니스트다(Fat Is a Feminist Issue)》와 같은 책들을 읽기 시작했다. 그리고 모두가 "브리짓 존스는 진짜 플러스 사이즈 롤모델로 보기엔 좀 애매하지 않나?"라고 말하기 시작했다. 한마디로 앞뒤가 안 맞고 기준이 계속 바뀌는 문화적 롤러코스터 같은 십 년을 보냈다.

백인 중심의 미적 기준이라는 독한 땅 위에서 조용하고도 거센 반란들이 피어났다. 그 중심에 '보디 포지티브Body Positive' 운동이 있었다. 플러스 사이즈, 유색 인종, 장애인, 퀴어의 신체를 위해 그들이 직접 만들어낸 강력한 풀뿌리 반反자본주의 운동이었다. 그런데 어느 순간, 이 운동은 이상하게 변질되기 시작했다. '자신을 사랑하라'는 좀 더 예쁜 포장을 두른 동생 버전이 등장했는데 머그잔, 티셔츠, 일기장 같은 굿즈는 넘쳐나지만, 정의에 대한 요구는 훨씬 줄어든 모습이었다. 점점 더 많은 기업이나 미디어가 이 운동을 차용하기 시작하면서 원래의 급진적이고 정치적인 메시지가 희석되었다. 그 결과 이 운동은 원래 겨냥한 대상이 아닌 우리 같은 사람들에게 이상한 압박만 남겼다. '너 자신을 사랑하지 못하면 실패한 거야!'라는.

어쩌면 당신은 이미 자기 외모를 사랑하는 법을 익히는 '작업'을 끝냈을지도 모른다. 처음부터 자기 몸을 자연스럽게 사랑했을 수도 있다. 그렇다면 정말 멋지다. 비꼬는 게 아니라 진심이다. 반면, 나처럼 어린 시절을 온갖 미디어에 휘둘리며 '내가 매력적'이라고 느끼도록 뇌를 개조(?)하느라 엄청난 시간을 쏟았을 수도 있다. 그리고 언젠가부터는 '혹시 내가 지금 악마의 게임에 말려든 건 아닐까?', '이쯤에서 포기하는 게 진짜 힘일 수도 있지 않을까?' 하는 의심이 고개를 들기 시작했을 수도 있다.

요즘 넘쳐나는 '셀프 러브' 구호들, 각종 콘텐츠와 영상을 가만히 보면 우리를 이 지경으로 만든 그 미디어와 별반 다르지 않다. 이번엔 '자기 생각인 척'하면서 머릿속에 낯선 기준을 또 주입한다. 진짜 내 마음을 읽는 것이 아니라 그 위에 새로운 마음을 얹어 다시 덮어씌우는 방식으로 말이다.

나는 수년간 '나는 아름다운가?'라는 질문에 진심으로 '그렇다!'라고 답할 수 있도록 애썼지만, 그 과정에서 놓친 게 하나 있었다. 그 질문이 진짜 중요할까? 나한테 정말 그렇게까지 중요한 문제였을까? 이미 자신을 사랑하는 법을 완벽하게 익힌 사람이라도 이 페이지는 표시해 두자. 언젠가 다시 필요할지도 모른다. 결국 몸은 변하니까. 몸을 사랑하는 것은 바닷가 밀물 선(tide line)을 사랑하는 것과 닮았다. 그 선이 우리가 진정으로 알아볼 수 있을 만큼 가만히 멈춰 있어 줄까? 그렇지 않을 것이다. 그럼에도 그저 '몸이 존재한다는 사실', 어떤 모습이든 언제든 다시 내게 돌아오고, 모래 위에서 자기만의 리듬을 만들며 존재한다는 사실만으로도 사랑할 수 있을까? 그렇다.

나는 지붕 위에서 소리치고 싶다. "몸은 사용하라고 있는 거야!" 하지만 '사용하다'라는 말이 '착취하다'처럼 들리는 것은 싫다. 내가 말하는 '사용'은 가장 좋은 방식으로 오직 나 자신만이 쓰는 것을 뜻한다. 활용하다, 배치하다, 발휘하다, 휘두르다(wield)와 같은 의미로 쓰일 수 있다면 말이다. '휘두르다'는 정말 멋진 단어다. 검도, 지휘봉도 아닌 내 몸을 휘두르는 것이다. 왜냐하면 몸은 움직이고, 무언가를 만들어내는 존재니까. 이것이 몸의 가장 근사한 점이다. 자존감이 있는 아이는 물감 세트, 축구공, 장난감을 건네받고 "음, 그냥 보기만 할래"라고 말하지 않는다.

자신이 얼마나 매력적인 사람인지 따지는 건, 앞으로 만날 모든 사람의 머릿속에 들어가 각자가 어떤 취향인지, 무엇에 끌리는지 일일이 분석하겠다는 것과 다름없다. 노라 에프론Nora Ephron(미국의 작가, 영화감독, 각본가, 언론인. 로맨틱코미디 장르에 능했으며, 날카로운 유머와 인간관계에 대한 통찰력으로 사랑받음 - 편집자)은 이렇게 말했다. "사랑은 향수병이다." 즉 사람은 그리운 감정을 떠올리게 하는 누군가에게 끌린다. 표정일 수도 있고, 익숙한 말투, 사소한 손버릇 또는 말로 설명할 수 없는 기시감 같은 것일 수도 있다. 그래서 우리는 오이디푸스 콤플렉스 따위와는 상관없이 부모나 형제자매, 심지어 전 연인을 닮은 사람에게 무심코 빠져든다.

다른 사람이 뭘 좋아할지, 낯선 존재에게 어떤 점에서 친숙함을 느낄지 우리는 절대 예측할 수 없다. 타인에게서 '집' 같은 느낌을 받는 것은, 인테리어 잡지에 나올 법한 완벽한 색조의 벽이나 근사하게 배치된 조명을 찾는 일과는 다르다. 진정으로 '집 같다'는 느낌을 주는 것은 찬장 안에 뒤죽박죽 섞인 머그잔, 진흙 묻은 신발을 아무렇지 않게 벗어두는 여유, 계절에 따라 옷을 바꿔 입지만 언제나 그 자리에 서 있는 나무를 욕실 창문 너머로 바라보는 풍경 같은 것이다.

수많은 미용 시술과 보정 기술은 결국 표면을 매끈하게 다듬고 흐릿하게 만드는 데 집중되어 있다. 이마에 넣는 필러부터 허리선을 잡아주는 보정 속옷까지, 우리는 실루엣이나 얼굴선의 굴곡을 없애고, 어딘가 '제멋대로'인 부분을 평평하게 바꾸고 싶어 한다. 눈가 주름이나 셀룰라이트를 단 하나의 선으로 만든다면 아래와 같이 바뀔 것이다.

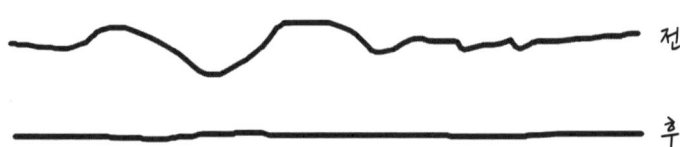

그런데 뭔가 이상하지 않은가? 바퀸 아래의 선은 비어 있다. 리듬도 없고, 흐름도 없다. 다른 분야에서 이런 평평한 선은 단지 '기초'에 불과하다. 음악이라면 오선지처럼 그 위에 멜로디가 흐르기 위한 바탕일 뿐이다. 녹음을 할 때도 아무 소리가 들리지 않아도 그 선 위에 미세한 떨림이 있어야 누군가가 말하고 있다는 걸 알 수 있다. 응급실에서는 모니터 속 파형이 흔들려야 '아, 이 사람이 살아 있구나'라고 알 수 있다. 만약 몸이 당신에게든, 사랑하는 사람에게든 돌아올 수 있는 '집'이라면, 멀리서도 알아볼 수 있어야 하지 않을까? 긴 여정을 끝내고 해 질 무렵 산등성이를 넘는 그 순간, 줄지어 선 사람들 틈에서도 한눈에 당신임을 알아볼 수 있어야 하지 않을까? 지금의 당신과 어린 시절의 당신이 이어져 보이고, 작은 홈 하나까지도 포함해서 당신이라는 사람을 하나의 선으로 따라 그릴 수 있어야 하지 않을까?

너무 뻔하게 들릴지 모르지만, 꼭 하고 싶은 말이 있다. '울퉁불퉁함'은 살아 있다는 증거다. 다른 사람이 당신을 '집'처럼 느끼는 건 바로 그 굴곡들 때문이다. 몸은 누군가가 오래 머물다 간 익숙한 거실처럼 홈이 있어도 편안한 공간이 되어야 한다. 하지만 우리는 지금 자기 몸 안에서 안정을 느끼기보다는 '있는 그대로'와 '완벽함' 사이에 걸린 불안한 거울 앞에 앉아 끊임없이 자신을 고쳐보려 애쓴다. 결국 남는 것은 내가 원하는 모습도, 나다운 모습도 아닌, 낯설고 애매한 누군가일 뿐이다.

'그래서 뭐 어쨌다고?' 게임

'나는 못생겼어, 매력 없어, 추해'라는 생각이 들 때마다, 굳이 "아니야! 난 예쁘고 완벽해!"라고 반박하지 말고 그냥 그 생각을 가만히 바라보면 어떨까?

그리고 이렇게 되물어보는 거다. "그래, 내가 못생겼다 치자. 그래서 뭐? 내가 못생겨서 못 얻는 게 뭐지?" 물론 세상의 기준으로 볼 때 '못생겼다'는 이유로 어떤 기회를 박탈당하거나 누군가가 나를 다르게 대할 수도 있다는 건 부정할 수 없다. 하지만 내가 외모와는 상관없이 존중받고, 즐겁게 살아갈 자격이 있다고 믿는다면, 설령 그런 일이 생겨도 내 책임은 아니다. 가끔 외모에 대한 나의 불안은 말도 안 되는 작은 '도덕적 공황'처럼 느껴진다. 그럴 땐 머릿속에 불쑥 떠오른 생각들을 꺼내 진짜인지 하나씩 따져보기만 해도 마음이 한결 가벼워진다.

가끔은 이런 상상도 해보자. 내가 못생기지 않았다면? 지구상에서 가장 매혹적인 사람이라면? 하루쯤은 온 세상이 나를 매혹적으로 바라보는 것이 재미있을 수 있다. 하지만 현실에서는 당신에게 끌리는 사람이 한두 명, 많아야 세 명쯤이면 충분하지 않을까? 당신의 얼굴이 보는 사람마다 홀리는 사이렌 같다면 제대로 해낼 수 있는 일이 있을까? 사방에서 쏟아지는 시선과 참견, 의심 속에서 평온한 날이 하루라도 있을까? 누가 진심으로 나를 좋아하는지, 단지 나랑 다니며 주목받고 싶은 건지 어떻게 구분할 수 있을까? 세상이 너나없이 당신을 '매력적이다'라고 외치는 삶은 생각보다 무서울지도 모른다. 그래서 연예인들은 높은 담장 속에 살며, 철통같은 경호원들을 곁에 두는 게 아닐까. 그들이라고 진정 그런 삶을 원할까? 우리처럼 '평범하게 생긴 사람들'이 훨씬 자유롭다. 적당한 외모 덕분에 행동이나 성과로 있는 그대로 인정받을 수 있으니까. 생각해 보면 참 묘하지만, 꽤 괜찮은 행복이다.

자기애는 남에게 보일 필요가 없다

이 말이 모두에게 딱 들어맞지는 않는다. 자기 몸을 대중 앞에 드러내면서 큰 힘과 자존감을 느끼는 사람도 있다. 그건 진심으로 멋지고 의미 있는 일이다. 누구나 그런 방식으로 자신을 표현할 필요는 없지만, 그런 경험 자체는 충분히 멋있다. 하지만 몸의 특정 부위를 드러낸 채 사람들 앞에 있을 때, 어떻게 보일지 신경 쓰거나 자의식 과잉에 빠지지 않으려고 애써 노력해야 하는 우리 같은 사람들에게는 흔히 '노출 치료'를 처방한다. "비키니 한번 입어봐!" "몸매가 드러나는 원피스에 도전해 봐!" "핫팬츠를 입고 당당하게 걸어봐!" 가끔은 자신감을 키우기 위해 일부러 어색하고 불편한 상황에 나를 밀어 넣는 것도 멋진 시도일 수 있다. 하지만 그런 방식이 나한테는 잘 통하지 않았다. 아직 그렇게 내 몸을 드러낼 준비가 되지 않았고, 결국 불편함만 남았다. 그리고 그 불편함 끝엔 이상한 죄책감이 따라왔다. '내 몸에 자신감을 가져야 하는데…또 실패했네.' 그러다 이런 생각까지 스친다. '나는 정말 엉망인 데다 사회에 세뇌된 못난 페미니스트야.'

어떤 사람에겐 이런 깨달음이 말도 안 되는 소리로 들리겠지만, 굳이 몸을 가리고 싶다면 그래도 된다. 겉옷을 하나 더 걸치고, 모자를 눌러쓰고, 조금 더 긴 바지를 입어도 아무 문제 없다. 별일 아니다. 전혀 특별한 선언도 아니고, 실패는 더더욱 아니다. 그건 그냥 당신의 몸일 뿐이다. 두려워할 필요도 없지만, 굳이 자랑하듯 드러내야 할 이유도 없다. 그걸 남들에게 보여줘야 할 의무 같은 건, 애초에 없다.

부드러운 격려, 물론 좋다. 하지만 준비되지 않았거나 불편하거나, 그 일로 하루가 망가질 걸 뻔히 알면서도 '좋은 페미니스트'나 '보디 포지티브 지지자'처럼 보이기 위해 억지로 몸을 드러내는 건 뭔가 이상하지 않나? 있는 그대로의 나를 받아들이겠다는 진정한 마음에서 나온 게 아니라면 더더욱 말이다. 가끔은 '내가 아직 되지 못한 모습'에 나를 꿰맞추느라 소모되는 에너지를 다른, 더 좋은 곳에 쓰고 싶다고 생각한다. 괜히 마음의 배터리를 엉뚱한 데 다 써버리느니, 차라리 맛있는 밥을 먹거나 좋아하는 책을 읽는 데 쓰는 게 낫다. 그리고 자신을 받아들이는 일도 꼭 완벽하게 할 필요는 없다. 대충 해도 괜찮다.

많은 사람처럼 나도 유난히 신경 쓰이는 부위가 팔뚝이다. 어떤 날은 "아, 몰라!" 하며 민소매를 입고 당당히 외출하기도 한다. 그러다 또 어떤 날은 하루 종일 두꺼운 팔뚝 걱정이 머릿속을 떠나질 않는다. 어떤 사람은 '그 생각에 져서' 팔뚝을 가릴 테고, 어떤 사람은 하루를 잘 살아내기 위해 필요한 일을 하면서 신경을 덜 쓰려고 할 것이다. 딱히 '대충'은 아니지만 내가 취한 또 하나의 방법은 팔뚝에 멋진 타투를 새기는 거였다. 남에게 내보이기 두려웠던 팔에 새겨진 멋진 예술 작품을 자랑스럽게 보여줄 수 있어서, 이젠 오히려 팔을 가리기가 아쉬울 정도다! 내게 팔이 있고, 그 팔은 내 것이며 움직일 수 있다는 사실을 기념하며 장식하는 건 정말 근사한 기분이다. 이제 내 팔에서 가장 눈에 띄는 건 지방도, 크기도 아니라 멋진 표범 타투다.

몸과 친해지는 '대충'의 기술

'쾌락 운동가' 에이드리언 마리 브라운Adrienne Maree Brown은 자신의 책 《쾌락 활동주의(Pleasure Activism)》에서 쾌락의 다섯 가지 원칙을 제시한다. 기분 좋음을 추구하면서도 그 안에 담긴 정치학을 고민하게 도와주는 것들인데, 그중에서도 내 머릿속에 가장 오래 남은 건 마지막 원칙이다. 바로 '가장 깊은 즐거움은 헌신과 거리두기의 경계를 타고 흐를 때 온다'라는 것이다. 이 원칙은 일에서부터 섹스까지 어디에나 적용할 수 있다. 솔직히 이것이야말로 '적당히 대충 하기'가 아니고 무엇이겠는가!

특히 이것을 몸에 대한 태도와 연결해서 생각해 보면 정말 좋다. 내 몸을 사랑하려고 너무 애쓸수록 오히려 즐거움과는 멀어지기 때문이다. 몸과 불꽃 튀는 사랑에 빠지겠다는 헛된 환상에 집착하기보다는 지금 가진 만큼의 애정을 내 몸에 쏟아주고, 필요할 땐 거리를 두며, 겉모습에 대해서는 '그래, 뭐 어때' 하며 가볍게 넘길 줄 아는 감각이 중요하다. 브라운의 말처럼, 자기를 완벽히 증명하려고 애쓰기보다는 그 욕구를 적당히 간질이며 살짝 즐기는 데서 오는 묘한 기쁨이 있다. 몸이라는 멋진 '기계'에 집중하고 그것을 챙기는 것도 중요하지만, 너무 그 생각에 빠져 세상에 널린 훨씬 더 흥미로운 것들을 놓치는 일이 없도록 적당히 발을 빼는 여유도 가져야 한다.

'굳이 이걸 해야 하나?'라는 질문으로 마음속 집이든 몸이라는 집이든 꼼꼼히 한번 살펴봤으니, 이제 문도 한번 열어보고 바깥세상도 살짝 둘러볼 시간이다. 마트라도 잠깐 나가볼까?

고리타분한 혁명

우리 동네 마트는 사람들이 차를 몰고 올 거라는 가정하에 설계되었다. 감히 말하건대, 당신 동네 마트도 그랬을 것이다. 이는 곧 그 건물을 설계한 사람은 당신이 차를 몰고 어디로 들어오고 나갈지 정밀하게 계획했다는 뜻이다. 물론 보행자를 위한 길도 만들어놓긴 했지만, 출입구는 건물 한쪽 구석에 단 하나뿐이다. 여기서 약간의 문제가 생긴다. 우리 동네 사람들은 절대로 정해진 길만 걷지 않는다는 것이다. 배고프고 짜증 날 땐 길이고 뭐고 다 무시하고, 그냥 제일 가까운 쪽에서 마트로 돌진한다. 주택 단지 한가운데 마트를 지으면서 사방에 잠재적인 고객이 있다는 걸 알았다면, 설계사는 고객이 굳이 세 면을 돌아가면서까지 '정해진' 길로 가지는 않으리라는 것을 예측해야 했다. 설계사는 배고플 때 미친 듯이 뛰어가 본 경험이 없었나 보다.

동네 주민들과 내가 수천 번이나 슈퍼마켓으로 향한 '불법 경로'는 결국 흔적을 남겼다. 육수 큐브 하나, 술 한 병, 담배 한 갑, 과자 한 봉지 사러 가면서 풀밭을 가로질러 다니다 보니, 어느새 그 자리에 길이 생겼다. 더 이상 풀이 자라지 않고, 흙이 눌려 푹 꺼지면서 진짜 길이 나버린 것이다. 누구도 그 길을 만들지 않았고, 계획하지도 않았다. 누가 먼저 걷기 시작했는지도 모른다. 그런데도 그 길은 거기 있다. 실제로 존재하고, 쓸 수 있으며, 이미 풍경의 일부가 되어버렸다.

이런 '비공식적인' 길은 내가 살아온 동네 슈퍼마다 항상 있었는데, 최근에서야 이런 길에 정식(?) 이름이 있다는 사실을 알게 됐다. 그것도 여러 개나. 욕망의 길, 어부의 길, 버펄로 트레일, 밀수꾼의 길, 사회적 경로, 사용 경로…. 뭐라고 부르든 난 이런 길들이 왠지 모르게 좋다. 마치 도시 설계자에게 보내는 집단적 장난 또는 은밀한 반항처럼 느껴진달까. 흙 위에 선명히 남은 이 길은 '사람들은 이렇게 움직일 거야'라는 가정과 실제 행동 사이의 틈을 아주 또렷이 보여준다.

'욕망의 길(desire path)'을 검색해 보면 사람들이 만든 이런 길이 전 세계에 얼마나 많은지 금방 알 수 있다. 이 길들은 포장된 보도와는 전혀 다른 방향으로 휘어 있고, 때로는 아예 반대로 향한다. 희망을 찾을 곳이 부족해서인지는 모르지만, 이런 조용하고도 아무도 말하지 않는 반항을 볼 때마다 나도 모르게 웃음이 난다. 이 지름길들은 단지 '같은 곳에 산다'는 점과 '정해진 길을 따르고 싶지 않다'는 약간의 반항심만으로 묶인 사람들이 만들어낸 것이다. 그들은 서로 말 한마디 나눈 적 없고, 말을 한대도 서로 마음에 들지 않을 수도 있다. 아무도 만나자고 한 적 없고 무슨 계획을 세운 것도 아닌데, 다 같이 천천히 기존의 질서를 무너뜨리며 자기 길을 만들어낸다. 이보다 멋진 일이 또 있을까?

나는 이 지름길들이야말로 '대충 하기'의 완벽한 예라고 생각한다. 도시 설계자나 길을 닦느라 고생한 건설사 눈에는 이런 지름길이 그냥 '게으름의 흔적'처럼 보일 수도 있다. 시간과 돈을 들여 만든 길을 사람들이 따라주지 않으면 어이없을 만도 하다. 하지만 이런 길들을 위키피디아에서 말하는 '욕망의 길'로 바라보면, 단순한 지름길이 아니라 진짜 의도가 드러난 비밀스러운 흔적이라는 걸 알 수 있다. 이 길들은 이렇게 말하는 듯하다. "여기도 내 자리야. 내 땅이기도 하고, 난 A에서 B로 이렇게 가고 싶어. 내 시간은 소중하고, 당신이 정해놓은 길은 나한테 별 이득이 없어. 진흙이 묻더라도 나는 맛있는 빵을 더 빨리 먹을 수 있는 길을 택할 거야." 이건 단순히 '기대되는 것'에 대한 개인적인 반항이 아니다. 완고한 땅 위에도 최소한의 노력으로 작은 반란이 싹틀 수 있다는 집단적인 증거이다.

우리 삶에서 나타나는 부족함이나 미루는 습관을 실패가 아니라 '욕망의 길'로 본다면, 우리가 정말 중요하게 여기는 것은 무엇인지 되짚어볼 수 있다. 몇 년째 칙칙한 회색 복도를 페인트칠하지 않고 방치했다면, 이제는 그 일로 스스로를 그만 탓해도 될지 모른다. 그 지루한 계단을 볼 때마다 '나는 왜 집을 예쁘게 꾸미지 못했을까?' 자책하는 대신, 그 시간 동안 내가 무엇을 선택했는지 떠올려보자. 아이들과 우주선 소리를 상상하며 놀았을 수도 있고, 구조한 고양이에게 다시 믿음을 주고 있었을 수도 있다. 아니면 바깥세상과 가까워지는 법을 연습하고 있었을지도 모른다. 어쩌면 당신은 인생의 방향을 바꾸려 애쓰거나, 사랑을 찾으러 집을 나서거나, 그냥 조용히 소파에 누워 마음을 다독이고 있었을 수도 있다. 방문객이 신발을 벗으며 감탄할 만한 성과나 자랑스럽게 들어 보일 트로피 같은 증거는 아닐지 몰라도 벽을 칠하는 것 못지않게 충분히 가치 있는 일들이다.

이 비유에서 '벽'은 우리가 부끄러워하는 것, 아직 제대로 해내지 못했다고 느끼는 것들을 상징한다. 하지만 큰 그림에서 보면 별로 중요하지 않은 것들이다. 우리는 인생에서 그저 지름길을 택했을 뿐이고, 공식적인 길을 따르기보다는 본능적으로 더 중요한 것을 향해 욕망의 길로 직행한 것이다. 이렇게 대충 사는 방식을 따르는 사람이 많아질수록 그렇게 살아도 괜찮다고 느끼는 사람이 더 많아질 것이다.

나는 이제 누군가 찾아왔을 때 내 집 상태를 굳이 변명하지 않는다. 그것이 일종의 선례가 된다는 걸 알았기 때문이다. 그렇게 하면 상대도 내게 올 때 부담 갖지 않아도 된다. 그런 걸 누가 일일이 신경 쓰고 살겠는가? 이 논리는 내가 수십 년간 반복한 별 의미 없는 사과에도 적용할 수 있다. 머리가 이래서 미안, 채식하느라 음식 가려서 미안, 문자 늦게 봐서 미안, 계속 같은 고민 얘기해서 미안, 컵이 짝이 안 맞아서 미안, 피부가 이래서 미안, 일이 이래서 미안, 심지어 그냥 존재해서 미안…. 인생 전체를 완벽하게 살아내려 하지 말고 그에 대해 사과하기도 멈춘다면, 진정으로 앞으로 나아갈 수 있는 지름길이 얼마나 많이 생길지 상상해 보라. 더 좋은 것을 위한 공간도 얼마나 많아질지 상상해 보라. 그리고 얼마나 더 빨리 컬리윌리스Curly Wurlys(영국에서 인기 있는 초콜릿 바 - 편집자)를 손에 넣을 수 있을지도.

절망감을 느꼈던 시절, 나는 희망이 어딘가에서 배달되길 기다렸던 것 같다. 희망이 전단처럼 문틈으로 밀려 들어오거나, 그래프 형태로 공표되거나, 기관에서 보내는 인생을 바꿀 만한 초록색 알림이 내 핸드폰에 뜰지도 모른다고 생각한 것 같다. 가끔은 희망이 없다는 게 나의 실패처럼 느껴지기도 했다. 희망을 찾아야 할 것 같았고, 희망의 근거 같은 걸 찾고 나서야 비로소 내 인생을 시작할 수 있을 거라고 여겼다. 희망은 분명 손에 넣기 힘들지만, 좋은 소식은 '희망 붙잡기'도 이제 할 일 목록에서 지워도 된다는 것이다. 희망을 품는 건 억지로 완수해야 할 과제가 아니라, 행동할 때 자연스럽게 생기는 부산물일 뿐이다.

당신은 모르는 사이에 이미 원하는 삶을 향해 나아가기 시작했을지도 모른다. 위대한 희망 역사가 레베카 솔닛Rebecca Solnit은 우리는 "자본주의 사회에 살고 있다"라고 말하지만, 실제로 우리의 일상은 꼭 그렇지만은 않다고 말한다. 우리가 원칙에 따라, 사랑으로, 대가 없이 무언가를 할 때 그것은 본질적으로 반反자본주의이거나 적어도 비非자본주의적인 행동이다. 이웃을 돕는 일, 공동체 활동, 친구나 가족과의 관계까지 우리는 본능적으로 무심결에 자본주의에 저항하는 삶을 산다. 우리의 '뼛속'은 우리의 뇌보다 먼저 무엇이 중요한지 알고 있다.

이 책을 집어 든 순간, 당신은 자신을 흩트리는 것들과 멀어져 '정말로 중요한 무언가'를 향해 나아가기 시작한 셈이다. 당신은 이미 시작했다! 자신에게 더 잘해주려고 마음먹었다면 이미 그렇게 하고 있다. 노력하는 것 자체가 이미 꽤 괜찮은 몸짓이기 때문이다. 그렇지 않은가? 머릿속 책상을 어지럽히는 일들에서 벗어나 그 시간을 어떻게 쓸지 상상한다면, 당신은 이미 더 나은 미래를 향해 조금씩 다가가는 중이다. 책장을 한 장 넘기는 행동조차도 '이제는 뭔가 바꿔야지'라는 작고도 강한 신호다.

나는 우리가 '그래, 이거면 해볼 만해! 이제 해볼래!'라고 단번에 이해할 만한 '단 하나의 해답'을 기다리는 건 아닌지 조금 걱정된다. 하지만 우리의 삶이 그렇듯, 모든 것을 해결해 줄 마법 같은 말도, 기적의 크림도, 완벽한 아침 루틴도 존재하지 않는다. 세상을 바꾸고 싶든, 자신만 바꾸려 하든, 진짜 '변화'는 결국 수많은 대충 하는 시도가 모여 이루어진다. 마트로 가는 구불거리는 수많은 지름길이 우리가 깨닫지도 못한 사이에 앞으로 나아가는 길을 만들어내듯 말이다.

우리는 희망을 품은 사람들을 종종 철없거나 순진하다고 여기지만, 희망을 품는다는 건 전혀 다르다. 희망이란, 어떤 일이 논리적으로 가능하다면 언젠가는 정말로 실현될 수도 있다고 믿는 것이다. 내가 읽은 모든 좋은 소식과 영감을 주는 사람들의 이야기 역시 누군가가 이렇게 생각했기 때문에 가능했다. '에라 모르겠다, 이거 해볼 만하잖아. 필요한 자원은 예산에 반영해 뒀으니 한번 부딪쳐보자!'

흔히 냉소적인 태도를 똑똑하다고 생각하는 분위기가 있지만, 사실 냉소는 무언가를 시도하는 대신 물러나 있게 만드는 두려움에서 오는 경우가 많다. 나는 지금껏 진심으로 냉소적이면서 동시에 유용한 사람을 본 적이 없다. 머리는 좋은데 쓰지 않는다면 똑똑하다는 게 무슨 의미가 있겠는가? 그건 그냥 '멍청한 똑똑이'가 아닐까. 불가리아 작가 마리아 포포바Maria Popova는 이를 훨씬 더 명쾌하게 표현했다. '희망 없는 비판적 사고는 냉소이고, 비판적 사고가 없는 희망은 순진함이다.'

그럼 우리도 슬슬 예산부터 세워보자!

예산 내에서 꾸려가는 희망

우리는 모두 예산 내에서 살아간다. 당신은 무엇에 제한받는가? 시간? 에너지? 돈? 지금까지의 내용으로 그중 일부를 되찾았기를 바라지만, 분명히 원한 만큼은 채워지지 않았을 것이다. 하지만 그렇다고 해서 큰 영향을 만들어내기에 부족하다는 뜻은 아니다. 지금부터는 당신에게 남은 자원으로 얼마나 유용한 일을 할 수 있을까에 대한 오해를 낱낱이 살펴보자.

작은 행동의 지속 가능성

앞서 말했듯이, '세상을 더 나은 곳으로 만들기 위해' 당신이 일상에서 할 수 있는 행동 하나하나가 과연 얼마나 의미가 있을지가 남았다. 솔직히 말해 세상은 한 사람이 재사용 컵을 들고 다닌다거나 무엇을 먹느냐에 따라 움직이지 않는다. 이건 꽤 실망스러운 사실이지만, 한편으론 꽤 안도감을 주기도 한다. 그런 힘이 당신에게 있다고 상상해 보라! 그리고 그 기대에 못 미쳤다고 상상해 보라!

물론 그런 행동들이 아무 의미가 없다는 뜻은 아니다. 나는 뭔가 잘못됐다는 걸 알면 그냥 넘기지 않고 내 생활을 조금이라도 바꿔보려고 하는데, 그 이유는 다음과 같다.

1. 열받기 때문이다.

물론 나는 일부러 화내면서 묘한 즐거움을 느끼는 사람은 아니다. 하지만 '올바른 선택'을 해보려고 하면 세상이 왜 이렇게 잘못 돌아가는지 구조적인 문제가 바로 드러난다. 윤리적인 여행을 가거나, 공정무역 속옷을 사거나, 지방에서 비건 케이크를 구하려 해봤다면 그게 얼마나 어려운지 경험했을 것이다. 그런데 이런 경험은 내게 꽤 도움이 된다. 일상에서 실제로 겪는 구체적인 상황이기에 내가 직접 바꿔볼 가능성도 가장 큰 일이기 때문이다. 이 주제는 뒤에 나올 '전력을 다할 일 찾기'에서 이어질 것이다.

2. 나를 차분하게 해주기 때문이다.

모순된 말처럼 들리겠지만, 이 두 감정이 동시에 존재할 수 있다. 새로운 정보를 알았을 때 전혀 행동하지 않거나, 적어도 내가 하고, 먹고, 입는 것을 바꿀 생각조차 없으면 나 자신을 가스라이팅하는 기분이 든다. 마치 내가 내 눈을 가린 채 그냥 몰라라 하고 넘어가려는 것 같다. 그래서 아주 작은 변화라도 시도하면 적어도 내 잠재의식에 '이 문제는 진짜야, 네가 잘못 느낀 게 아니야'라고 말해주는 셈이 되고, 동시에 내가 여전히 현실에 반응할 줄 아는 사람이라는 믿음을 얻는다. '에이, 별 수 있나?' 하고 손을 놓는 건 겉보기엔 아무렇지 않을지 몰라도 정말 마음이 편해서 나오는 반응은 아닐 수 있다.

자신에게 일정 수준의 '도덕적 일관성'이 있다고 느끼는 건, 비록 작더라도 마음에 잔잔한 평안을 준다. 여기서 말하는 일관성이 완벽하게 윤리적이고 누구에게도 해를 끼치지 않는 삶을 뜻하는 건 아니다. 그보다는 할 수 있는 범위 내에서 할 수 있는 걸 한다는 것을 자신이 안다는 뜻이다. 나는 오늘 당장 실천할 수 있는 몇 가지가(새 옷을 덜 사고, 고기를 덜 먹고, 화면을 덜 보고, 몸을 더 움직이기로 약속하는 것들) 나중엔 반드시 해야 하는 일이 될 수도 있다는 걸 안다. 그래서 그것들을 미리 조금씩 조정한다는 사실이 나를 더 차분하게 만든다. 나중에 갑자기 모든 걸 한꺼번에 바꿔야 하는 순간이 덜 두려워지기 때문이다. 치유든, 슬픔이든, 이별이든, 무언가를 놓아주는 과정이든 '더 이상 아닌 척하지 않는 게' 그 시작이라고들 한다. 나도 그렇게 생각한다. 그리고 사실 '모르는 척하며 속이는 것'은 나로선 훨씬 더 많은 감정 에너지와 시간을 쓰는 일이라 그만두는 게 훨씬 낫다. 그건 말하자면, 힘을 덜 들이고도 얻을 수 있는 가장 현명한 선택, 진정한 '대충의 역습'인 셈이다.

3. 나는 누구에게든 기침할 준비가 돼 있기 때문이다.

우리가 흔히 권장하는 희망적인 행동은 세계적인 규모의 문제들 앞에서 무의미하게 느껴질 수 있다. 어느 정도는 실제로 그렇기도 하다. 그런 행동이 만능 해결책도 아니고, 세상을 한순간에 바꾸지도 못한다. 그럴 수 있는 것처럼 억지로 포장할 필요도 없다. 말콤 글래드웰은 《티핑 포인트》에서 이렇게 말했다. "사람들은 어떤 행동을 임시방편이라고 욕하며 '반창고 해결책'을 지나치게 깎아내리는 경향이 있다." 이런 임시방편은 사실 가장 편하고, 다양한 상황에 적용할 수 있으며, 비용도 적게 드는 방식이다. 그렇기에 더 자주 손이 가기도 한다.

물론 이론적으로는 더 나은 해결책이 있을 수도 있다. 하지만 '반창고 해결책'을 실행할지 아무것도 하지 않을지 선택해야 한다면, 일단 반창고를 붙이고 보는 것도 나쁘지 않다. 반창고는 큰 문제를 해결하지는 못하지만, 일을 계속하고, 테니스를 치고, 걷거나 요리도 할 수 있게 해준다. 반창고가 없었다면 아예 멈춰야 할 수도 있는 일들이다. 애초에 반창고를 꺼내는 건 '지구 전체의 대출혈 사태'를 막기 위해서가 아니다. 바로 옆에서 손가락이 베인 누군가에게 쉽고 빠르게 도움을 줄 수 있기 때문이다.

사실 우리는 '대충 해보기 전략'의 위력을, 좋든 싫든 이미 모두 체험했다. 바로 전 세계가 겪은 팬데믹을 통해서다. '기하급수적 증가'는 작은 숫자가 몇 번의 곱셈만으로도 얼마나 빠르게 커지는지를 보여주는 수학 개념이다. 처음엔 조금씩 느는 것 같지만, 쌓이면 눈덩이처럼 불어나 그 결과는 엄청나다. 2020년에 시작된 팬데믹도 그랬다. 처음엔 단 한 명이 재채기를 했고, 그 재채기 비말의 일부가 비행기를 타려던 사람에게 닿았을 뿐이다.

그 결과로 우리는 순식간에 몇 년 동안 집 안에 갇혔고, 그동안 우리 곁에 남은 건 배달 앱의 유행과 점점 줄어드는 자아뿐이었다. 그 바이러스 입자 중 어느 것도 지나치게 활동하지 않았으며, 전 세계를 혼자 감염시킨 '슈퍼 전파자'도 없었다. 딱히 '강력한' 기침이랄 것도 없이 그저 평범하기 그지없는 기침이었고, 반쯤 내뱉은 기침 또는 손으로 반쯤 가린 기침에 불과했다. 원인과 결과가 언뜻 보기엔 전혀 어울리지 않는 듯 느껴지지만 세상은 그렇게 움직인다. 그리고 그런 일은 생각보다 흔하게 일어난다.

당신의 작은 행동들이 무의미할 필요는 없다. 비건 식단을 다룬 장에서도 언급했듯이, 진짜 변화를 만드는 건 규칙을 얼마나 '엄격하게' 지키느냐가 아니라 얼마나 수다스럽게 그 변화를 나누느냐이다. 주말 내내 집 안에 틀어박혀 일회용 플라스틱을 단 하나도 쓰지 않으리라 고군분투하는 것은 사실상 세상에 아무런 영향도 주지 못한다. 사소한 것에 너무 신경 쓰며 완벽을 추구하다 보면 오히려 효과는 점점 줄어들게 마련이다. 그보다는 당신이 어떤 변화를 시도하는지 이야기하고, 주변의 시스템을 조금씩 바꿔 따라 하기 쉽게 만드는 것이 중요하다. 그러면 그 행동은 단순한 자기만족을 위한 의식이 아니라 정말 효과가 있는, 대충이지만 힘 있는 전략이 된다.

못하는 데서 오는 의외의 이점

'오버톤 창Overton window'이라는 개념이 있다. '지금 당장은 자신의 신념이 아니지만 한 번쯤 고려할 여지가 있는 생각들의 범위'를 말한다. 이 개념은 대개 정부 정책과 관련해 쓰이는데, 대중이 어떤 아이디어에 얼마나 수용적일지 전문가가 분석할 때 사용한다. 그런데 나는 이 개념을 개인적인 변화의 맥락에서도 아주 유용하게 쓸 수 있다고 생각한다.

이 창의 한가운데에는 '지금의 내 신념'들이 놓여 있다. 그보다 조금 바깥쪽에는 '왜 저렇게 생각하는지 알겠는데, 나까지 그러지는 않을 것 같아'라는 생각들이 있다. 마음으로는 이해하지만 실제로 행동하거나 적극적으로 옹호할 정도는 아닌 것들이다. 또 그 바깥에는 나와 완전히 반대편에 있는 사람들의 도무지 이해할 수 없고 때로는 우스꽝스럽거나 잔인하게 느껴지는 급진적인 생각들이 있다.

내 경험상 사회활동가들 중에는 항상 그렇게 생각해 온 사람들 혹은 너무 오래 전에 신념이나 습관을 바꿔서 혼란스러웠던 점이나 처음 설득된 이유가 뭔지 기억을 못 하는 사람들이 많다. 그래서 그들은 누군가가 '아직은 확신을 못 한 채 대충 해보는' 상태를 잘 받아들이지 못한다. 그건 정말 안타까운 일이다. 사람들은 대개 자기와 생각이 완전히 같은 사람보다 조금 다른

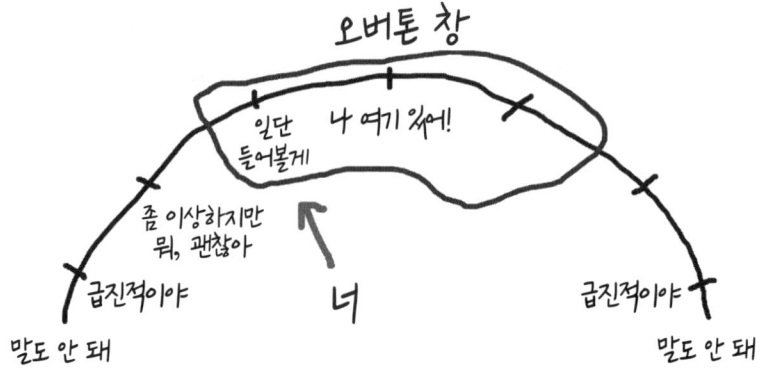

사람, 그러니까 '오버톤 창' 안에 있는 사람들에게 더 귀를 기울이기 때문이다. 좋든 싫든 바로 그 경계선에서 생각이 바뀌는 것이다.

나는 이것을 '대충 해보는 사람만의 장점', 즉 반쯤 실천하는 사람의 이점이라고 부른다. 최근에 생각이나 행동을 바꾼 사람은, 아직 조심스러운 이들에겐 더 다가가기 쉽고, 거부감이 있는 이들에겐 더 공감이 되고, 의심 많은 이들에겐 덜 위협적으로 느껴진다. 믿음을 180도 바꾼 누군가의 이야기는 감동적인 서사지만, 그런 드라마틱한 변화는 사실 그리 흔치 않다. 그런 변화는 멋진 이야기여서 책이나 영화로 만들기엔 딱 좋지만, 현실에서는 사랑에 빠지는 데도 90분 이상이 걸리고, 습관을 버리는 데는 300쪽의 책도 부족하며, 생각을 바꾸는 데는 단 하나의 사례로는 어림도 없다.

광고업계에는 이런 말이 있다. 소비자가 제품을 실제로 사기까지는 그 제품을 평균 일곱 번은 봐야 한다고. 하지만 누군가의 마음을 바꾸려는 사람들 중에는 한 번의 연설, 한 편의 다큐멘터리, 한마디 충고만으로 변화를 일으킬 수 있다고 믿는 경우가 많다. 나는 진짜 변화란 사실 훨씬 더 지루하지만 그만큼 더 아름답게 일어난다는 걸 깨달았다. 그리고 그 변화는 항상 "나도 얼마 전까진 너와 다르지 않았어"라고 말할 수 있는 겸손한 태도를 지닌 사람이 만들어낸다. 물을 무서워하는 사람이라면 먼바다까지 나간 수영 고수보다 이제 막 발끝만 살짝 담근 사람에게 먼저 말을 걸고 싶을 것이다.

당신이 최근에 어떤 생각을 바꿨다면, 당신에겐 하나의 '초능력'이 생긴 것이다. 그건 바로 '나는 내 생각 자체는 아니다'라는 걸 아는 힘이다. 관점을 바꾸는 게 나라는 사람 자체를 잃는 일이 아니라는 것을 당신은 이미 알고 있다. 자신이 배운 것과 다른 새로운 정보를 접했을 때 우리가 가장 두려워하는 건, 정보 자체가 아니라 그걸 받아들인 뒤 달라질 '자기 자신'이다. 지금껏 자신을 이루고 있다고 믿었던 생각과 신념을 내려놓았을 때 나는 누구로 남을 수 있을까? 바로 그 불안을 두려워하는 것이다.

이럴 때 '대충 해보는 친구'만큼 자존심에 부드럽게 발리는 연고는 없다. 그들에게는 자주 실패하지만 가끔은 어떻게든 해내는 당신의 모습을 보여줄 수 있다. '사람은 자기가 믿는 것 그 자체다'라는 생각은 솔직히 좀 바보 같고, 잘못하면 위험하기까지 하다. 생각과 사람 자체를 절대 분리할 수 없다고 믿는다면, 그건 곧 그 생각을 없애기 위해 그 사람까지 없애도 된다는 폭력적인 면죄부가 될 수 있다. 역사 수업 시간에 졸다 깨어난 적만 있어도 알겠지만, 그런 방식은 절대 효과가 없다.

부담 없이 실천하는 희망 품기 전략

그러니까, 해야 할 일 목록 대신 손가락 하나 까딱할 힘만 있어도 마음속에서 희망을 다시 구성할 수 있는 몇 가지 방법을 소개한다.

지역구 국회의원과 데이트하기

당신의 정치 성향이 지역구 국회의원과 맞거나 그 국회의원이 꽤 매력적이라면 이 아이디어가 좀 끌릴 수도 있다. (물론, 실제로 국회의원에게 데이트 신청을 하라는 말은 아니다. 예의나 선 넘는 행동 같은 문제는 차치하고라도, 지금은 세계적으로 상황이 좀 복잡하니 당신의 외모와 매력으로 국회의원을 혼란스럽게 하지 말고, 제발 중요한 일에만 집중하자.) 최근 〈가디언The Guardian〉에서 실시한 세계 주요 기후 전문가 대상 설문조사에 따르면, 시민으로서 지금 당장 지구를 위해 할 수 있는 가장 효과적인 행동은 강력한 기후 정책을 지지하는 정치인을 뽑는 것이라고 한다. 육식 줄이기나 비행기 덜 타기, 주택 단열 개선, 출산 억제보다도 정치 참여가 훨씬 더 큰 영향을 준다는 말이다.

영국에서는 인구의 75퍼센트가 자기 지역구 국회의원이 누군지도 모른다. 아는 사람들 중에서 실제로 그들에게 편지를 쓰는 사람은 또 얼마나 될까? 그것도 정기적으로! 선거와 선거 사이에는 유권자의 의원 지지 여부를 파악할 수 있는 거의 유일한 수단이 바로 이메일을 읽는 일이다. 예전엔 국회의원에게 편지를 쓰는 일이 별 의미가 없다고 생각했다. 답장할 리 없다고 믿었고, 내 요청 사항을 들어줄 거란 기대는 더욱 없었다. 국회의원이 내 의견을 받아들이지 않거나 내 허술한 논리로는 설득이 안 된다면 도대체 무슨 소용이 있을까 싶었다. 하지만 알고 보니 그런 이메일은 더 큰 목적이 있었다. 바로 '데이터'다. 각 의원 사무실에서는 전화나 이메일로 어떤 이슈가 많이 접수되는지 데이터로 수집하고, 그 정보를 매주 의원에게 보고한다. 이메일 한 통은 별다른 영향이 없을 수 있다. 하지만 매주 한 통씩, 그것도 여러 사람이, 같은 주제로 의견을 보낸다면? 그 정도면 통계 따위는 무시하고 실제로 변화를 이끌 만한 힘이 된다.

지친 부모를 설득해 본 아이였거나 부모가 돼본 사람이라면 잘 알 것이다.

아이가 원하는 걸 얻는 데 가장 효과적인 수단이 꼭 짜증 내고 울고불고 떼쓰는 것만은 아니라는 사실을. 가장 효과적인 건 부모를 점점 지치게 만드는 '끈질긴 조르기'다. 몇 주에 걸쳐 끊임없이 조르면서, 부모가 가장 지친 순간을 기다리며, 꾸준히 흥정을 시도하는 것이다. 미약하지만 타이밍 좋은 투덜거림을 꾸준히 반복하면, 결국 부모는 무너진다.

정치도 마찬가지다. 변화를 끌어내기 위해 유권자의 상당수가 들고일어나야 하는 건 아니다. '편지를 쓰는 사람들' 중 일정한 비율만 같은 목소리를 내면 충분하다. 그런데 이들 자체가 원래부터 극소수다. 어느 국회의원이 받는 이메일의 상당수가 특정 이슈에 관한 내용이라면, 그 의원이 재선에 나설 때 그 문제를 최소한 형식적으로라도 자기 의제에 올리지 않을까? 적어도 속으로는 이렇게 생각하지 않을까? '젠장, 유권자를 방문할 때 나도 뭐든 내세울 게 있어야겠군.' 그게 아무리 불완전하고 대충 만든 미봉책일지라도 말이다.

자선단체들이 획일화한 양식과 자동 전송 버튼으로 만들어내는 일회성 온라인 캠페인 이메일과는 달리, 실제로 영향을 미치는 건 개인화되고, 맞춤화되며, 일관성 있는 이메일이다. 자신이 중요하게 생각하는 사안을 지역에서 벌어지는 일과 직접 연결한 이메일, 지역에 관한 구체적인 정보가 있고 요구 사항이 간단하고 명확한 이메일이다.

지역구 국회의원의 정치 성향이 당신과 전혀 다르고, 당신의 요청 내용에 동의하지 않더라도, 그들은 여전히 당신을 대신해 행동할 의무가 있다. 당신의 질문을 국회에 제출할 수 있고, 관련 부처 장관에게 반대 의견을 담은 당신의 편지를 보낼 수도 있다. '나는 동의하지 않습니다'라는 답장을 받는 건 생각보다 자주 있는 일도 아니고, 실제로 그렇게 중요한 반응도 아니다. 그들이 당신의 말에 고개를 끄덕이는지에 지나치게 신경 쓸 필요는 없다. 엄밀히 말하면 그들의 역할은 국회에서 자신의 견해가 아니라 당신의 목소리를 전달하는 것이기 때문이다.

그 '데이트'라는 말, 그저 농담은 아니다. 나와 우리 지역 국회의원은 몇 달째 매주 단둘이 마주 앉아 얘기를 나눈다. 내 달력에는 '마크와 데이트'라는 일정이 반복 이벤트로 등록돼 있다. 겨우 10분짜리에 실제로 참석하는 사람은 나뿐이다. 거의 매주 나는 그에게 짧은 이메일을 보낸다. 주제는 보통 기후 문제고, 우리 지역 상황과 연결해서 쓴다. 괜히 거창하게 쓰려하지도 않고, 옥스브리지 출신처럼 보이려 애쓰지도 않는다. 간단하지만 요점은 분명하게, 그러나 정중하게 쓴다. 그가 직접 읽지 않더라도 그 이메일을 보내는 행위가, 소스 캔이 재활용에 넣을 만큼 깨끗한지 고민하며 10분을 허비하거나, 카페에 갈 때마다 다회용 컵을 챙겼는지 스트레스받으며 따지는 것보다 훨씬 의미 있다고 나는 믿는다.

당신이 중요하게 생각하는 문제를 위해 국회에서 평생 캠페인을 벌일 수는 없다고? 괜찮다. 사실, 당신은 이미 그 일을 대신할 사람을 고용한 셈이다. 세금에 그 인건비가 포함돼 있다. 당신이 해야 할 '대충 품은 사명'은 단 하나다. 그들이 마치 자기 직업이 그 일에 달린 것처럼 제대로 일할 때까지 끈질기게 찔러대는 것. 왜냐하면 실제로 그들의 일이 그 일에 달려 있기 때문이다. 물론 당신이 그 사실을 상기시켜 줘야겠지만 말이다.

민주주의(혹은 우리의 영국식 불완전한 민주주의)의 90퍼센트는 내가 결코 만나지 못할 사람들이 엄청난 대가를 치르며 나를 위해 이뤄냈다는 사실은 생각할수록 놀랍다. 그들은 내가 투표할 권리를 얻기 위해 싸웠다. (불과 두 세대 전이기만 했더라도 나는 그 권리를 누리지 못했을 것이다. 우리 할머니가 태어난 시절의 영국은 여성의 투표가 불법이었다.) 내가 그 권리를 제대로 쓸 만큼 오래 살도록 보건 서비스를 위해 몸을 던졌고, 노트북과 인터넷으로 내게 직접 배정된 국회의원에게 언제든 몇 초 만에 이메일을 보낼 수 있는 세상에서 살 수 있게 목청껏 외쳤다. 정말이지 이보다 더 값진 성과가 있을까.

그러니, 그 '데이트' 시간을 나답게 써먹자. 점심시간이든, 아침 먹으면서든, 집안일 하나쯤은 건너뛰든, 한 주쯤 거르든, 격주로 하든, 끝내고 쿠키 먹기로 자기를 회유하든, 크림 티 한 세트를 스스로 선물하든, 쓰레기를 버리거나 빨래하는 날에 습관처럼 얹든, 그 시스템이 얼마나 우스꽝스러운지 아무도 신경 쓰지 않는다. 지금까지 국회의원에게 연락해 본 빈도가 세계 평균(0회)과 같다면, 조금이라도 뭐든 '하는 것'만으로도 엄청난 진전이다. 그리고 우리가 이렇게 거침없이 불평할 권리를 위해 싸워준 사람들에게 바치는 한 잔의 건배이기도 하다. 다른 사람을 대신해 정당하게 불평하고, 자신을 위해서도 불평하고, 바닥이 용암으로 뒤덮인 것 같은 세상에서 제대로 디딜 수 있는 땅을 만들기 위해 끝까지 불평하는 것, 그게 바로 우리가 해야 할 일이다.

목표와 행동을 일치시켜라

이루고 싶은 목표와 이루기 위한 행동 사이에 어설픈 연결고리가 있을 때가 있다. 어떤 행동이 너무 불편하거나 현실적으로 불가능해 보일 경우, 우리는 결국 두 손을 들고 만다. "이건 도저히 못 하겠어!"라고 말이다. 나도 몇 년 전 이런 함정에 빠진 적이 있다. 누군가 내게 "그렇게 지구를 걱정한다면서 왜 여전히 플라스틱 포장된 화장품을 사나요?"라고 물었을 때였다. 일리 있는 지적이라고 생각했다. 나는 인터넷 검색에 매진했고, 플라스틱 없는 마스카라, 재사용 가능한 용기, 직접 만드는 천연 대체품까지 온갖 걸 시도했다. 재미있기도 했지만, 대체로 시간이 많이 들고, 번거롭고, 비쌌다. 결국 나는 지쳐서 손을 들었고, 예전에 쓰던 두툼한 플라스틱 튜브가 달린 마스카라로 돌아갔다. 처음으로 돌아갔을 뿐 아니라, 그 '처음'은 뭔가 부끄러움의 맛과 절망의 냄새가 났다.

　몇 달 뒤, 나는 '수치스러운 마스카라'를 바른 얼굴로 플라스틱 쓰레기와 양식 어업에 관한 글을 읽고 있었다. '태평양 거대 쓰레기 지대'에 관해 들어본 적이 있는가? 우주에서도 보인다는 그 거대한 해양 플라스틱 덩어리 말이다. 그런데 알고 있는가? 그 안에 든 쓰레기의 대부분은 흔히 생각하듯 플라스틱 빨대나 커피 컵, 립스틱 용기 따위가 아니라는 사실을. 실제로 그 덩어리를 구성하는 대형 플라스틱의 86퍼센트는 버려진 '어망'이었다. 그렇다, 매년 약 4만 2천 톤의 '유령 어구'가 바다를 떠다닌다. 이 사실을 알고 나니, 우리가 공들여 만든 '쓰레기 버리지 마세요' 포스터는 그냥 종이 쪼가리처럼 느껴졌다. 내가 마스카라 용기 하나 때문에 죄책감에 빠졌던 일이 무색하게 느껴졌다.

　나는 문제의 본질을 완전히 잘못 이해한 데다, 제대로 시작도 못 해보고 진이 빠져 무기력해졌다는 걸 나중에야 깨달았다. 마스카라는 사실 1년에 두 번 살까 말까 한 물건이다. 그런데 생선은? 일주일에 두 번은 꼬박꼬박 먹는다. 게다가 생각해 보면 나는 사람이고, 사람은 밥을 먹어야 하니 어차피 매일 뭔가를 사야 한다. 그러니 플라스틱을 걱정한다면 화장품보다 훨씬 더 자주 사는 식품부터 신경 써야 했다. 실제로 나는 매일 플라스틱으로 포장한 음식을 사고 있었다. 그래서 생선을 적게 먹기 시작했고, 결국엔 완전히 끊었다. 마트에서는 비닐봉지에 담긴 사과 대신 낱개 사과를 골라 담았다. 그러면서 덤으로 얻은 효과도 있었는데, 괜히 많이 사서 썩히는 일이 줄었다. 여유가 있을 때면 옆 동네 제로웨이스트 가게에 들러 살 수 있는 만큼만 채워 왔다.

　혼자서 '플라스틱 산업'을 무너뜨릴 순 없다는 걸 안다. 하지만 적어도 제로웨이스트 화장품을 검색하기 시작하면서 어리석은 머리로나마 바랐던 변화를 이젠 정말로 이뤄내고 있다는 기분은 든다. 내가 저지른 실수는 많은 사람이 빠지기 쉬운 전형적인 패턴이다. 누군가에게 뭔가 잘못하고 있을지도 모른다고 지적받으면, 우리는 당장 그 특정 사항을 바로잡는 데에만 급급하다.

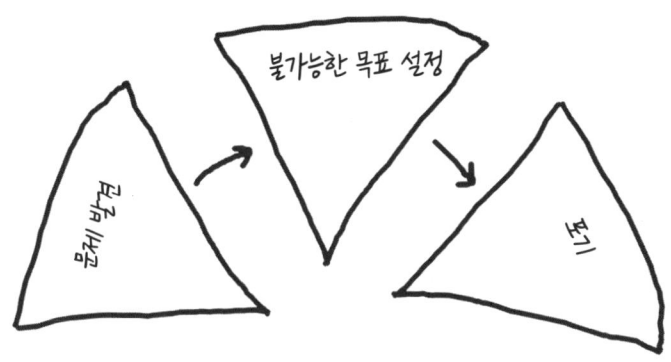

정작 '내가 지금 진짜로 이루고 싶은 게 뭘까?', '이 노력이 정말 효과적일까?' 하고 멈춰서 생각하지 않는다. 사실 현실적으로 모든 문제를 전심전력으로 해결할 여유가 없다. 그렇다면 우리의 '대충 품은 의지'라도 제대로 써먹어야 한다.

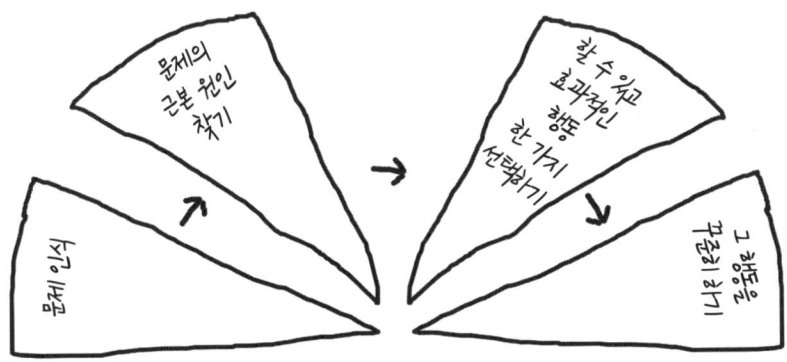

핵심은 이것이다. 열심히만 하지 말고 똑똑하게 하자는 것. 곱씹어보면 당신의 삶에도 이런 사례가 꽤 많겠지만, 시작할 수 있게 몇 가지 예를 들어보겠다.

1. **어려운 행동**: 옷장을 전부 지속 가능한 재료로 만든 옷으로 갈아엎기
   행동의 진짜 목적: 패스트 패션과 매립 쓰레기의 환경 영향 줄이기
   더 현명한 행동: 나만의 옷장에 관해 주변 사람들과 대화하기

이미 가지고 있는 옷이야말로 가장 지속 가능한 옷이라는 사실을 우리는 잘 알고 있다. 그러니 옷장이 텅 빈 게 아니라면, 지금 가지고 있는 옷을 잘 활용하는 것이 가장 좋은 실천이다. 인터넷을 뒤져가며 완벽한 유기농 티셔츠나 삼베 속옷을 찾으려고 너무 애쓰지 말자. 정말 낡아서 못 입게 된 옷을 버리고 새로 사야 하는 게 아니라면 말이다. 무언가를 바꾸고 싶은 에너지가 있다면, 그 힘을 개인의 소비를 넘어서는 문제에 써보는 건 어떨까. 예를 들어, 가나의 칸타만토Kantamanto 같은 시장에 수출되는 폐의류 중 25퍼센트가 '공짜 티셔츠'라는 사실을 아는가? 일반적인 면 소재의 에코백이 마트의 비닐봉지 한 장과 동일한 환경 영향을 미치려면 7천 번 이상 써야 한다는 사실은? 매일 사용해도 약 19년이 걸리는 셈이다.

우리는 생각보다 훨씬 많은 양의 질 낮은 티셔츠나 가방을 마구 만들어낸다. 대부분은 단 한 번 열리는 행사나 기념일에 무료로 나눠주기 위해서다. 하지만 그 규모는 우리가 일상에서 체감하는 수준을 훨씬 넘어선다. 혹시 단체 티셔츠나 기념 가방을 습관적으로 수백 장씩 뽑아대는 기관이나 기업 또는 자선단체와 연결돼 있다면, 그들과 함께 좀 더 창의적인 대안을 고민해볼 수도 있다.

예를 들면, 사람들이 이미 가지고 있는 옷에 붙일 패치를 나눠준다든가, 브랜드 색깔로 만든 먹을거리를 제공한다든가, 자선 달리기 대회에서 똑같은 슬로건 티셔츠를 입는 대신 색깔만 같은 옷으로 입는 건 어떨까? 어차피 한 번 입고 버릴 품질의 티셔츠를 만들 바엔 훨씬 낫지 않을까. 지역 술집 뒷방에서 의류 교환 모임을 열거나, 동네에 있는 자선 가게를 돌아다니는 '빈티지 쇼핑 투어'를 기획해도 좋다. 아니면 집으로 친구들을 초대해 도넛을 먹으며 '양말 수선 잠자리 모임'을 해보자. '맘마미아'를 틀어놓고 다 같이 양말에 바느질이나 하면서 말이다.

2. 어려운 행동: 비싼 헬스장 회원권 결제해서 운동하겠다는 다짐
　행동의 진짜 목적: 건강을 챙기고 꾸준히 몸을 움직이는 습관 들이기
　더 현명한 행동: 오직 '움직일 때만' 들을 수 있는 중독성 강한 오디오북이나 팟캐스트 찾기

자신의 마음을 협박하는 데 꼭 큰돈이 필요한 건 아니다. 죄책감을 지렛대 삼아 억지로 문밖으로 나가게 하려는 심정, 물론 이해한다. 하지만 죄책감보다 훨씬 강력한 동기가 있다. 예를 들어, 미해결 살인사건 말이다. 내 경우는 작가 홀리 잭슨Holly Jackson의 범죄 소설이 딱 좋다. 자신만의 '중독'을 고르면 된다. 앞서 '몸'에 관해 이야기할 때도 적었지만, 어떻게 움직이느냐보다 중요한 건 그냥 '움직이는 것' 자체라는 것을 기억하자.

3. 어려운 행동: 아이 한 명 덜 낳기
　행동의 진짜 목적: 탄소 발자국 줄이기
　더 현명한 행동: 연금 투자처 바꾸기

이 주제에 관해 여기서 전부 설명하긴 어렵지만, 미래의 아이 한 명이 만들어낼 탄소 배출량을 정확히 계산하기는 사실상 불가능하다. 대부분의 추정치는 과거의 평균 데이터를 기반으로 하는데, 앞으로는 그 수치를 그대로 따르기도 어렵고 따라서도 안 된다. 사람들이 원하는 만큼 아이를 낳는 데 쓸 수 있는 '탄소 예산'은, 현재 비효율적인 에너지 시스템과 축산 과잉 생산으로 열 배나 더 낭비된다. (감을 잡기 어려울 테니 덧붙이자면, 현재 추세를 유지한다면 2050년이면 지구에 사람은 1억 2천만 톤만큼 늘겠지만, 그들을 먹이려면 가축은 4억 톤이 늘어야 한다. 솔직히 인구 증가보다 훨씬 더 급한 문제는 따로 있다.)

그러니 아직 일어나지도 않은 가정에 집중하기보다는 지금 당장 벌어지는 일에 관심을 돌려보자. 우리가 대화하는 이 순간에도 당신의 연금은 현실 세계 어딘가에서 당신이 미래 세대에 물려주고 싶지 않은 바로 그 미래를 만들고 있을지 모른다. 대부분의 연금 펀드는 여전히 화석연료 채굴 산업에 막대한 금액을 투자하며, 그중 일부는 당신의 돈이다. 2078년에 당신의 손자가 탈지도 모를 연료 낭비형 자동차를 걱정하기보다 지금 당신의 돈을 투자한 곳을 바꾸는 편이 훨씬 나은 대응이다. 지속 가능한 연금을 선택하는 데 도움이 될 만한 자료는 온라인에도 아주 많다. 이 방법의 가장 좋은 점은 한 번만 신경 쓰면 된다는 것이다. 방향만 제대로 설정해 두면 몇 년이고 당신이 아무것도 하지 않아도 그 자금이 조용히 좋은 일을 계속해 줄 것이다. 단 한 번만 올바른 방향으로 트는 수고를 하고 나면, 그 후로는 전혀 신경 쓸 필요가 없다.

4. 어려운 행동: 지속 가능성을 위해 모든 육류 끊기
  행동의 진짜 목적: 내가 먹는 음식이 환경에 끼치는 영향 줄이기
  더 현명한 행동: 치즈 대신 닭고기 먹기

관심사가 동물복지가 아니라 '지속 가능성'이라면, 당장 완전한 비건이 되기보다 치즈, 소고기, 양고기, 새우 같은 음식을 줄이는 쪽이 훨씬 효과도 크고 식단 변화도 쉽다. 예를 들어, 치즈는 닭고기보다 온실가스를 3.5배나 더 많이 배출한다. 커피와 양식 생선도 마찬가지다. 의외겠지만 커피 생산이 어류 양식보다 세 배 이상 탄소를 많이 배출한다. 그러니까 당신이 '라벨'이 아니라 진짜 환경에 대한 영향력에 신경 쓴다면, 커피를 하루에 한 잔만 덜 마시거나, 치즈샌드위치 대신 달걀샌드위치를 먹는 것만으로도 개인의 자원 소비에 큰 변화를 줄 수 있다. 물론, 이건 어디까지나 시작일 뿐이다(당신의 미래엔 맛있는 병아리콩 샌드위치가 기다리고 있을지도 모른다!). 완전히 새로운 식단으로 확 바꾸기가 부담스럽다면, 당장 고기를 모두 끊기보다 먼저 쉬운 대체품부터 시도해 보자.

5. 어려운 행동: 사순절 동안 초콜릿 끊기
 행동의 진짜 목적: 충동 조절하기, 식습관에 대한 걱정
 더 현명한 행동: 그 욕구가 왜 생기는지 40일간 탐색하기

이런 결심은 대개 '내가 뭔가를 과하게 먹는 것 같다'거나, '내 의지가 너무 약한 게 아닐까' 하는 걱정에서 시작된다. 하지만 초콜릿을 식단에서 완전히 빼버리면 오히려 '금단의 과일'이 되어 두 배는 더 맛있어 보이고, 참고 견디느라 정신 에너지를 다 써버리게 된다. 그러니 이번 사순절은 그 욕구의 뿌리를 들여다볼 기회로 삼아보자. 하루에 10분씩만 시간을 내서, 왜 내가 충동 조절에 어려움을 느끼는지 글을 쓰거나 관련 내용을 읽어보자. 그리고 사순절이 끝날 즈음엔 나만의 실천 계획 하나쯤은 세워두는 걸 목표로 하자. 또는 초콜릿을 아예 금지하는 대신 하루에 새로운 간식을 하나씩 시도해 보

는 건 어떨까? 어쩌면 그중 하나가 앞으로 자주 손이 가는 기본 간식이 될 수도 있다.

작은 충동을 유발하라

'작은 행동은 아무것도 아니다'라는 비판이 완전히 틀린 말은 아니다. 하지만 우리가 이야기했듯이 작은 행동도 '전염성'을 띠게 만들면 눈에 띄지 않던 변화가 점점 퍼져나가 큰 물결이 될 수 있다. 자신이 이미 실천하고 있는 작은 습관 하나를 골라 나만의 '전문 분야'로 만들어보자. 예를 들어, 당신이 가족 중에서 퇴비에 관해서만큼은 최고 전문가라고 해보자. 물론 퇴비 더미 하나로 세상을 바꿀 순 없겠지만, 그게 전부는 아니다. 그 분야의 '덕후'가 되자. 술 마시면 괜히 열변을 토하는 주제, 이제 그 주제가 퇴비이면 된다.

퇴비 통 만드는 법을 배우고, SNS에 요즘 자신이 하는 일을 공유해 보자. 다만 톤은 "너도 이렇게 해야 해, 알았지?"가 아니라 "나 요즘 이런 이상한 거 하고 있음. 역겹고 멋지지 않음?"처럼 가볍고 웃기면 더 좋다. 주변 사람들이 직접 하기 어렵다면 대신 퇴비를 수거해 주겠다고 제안해 보자. 그들이 왜 행동하지 못하는지 묻되 비난하지 말고, 제도적 문제가 장애물이라면 지방자치단체에 항의하자. 크게 노력하지 않는 선에서 계속 실천해 보자. 퇴비로 키운 식물을 친구에게 선물해도 좋고, 퇴비와 관련해 궁금증이 있는 사람들이 당신을 찾게 된다면 멋진 일이다. 연말 모임에서 '이건 퇴비가 될까요?'라는 퀴즈 시간을 갖는 것도 좋다.

'비건식 대충 하기'도 시도 중이라면 실패를 포함한 시행착오도 그룹 채팅방에 공유해 보자. 모임 음식이 늘 맛있었는데, 알고 보니 비건식이었다는 '서프라이즈'를 노려도 좋다. 요리를 한 번에 많이 해두고, 힘들어하는 친구와 나누는 것도 좋은 방법이다. 모임 장소를 고를 때 비건 메뉴가 괜찮은 식당을 미리 알아보는 사람이 돼보자. 질문은 환영한다고 알리고, 모르는 건 모른다고 솔직하게 말하고, 가끔 초콜릿도 먹는다고 인정하자. 평소에 좋아하던 초콜릿을 비건식으로 같이 만들어보지 않겠냐고 슬쩍 물어보는 것도 좋다.

당신은 친구들 사이에서 '재사용의 귀재'로 통할지도 모른다. 친구 생일에는 리필 가능한 샴푸나 비누 같은 친환경 용품을 선물하고, 모임에 갈 때는 재사용 컵을 여유 있게 챙겨서 자연스럽게 건네보자. 친구들과 자주 가는 브런치 가게에 이메일을 보내 소포장 케첩 대신 병을 써보면 어떻겠냐고 조심스럽게 제안도 해보자.

나는 요즘 친구들 사이에서 '슬로 패션 덕후'가 되려고 노력 중이다. 옷장 대여는 언제든 환영이고, 인스타그램 스토리에는 남는 천 조각을 구하는 글을 올리고, 옷 교환 파티도 열었다. 같이 걷는 길은 일부러 자선 가게가 있는 코스를 잡기도 한다. 친구들이 검색하면 나올 법한 브랜드 정보를 대신 찾아주는 역할도 마다하지 않는다. 간단한 바느질 팁을 알려주거나 청바지 길이를 수선하는 일도 기꺼이 하고, 천에 관해 집요하게 파고드는 일도 즐긴다. 직접 만든 옷을 입고 나가고, 친구들이 자주 입는 옷을 알아볼 때마다 꼭 칭찬을 아끼지 않는다.

"너 그 옷 입은 거 볼 때마다 난 기분이 좋아. 우리 그때 그 펍 갔을 때 기억나? 너무 웃겨서 내가 맥주 뿜었잖아. 그날이 생각나서 좋아."

"어, 그거 그 공연 때 입었던 드레스 아냐? 다른 스타일로 입어서 그런가, 오늘은 완전 새 옷 같아 보인다."

문제를 나누면 대충이라도 해결된다

지금 사는 곳에서 걸어서 20분 거리 안에 진정한 친구를 찾았다면, 제발 그 방법을 책으로 써줬으면 한다. 정말로 궁금하니까. 앞서 말했듯이, 나는 인생의 첫 30년 동안 사귄 '마을 같은 친구들'을 내가 정착한 곳 근처로 옮겨오도록 설득하는 데 (지금까지는) 실패했다. 다행히 통계를 보면, 나만 그렇지는 않아서 위로가 된다. 영국에서는 인구의 단 21퍼센트만이 "나는 외롭지 않다"고 답했고, 나머지는 모두 각자 제법 심각한 외로움의 스펙트럼 어딘가에 있었다. 그중 가장 외롭다고 답한 집단은 35세 미만이었다. 아마 당신이 어디에 살든 상황은 크게 다르지 않을 것이다. WHO도 최근에 외로움을 '심각한 지구적 건강 위협'으로 공식 선언했으니 말이다.

외로움의 원인은 너무 다양하고 광범위해 여기서 다 다룰 수는 없고, 하나의 해법으로 해결될 성격도 아니다. 그렇다고 손 놓을 수도 없기에 반쪽짜리 연결의 장점을 말해보려 한다. 왜냐하면 함께하는 사람이 전혀 없다면 희망이란 걸 느끼기조차 어렵기 때문이다. 이 말이 감성적으로 들릴 수도 있지만, 사실은 생물학적으로 훨씬 더 근거가 있는 주장이다. 같은 집에 사는 여성들은 생리 주기가 같아진다는 말은 흔히 들었을 것이다. (과학이 아직 제대로 규명하진 못했지만, 내 경험상으론 분명한 사실이다.) 그런데 이보다 훨씬 더 이상한 방식으로 우리 몸은 서로를 따라 하기 시작한다는 사실을 아는가? 같이 연극을 본 사람들끼리는 서로 모르는 사이라도 심장박동이 같아질 수 있다고 한다.

'온도 전염'이라는 현상도 있는데, 다른 사람과 공감할 때 실제로 체온이 변하는 걸 말한다. 연구에 따르면, 실험 참가자들은 누군가가 찬물에 뛰어드는 영상을 보기만 해도 실제로 체온이 낮아졌다고 한다. 발달심리학자 수전 핑커Susan Pinker는 얼굴을 맞대고 접촉하는 것이 생물학적으로 얼마나 중요한지를 보여주는 흥미로운 연구 결과를 발표했다. 성격이나 기질과 상관없이 사람과 직접 얼굴을 마주하는 시간이 적은 삶은 의학적으로도 위험할 수 있다고 한다. 실제로 하루에 한 갑씩 담배를 피우는 것만큼 해로울 수도 있다는 것이다.

우리의 신체적 회복력은 사회적 관계의 질에 따라 달라진다. 감기부터 암에 이르기까지 잘 회복하는 사람들의 공통점은 가깝고 물리적인 사회적 연결망이 있다는 것이다. 이런 관계가 주는 이점은 단순히 마음이 편안해지는 수준을 넘는다. 실제로 혈압을 낮추기도 하고, 사람들과 자주 얼굴을 마주하다 보면 건강 문제를 자연스럽게 이야기하면서 "병원 한번 가봐야 하는 거 아냐?"라고 권유받기도 한다. 대부분의 소통이 비언어적이라면, 디지털 상호작용이 같은 효과를 내지 못하는 것은 어쩌면 당연하다. 캘리포니아대학교의 심리학자 알버트 메라비언Albert Mehrabian 박사에 따르면, 우리가 주고받는 의사소통 중 말의 내용이 차지하는 비율은 7퍼센트에 불과하고, 38퍼센트는 목소리의 억양, 55퍼센트는 몸짓과 표정 같은 비언어적 요소라고 한다.

그렇다면 요즘처럼 온라인 쇼핑, 식당의 QR 주문, 화상회의 등으로 대면 접촉이 점점 줄어드는 기술 혁신의 시대에서 우리는 이런 비언어적 소통 능력을 도대체 언제 사용할 수 있을까? 내 경험만 봐도 그렇다. 같은 대화라도 직접 마주 앉아 나눈 이야기들은 훨씬 더 오래 기억에 남는다. 실제로 얼굴을 맞대고 만나려면 훨씬 많은 준비가 필요하다. 온라인에서는 아무 생각 없이 가볍게 말을 주고받는 사람들을 막상 외출 준비를 하고 버스를 타고 가서까지 만나고 싶을까? 아마 그렇지 않을 것이다. 내가 누군가를 실제로 만나러 간다는 건, 이미 그 만남에 어느 정도의 '투자'를 한다는 뜻이다. 그 자체로 의미가 다르다.

물론 반드시 의미 있는 대화를 나눈다는 보장은 없지만, 마주 앉은 동안 서로 나누는 이야기는 SNS로 주고받는 것보다 훨씬 깊을 가능성이 크다. 문자나 음성 메시지에서는 '괜찮아' 한마디로 지금 상태를 얼버무릴 수 있지만, 직접 만나면 내 기분은 숨기기도 어렵고, 말투도 표정도 고치기 힘들다. 그리고 무엇보다 상대의 따뜻한 존재감을 오래 함께 느끼게 된다. 그래서 결국 마음을 열고 지금의 내 상태를 솔직하게 털어놓는 경우가 많다. 내가 무심코 한 말에 친구가 질문하거나 내가 외면해 온 얘기를 꺼낸다 해도 그 자리를 피하거나 얼버무리기 어렵다.

핑커의 연구를 실천하겠다고 평생 함께할 절친을 많이 만들 필요는 없다. '비건' 장에서 다뤘던 메그 제이의 연구에서 언급한 '약한 연결(weak ties)' 개념이 여기서도 다시 등장한다. 연구 결과에 따르면, 이런 느슨한 인간관계도 친밀한 관계 못지않게 가치가 있다고 입증됐다. 전반적인 사회적 통합 수준은 가까운 인간관계와 함께 수명을 예측하는 지표로 작용하며, 이 연구는 다른 영향을 줄 수 있는 변수를 통제한 상태에서 이 같은 결과를 보여줬다. 이러한 사회적 통합은 맑은 공기, 운동, 금주보다 건강에 미치는 영향이 두 배나 컸다.

그렇다고 갑자기 외향적인 파티광이나 친구 모임의 슈퍼 리더가 되어야 한다는 뜻은 아니다. 다른 생활방식의 변화와 마찬가지로 이런 사회적 접촉의 효과도 점진적으로 나타난다. '몸 관리' 장에서 언급했듯이, 체육관에 살다시피 하는 운동광이나 운동선수가 될 수는 없어도, 가끔 동네 한 바퀴 도는 것만으로도 충분히 건강에 이롭다. 대충 하는 것도 괜찮다.

사회신경과학이라는 학문 분야는 생긴 지 이제 겨우 20여 년밖에 되지 않았으니, 인류 역사 전체로 보면 아직 밝혀내야 할 것이 훨씬 많을 것이다. 하지만 지금까지 밝혀진 내용만 봐도 수천 년에 걸친 인류학적 증거와도 잘 들어맞는다. 흥미로운 연구가 많으니 직접 찾아보는 것도 좋지만, 핵심만 요약하면 이렇다. 온라인 상호작용만으로는 부족하다는 것! 우리는 의자에서 엉덩이를 떼고, 술집이든 공원이든 마을회관이든 어딘가로 나가야 한다는 것이다.

이 모든 연구 결과가 결국 '핸드폰 내려놓고 밖으로 나가라'는 상투적인 조언으로 귀결되는 걸까? 그렇게 단순하지 않다. 사실 디지털 네트워크를 잘 활용하면 오히려 외로움 문제를 해결할 열쇠도 될 수 있다고 나는 생각한다. 단, 우리가 '대충 연결(느슨한 연결)'되는 걸 기꺼이 받아들일 준비만 된다면 말이다.

애쓰지 않고도 소셜미디어를 더 사교적으로 만드는 법

내가 온라인 공간을 옹호하는 데는 이해관계가 있을 수도 있다. 내가 일하고, 사랑하고, 배우는 곳이니까. 하지만 그렇기에 오히려 더 말할 자격이 있다고도 생각한다. 많은 사람이 믿는 것과 달리, 인터넷 역시 '현실' 공간 못지않게 현실적인 곳이다. 물론 내가 생각하는 '현실'의 기준에 비춰보면 그렇다는 뜻이다. 즉, 진짜 사람들, 진짜 감정, 진짜 소통을 원하는 이들로 가득한 공간이라는 점에서 그렇다. 화장실이나 커피포트는 없을지 몰라도 내가 성인이 된 후 경험한 온라인 공간들은 내가 '현실 세계'에서 가 본 교회나 클럽 못지않게, 때로는 그보다 더 사회적인 기능을 하는 공간이었다.

우리는 온라인에서 만난 상대가 사이보그나 아바타가 아니라, 감기에 걸리기도 하고, 손짓도 하고, 뒷모습도 있는 사랑스러운 3차원 존재라는 사실을 종종 잊는다. 그래서 당신의 연결고리를 느슨하게 하는 게 아니라 오히려 더 단단히 다져줄 소셜미디어 활용 팁 몇 가지를 소개한다.

누구랑 얼마나 자주 대화하는지 확인하자

자주 DM(다이렉트 메시지)을 주고받는 사람들의 목록을 가끔 들여다보며 이렇게 자문해 보자. '마지막으로 이 사람을 실제로 만난 게 언제였지?', '이 사람에게 큰 고민을 털어놓을 수 있을까?' 나도 온라인에서 제일 빠르게 반응해주는 사람이나 최근에 게시물을 많이 올리는 사람들과만 종종 시간을 보낸다. 그렇다곤 해도 그들이 내가 그리워하거나 진짜로 연결되고 싶은 대상은 아닐 수 있다. 그렇게 생각한다면 '자주 보이니까 가까운 줄 아는 착각'이다.

그래서 나는 가끔 DM만 주고받던 사람들에게 대놓고 술 한잔하자고 말을 건다. "여기서만 대화하던 멋진 분들, 실제로 만나고 싶어서요. 목요일 커피 한 잔 어때요?" 같은 식이다. 아니면 DM 보내느라 한동안 연락 못 한 친구에게 문자라도 한 통씩 보낸다.

당신이 세상을 어떻게 보는지 공유하자

소셜미디어를 '자신을 포장하는 도구', '사람들이 나를 어떻게 보도록 만들지 통제하는 공간'으로 생각해 왔다면, 그 생각을 완전히 뒤집어 보자. 소셜미디어 계정은 '당신이 세상을 어떻게 바라보는지'를 세상에 보여주는 창이 될 수도 있다. 손을 뻗어 조명을 다른 방향으로 돌려보자. 지금 당신이 있는 자리에서 바라보는 풍경은 어떤가? 당신의 하루 중 가장 멋진 순간은 언제인가? 내게는 너무 평범한 것들이 다른 이들에게는 삶의 조각들을 들여다보게 하는 반짝이는 장면이 될 수 있다. 나는 먼 곳에 사는 친구들이 좋아하는 식물, 친척들이 만들어낸 특이한 요리들, 새로 사귄 지인들의 창밖 풍경 같은 걸 보는 일이 정말 좋다. 최고의 게시물은 지나치게 정돈되지도, 지나치게 고민해서 만든 것도 아닌, 늘 어느 정도는 '대충' 올린 것들이다.

또한 인터넷은 지금 배우는 새로운 지식이나, 세상이 어떻게 바뀌면 좋을지 당신의 생각을 공유하기에 아주 좋은 공간이다. 사랑하는 사람들과 직접 만나서 대화하기엔 다소 공격적으로 느낄 수 있는 주제도 온라인에서는 부담 없이 던질 수 있다. 일상적인 대화에서 세계적인 사건이나 복잡한 불의에 관해 불쑥 말을 꺼내기는 어렵지만, 나는 그런 주제를 내 피드에 올리는 방식으로 현실 속 지인들과 자연스럽게 이야기를 시작할 기회를 만들었다. 예를 들면, ('비건' 장에서 이야기한 것처럼) '취향이 있는 생물을 잘라서 먹는 게 과연 괜찮은가?'와 같은 생각을 조심스럽게 공유하거나, '트랜스젠더 인권에 관한 내 생각을 나누고 싶다'는 메시지를 특정인을 겨냥하지 않고 표현할 수 있다. 이건 내가 '지적하는' 느낌을 주지 않으면서도 이런 생각에 열려 있다는 걸 보여주는 방식이다.

지금 당신에게 세상은 어떻게 보이는가? 이 질문을 문자 그대로 받아들여, 앞으로는 오직 당신의 시점에서 찍은 풍경 사진만 올리고 셀카는 절대 올리지 않기로 결심할 수도 있다. 혹은 은유로 해석해, '게시' 버튼을 누르기 전에 '나는 사람들에게 무엇을 보여주고 싶은가?'라고 자문할 수도 있다. 개인적으로 나는 이렇게 가이드라인을 삼는다. '셀카를 찍는 앞면 카메라보다, 뒷면 카메라를 더 자주 쓰도록 노력하기'.

소리 내어 말해보자

누군가에게 메시지를 보낼 때는 비언어적 의사소통에 관한 연구를 떠올려 보자. 문자만으로 답장하기보다는 영상이나 음성 메시지를 보내는 방식도 고려해 보면 좋다. 훨씬 더 자연스럽고 즉흥적인 느낌을 줄 수 있고, 나 역시 텅 빈 문자 창에 압도되지 않아서 더 꾸준히 답장할 수 있었다. 친한 친구들과의 영상통화에서는 내가 얼마나 엉망진창인 모습까지 보여줄 수 있는지도 친밀함의 기준이 된다. 씻지도 않은 내 모습이 그대로 화면에 비치는데도 누군가 내 말에 귀 기울여주는 경험은 부끄럽지만 따뜻한 순간이다. 나는 자선 가게에서 산 물건을 보여주는 짧은 영상부터 책에 관한 15분짜리 열변 가득한 영상까지, 친구들이 보낸 별별 주제의 메시지를 받아보았다. 그럴 때마다 내가 특별한 사람이라는 느낌이 들고, 누군가가 나를 떠올려줬다는 사실에 마음이 따뜻해진다. 주제가 아무리 엉뚱하더라도 말이다.

밈만 덜렁 보내지 말자

요즘 나는 '의도적인 밈 공유'를 실천하려 한다. 이름부터 거창하게 들릴 수 있는데, 실제로도 좀 그런 느낌이다. 하지만 꼭 필요한 일일지도 모른다. 친구들과의 소통이 어느 순간, 그냥 웃긴 짧은 영상이나 밈을 주고받는 것만으로 채워진다는 생각이 들었기 때문이다. '이거 보면 웃겠지?' 하는 마음으로 보내지만, 정작 그 뒤엔 몇 시간 동안 아무 대화도 없는 경우가 허다하다. 물론 웃으며 즐기자고 하는 일이지만, 뭔가 아쉬운 느낌도 남는다.

 게다가 나는 이런 앱들이 얼마나 교묘하게 사람을 끌어들이고, 중독성 있게 설계되었는지 잘 알고 있다. 아무 일도 없었으면 그냥 책상 위에 두었을 폰이, 누군가가 보낸 밈 하나에 진동하고, 그거 하나 보겠다고 폰을 열었다가 결국 40분간 알고리즘 속을 헤매는 나 자신을 발견한다. 그래서 요즘은 방법을 바꿨다. 웃긴 게시물은 모아뒀다가 친구와 대화할 때 한꺼번에 보내는 식이다. 하나만 보내고 싶을 땐 '네 생각 나서', '네가 좋아할 것 같아서' 같은 말 한마디를 꼭 덧붙인다. 웃음을 주는 것도 좋지만, 그걸 매개로 마음까지 닿을 수 있다면 훨씬 더 의미 있지 않을까.

소셜 미디어는 '동네'에서부터

멕 제이가 말한 '약한 연결의 힘'은 요즘엔 대부분 휴대폰을 통해 우연히 찾아온다. 소셜 미디어가 오히려 내 주변 세상과 나를 단절시키는 느낌이라면, 걱정할 필요 없다. '내 주변'에도 소셜 미디어는 있으니까. 알고리즘은 대개 전국적이거나 세계적으로 인기 있는 콘텐츠를 보여주지만, 내가 진짜 매력을 느껴온 소셜 미디어의 순간들은 모두 '로컬 소셜'에서 나왔다. 즉, 내 피드를 통해 내 주변 공동체와 연결하려고 의식적으로 노력하면서부터였다. 방법은 의외로 간단하다. 동네의 작은 가게, 지역 커뮤니티 모임, 사회적 기업 계정을 팔로우하는 것부터 시작하면 된다. 바로 반응하거나 댓글을 달 필요는 없다. 그냥 조용히 지켜보는 '동네 관찰자'가 되어도 좋다. 그러는 것만으로도 화면 너머에서 무슨 일이 일어나는지 감을 잡을 수 있고, 나도 언젠가 참여하게 될지도 모른다.

나 역시 그렇게 연결됐다. 지인 덕분에 같은 동네에 사는 친구를 소개받아 DM으로 대화를 시작했고, 플리마켓에서 만난 지역 작가들과도 SNS로 계속 연락하고 있다. 인스타 스토리에서 바지 기워줄 사람을 찾는 가게 사장님께 손을 들었던 적도 있고, 동네에서 열리는 북 이벤트에 슬쩍 들렀던 적도 있다. 심지어 동생 결혼식에서 사회를 봤던 분이 근처에 산다는 걸 알고 커피를 청한 적도 있다. 모두 소셜 미디어 덕분이다.

누군가에게 번호를 묻는 것보다 인스타그램 팔로우는 훨씬 부담이 적고, 그 사람과 어떤 공통점이 있을지 자연스럽게 둘러보는 좋은 방법이 된다. 특히 자신의 피드를 자기 시선으로 잘 꾸려 놓은 사람이라면 더욱 그렇다. 내 피드를 어떻게 꾸밀지는 전적으로 내 몫이다. 물론 알고리즘이 바라는 방식은 아니겠지만, 제대로 잘만 쓴다면 소셜 미디어는 여전히 현실에서 사람들과 연결될 수 있는 최고의 도구 중 하나다.

우정에도 '의식'이 필요하다

한때는 '의식'이라는 말만 들어도 종교 냄새가 난다며 인상을 찌푸렸던 내가, 이젠 내 우정이 전부 그런 '의식'들로 채워진 건 아닐까 싶을 정도다. 반복되는 행동들 속에서 의미가 생기고, 그런 습관이 우리 관계를 단단하게 만든다는 걸 점점 더 실감한다. 알랭 드 보통Alain de Botton은 《무신론자를 위한 종교(Religion for Atheists)》에서 '우리는 본래 모두의 것이어야 할 감정과 경험을 종교에만 맡겨 버렸다'고 말한다. 쉽게 말하면 '사실 너희 우정도 일종의 컬트야. 그 분위기를 그냥 즐겨!'라는 뜻이다.

우리가 함께 먹는 음식, 정기적으로 만나는 시기, 휴대폰에 저장된 이상한 별명들까지, 좋은 우정은 남들이 보면 대체 무슨 관계인지 이해가 안 돼야 정상이다. 설명이 필요하고, 배경 이야기가 따라붙어야 한다. 물론 내 우정의 '의식' 중에는 이 책의 주제와는 별 상관이 없는 것들이 많지만, 그중 '적당히 진심인' 몇 가지만 소개해 보겠다.

1. 다음 만남은 미리 박제하기

우리 사이엔 '다음 약속을 잡기 전엔 못 일어난다'라는 규칙이 있다. 그렇게 해두면 나중에 누가 먼저 연락할지, 날짜를 어떻게 맞출지 고민하다가 흐지부지되는 일을 막을 수 있다.

2. 우정 아젠다 쓰기

만나기 전에 '이번에 얘기하고 싶은 것들'을 미리 적어 온다. 소모임처럼 돌아가며 얘기할 수 있고, 순간적으로는 숨기고 싶은 마음이 드는 이야기도 용기 내서 꺼낼 수 있는 좋은 계기가 된다.

3. 틈새 연락 유지하기

연락을 꼭 거창하게 할 필요는 없다. 우리는 틈틈이 일상을 공유한다. 마트 가는 길에 보내는 짧은 음성 메시지, 아무 의미 없는 사진 한 장. 나는 아예 책상에 친구 라에게 보낼 엽서에 주소를 써서 쌓아두고 시간이 날 때마다 세 줄 정도 써서 우체통에 넣는다.

셋이 모이면 더 즐겁다

내가 소중하게 여기는 우정 중에는 셋으로 이뤄진 관계들이 있다. 그중 하나는 내가 열네 살 때 시작됐다. 동네 친구가 자신의 '새로운 베프'를 소개해 줬는데, 처음엔 속으로 질투심이 퐁 하고 솟았다. 그런데 그 감정은 곧 사라지고, 지금까지 20년 넘게 이어진 깊은 애정이 자리를 잡았다. 물론 셋 중 둘만 따로 만날 때도 있지만, 우리에겐 '셋이 다 모여야 진짜'라는 무언의 합의가 있다. 와인 한 병 들고 앉아야 비로소 퍼즐이 맞춰지는 느낌이다.

다른 셋은 인터넷을 통해 만난 친구들이다. 셋 다 비슷한 시기에 프리랜서 생활을 시작하면서 가까워졌고, 동료도 평가도 없는 이 일상에서 우린 스스로 '비즈니스 클럽'을 만들었다. 분기마다 하루를 통째로 잡고 만나 수다도 떨고 고민도 나눈다. 맥베스의 마녀들이 솥 대신 맥북을 두드린다면, 아마 이런 모습이지 않을까.

우정은 셋일 때 가장 강하다는 걸 진작 눈치챘어야 했다. 파워퍼프걸, 삼총사, 머스킷티어, 비지스까지 모두 다 셋이잖은가. 우리가 만들어낸 '적당히 대충 하는 우정'의 장점은 의도한 게 아니었다. 그런데 돌이켜보면 그 적당함이야말로 우리가 지금껏 함께할 수 있었던 비결이었던 것 같다. 각자 여유도 시간도 넉넉하지 않을 때, 셋이라는 숫자는 우리를 계속 연결해 주는 마법 같은 장치가 되어주었다.

누군가 한밤중에 마음이 무너져 내릴 때, 셋 중 하나는 깨어 있을 확률이 높다. 누군가 슬픔에 잠겼을 땐, 셋 중 누군가는 꼭 위로의 말을 찾는다. 누군가 힘들어 보이는데 말은 안 하고 있을 때, 두 쌍의 눈이 그걸 눈치챈다.

복잡한 일정 조율이 필요할 땐 두 개의 머리가 돌아가고, 생일을 깜빡해도 두 개의 달력이 기억해 낸다. 문제를 풀어야 할 때는 두 개의 시선을 참고하거나 섞어서 새로운 시선을 만들 수도 있다. 누군가 아기를 낳거나, 중요한 새 일자리를 맡거나, 책 쓰기 같은 인생의 큰 프로젝트로 잠시 잠수를 타야 할 땐, 다른 두 사람이 그 공백을 자연스럽게 메운다. 혼자에게 모든 부담이 가지 않도록 말이다. 이런 관계를 경험하다 보면 폴리아모리(다자연애)가 왜 존재하는지, 왜 매력적인지 어렴풋이 이해된다. 언제나 누군가 곁에 있다는 느낌, 나의 필요가 채워질 수 있다는 확신. 그게 정말 든든하다.

캔자스 대학교 커뮤니케이션학과 제프리 홀Jeffrey Hall 교수는 우리가 우정에서 기대하는 요소를 여섯 가지로 정리했다. 진심 어린 호감, 속마음 나누기, 실질적인 도움, 공통점, 즐거움, 그리고 주체성. 듣기만 해도 많고 전부 충족시키려면 꽤 부담스럽게 느껴진다. 하지만 절반만이라면? 그건 충분히 해볼 만하다. 〈애틀랜틱Atlantic〉에 실린 올가 카잔Olga Khazan의 훌륭한 글 '친구를 너무 쉽게 끊지 마세요'에서는 몇몇 친한 친구에게 모든 걸 기대하기보다는, 우정을 콘서트의 클라우드 서핑처럼 생각해 보라고 제안한다. 수많은 손이 돌아가며 우리를 받쳐주는 그런 방식 말이다.

실제로 내 우정도 그때그때 상황에 따라 농도가 달라졌다. 우리가 어떤 시기를 겪는지, 시간은 얼마나 있는지, 누가 누구를 가장 잘 도울 수 있는지에 따라 관계의 '세기'는 자연스럽게 조절됐다. 친구 관계에 단 한 사람만 더해져도 훨씬 유연해진다. 셋이 되면 누군가는 잠시 빠져도 괜찮고, 다른 누군가가 그 자리를 자연스럽게 채운다. 각자 삶을 수습하느라 자리를 비우는 동안에도, 소중한 친구들이 소외되지 않고 여전히 잘 돌봄 받고 있다는 걸 느낄 수 있다.

친구는 따라오는 것

'친구(friend)'를 유의어 사전에 넣어보면 나오는 단어는 전부 동적이다. 공범, 협력자, 조력자, 대리인, 지지자, 도우미, 동료, 동지, 짝꿍, 벗…. 다시 말해 친구란 그저 '있는' 사람이 아니라 함께 무엇인가를 '해내는' 사람이다. 친구가 꼭 나와 완전히 닮았거나 성격이 찰떡같이 맞을 필요는 없다. 함께 무언가를 해내는 사람, 그게 바로 친구다.

나는 우정이 어떤 주제나 활동을 중심으로 만들어진다는 이 관점이 참 좋다. 서로를 향해 마주 서서 '우정'만 들여다보는 게 아니라, 함께 어딘가를 바라보며 생겨나는 관계. 내 우정의 대부분은 '집 같은 공간'을 다룬 앞 장에서 이야기한 '제3의 공간'들 속에서 시작되었다. 완벽한 친구 사귀기 전략을 짜느라 시간을 허비하기보다, 그냥 나다운 제3의 공간에 계속 얼굴을 비추는 '대충 하기' 방식이 더 효과적이었다. "어? 리나를 거기서 봤다고? 완전 걔 스타일이네"라는 말이 나올 법한 그런 공간들 말이다.

아직 이 동네에서 찐한 우정을 만들지는 못했지만, 벌써 마음 따뜻한 사람들을 여럿 만났다. 내가 원래 있을 만한 공간에서 마치 은은하게 남는 쿰쿰한 냄새처럼 그냥 계속 머물러 있었을 뿐인데도 말이다. 그것은 나 같은 '덕후형 인간'에게 예쁜 손뜨개 스웨터를 입은 책방 주인과 수다를 떠는 것이고, 동네에서 열리는 글쓰기 모임에 참석하는 것이고, 단골 펍 퀴즈에 꾸준히 얼굴을 비추는 일이다. '사랑은 찾으려 하지 않을 때 찾아온다'는 오래된 말에는 꽤 많은 진실이 담겨 있다. 우정도 마찬가지다. 너무 애쓰지 않는 것, 그게 오히려 진짜 친구를 우연히 만나는 비결일 수 있다.

우리가 이미 '바닥은 용암' 위에 살고 있다는 걸 안다면, 주변 사람들과 조금씩 실질적인 관계를 쌓아 가는 것이 좋다. 앞으로는 자원이 줄고, 먹거리나 일, 수선 같은 생활의 많은 부분이 점점 더 지역 중심으로 변할 가능성이

크다. 그렇다면 이웃과 함께 일하고, 함께 배워가는 감각을 지금부터 익혀두는 것이 좋다. '필수'가 되기 전에, '재미있어서 하는' 공동체 활동으로 시작해 보는 것이다.

텃밭 가꾸기, 옷 수선, 요리, 응급처치 같은 기술 중 내가 부족한 건 무엇일까? 아니면 내가 누군가에게 전해줄 수 있는 기술은? 일이나 가정 외의 활동에 쓸 수 있는 시간이 제한적이라면, 단순한 '사교 활동'보다 실용적인 활동에 참여해 보는 것도 좋은 선택이다. 억지로 친해지려는 부담도 덜고, 혹시 친구를 못 사귀더라도 최소한 나무토막 하나에서 귀여운 오리 한 마리쯤은 깎아낼 수 있을 테니까. 그 정도면 충분히 괜찮은 수확 아닐까?

어쨌든 희망은 품어야 한다

누가 내게 '희망'에 관해 물으면 나는 어린 시절의 나를 떠올리게 된다. 부모님을 올려다보며 묻던 그 말, "우리 괜찮겠지?" 이 나이에 이런 말을 한다는 게 부끄러운 일일지도 모르지만, 서른이 넘은 지금도 불안한 마음이 올라올 때면 나는 여전히 파트너에게 고개를 돌려 같은 질문을 한다. "진짜…괜찮을까?" 그는 상황에 따라 세 가지 중 하나로 답한다.

- "물론이지! 당연히 괜찮아!"라는 확신 가득한 대답
- "나도 잘 모르겠지만, 어쨌든 옆에 있을게"라는 솔직한 대답과 따뜻한 포옹
- "아니, 다 망할 거야. 지금이라도 때려치우고 도망가!"라는 과하게 비장한 농담, 그리고 결국 나는 웃고 만다. 나 자신에게, 그에게, 이 세상이라는 진풍경에.

그가 어떤 대답을 하든 그 질문을 입 밖으로 꺼내 누군가에게 건넨다는 행위 자체가 나를 진정시킨다. 내 불안의 밑바닥엔 늘 이런 믿음이 깔려 있었던 것 같다. 어쩌면 정말 알 수 있을지도 모른다는 은근한 기대. 어딘가 거대한 통제실 같은 곳이 있어서 거기서 수많은 변수를 돌려 내 삶의 확률을 계산해 주고 있다는 상상. 내가 그 방에만 들어갈 수 있다면, 그 코드만 풀 수 있다면, 분명히 볼 수 있을 거라는 믿음. 지금 이걸 시도해 볼 가치가 있는지, 내 어설픈 노력이 반쯤이라도 의미가 있을지, 아니면 시작도 하기 전에 그만두는 게 맞는지.

만약 그런 방이 정말 존재한다면, 그 문 앞엔 사람들이 길게 줄을 서 있을 것이다. 그리고 모두 같은 질문을 하겠지. 내가 정말 변할 수 있을까? 내가 이걸 해낼 수 있을까? 이건 잘 풀릴까? 우리 아이들은 괜찮을까? 내 인생은 앞으로도 계속 이럴까? 뭐가 달라지긴 할까? 나는 지금 충분히 잘하고 있는 걸까? 난 괜찮은 사람일까? 필요한 말을 제대로 하고 있는 걸까?

우리가 결코 가질 수 없는 것들과 화해할 때라야 비로소 지금 우리가 가진 것을 즐길 수 있다. 미래를 들여다볼 수 있는 마법의 창문 같은 건 내게 없지만, 대신 과거와 현재는 있다. 과거는 세상이 얼마나 급진적으로 변할 수 있는지를 보여줬고, 현재는 그 변화가 이미 빠르게 진행 중이라는 걸 말해준다. '충분히 크고 대단한 일'이 아니라는 이유로 지금 당장 우리가 할 수 있는 일을 포기해서는 안 된다. 완벽한 삶이 아니라는 이유로 좋은 삶을 스스로 박탈해서도 안 된다.

결국 인간은 원래부터 모험을 감수해 온 존재다. 불꽃이라는 걸 한 번도 본 적 없으면서도 나뭇가지를 문질러 보고, 그럴듯한 풀을 따서 먹어보며 이게 나를 살릴지 해칠지 가늠한다. 우리가 자란 골짜기가 아무 문제 없어도, 또 다른 계곡 너머로 걸어 들어간다. 결혼이라는 제도에 대해 실패 확률이

50:50*이라느니 하는 말을 수도 없이 들으면서도 여전히 사람들은 사랑에 빠지고 결혼을 한다. 우리는 판에 기꺼이 올라타고, 주사위가 우리 편이 되어주길 끝까지 기대하는 존재다. 확률만 보면 낙관할 이유가 없어 보여도 우리는 늘 그래왔다. 언제나 그랬듯이 모든 걸 걸고, 몸을 던지고, 공중이 우리를 받아줄 거라 믿으며 말이다.

* 참고로, 영국의 이혼율은 이제 29.5퍼센트까지 내려갔다. 우리가 파트너를 더 잘 고르게 됐을 수도 있고, 처음부터 '이상한 사람'과 결혼하지 않는 것일 수도 있다. 어쨌든, 만세!

전력을 다할 일 찾기

이제부터는 당신이 알아서 해야 할 차례다. 약속대로 나는 대충 여기서 마무리하고 손을 떼려 한다. 처음에 말했듯이, 이 책은 당신 인생의 모든 것을 대충 하자는 게 아니라, '완벽하게 하려는 일'을 할 일 목록에서 없애고 정말 잘할 수 있는 한두 가지에 집중할 여유를 만들자는 것이다.

자, 이제 머릿속과 일정표에 여유가 좀 생겼다면 그 빈자리를 무엇으로 채울까? 어디에 집중해야 할까? 이미 마음속에 떠오르는 게 있을지도 모른다. 언젠가 꼭 쓰고 싶었던 소설을 시작한다든지, 스코틀랜드의 먼로 산맥을 모두 오르겠다는 목표를 세운다든지, 나에게 정말 잘 맞는 일을 찾아 나선다든지 말이다. 아니면 이 순간, 당신의 전부가 필요한 누군가가 있을 수도 있다. 한 아이가 행복한 어른으로 자라도록 정성을 다해 키우거나, 인생의 마지막 시기를 보내는 누군가의 곁을 지키거나, 온기와 보살핌이 절실한 관계를 소중히 돌보고 있을지도 모른다.

처음엔 별생각 없이 이 책을 펼쳤다가 갑자기 불쾌해졌거나, 짜증이 났거나, 뭔가 확 와닿았을 수도 있다. '뭐, 대충 하라고? 이건 진짜 내 전부를 걸고 싶은 일인데!'라고 생각했다면 그거야말로 최고의 결말이다. 정말 멋지다! 어서 시작하라! 이제 책을 덮고 자리에서 일어나 모든 걸 쏟아부어도 아깝지 않은 그 일에 전념하라. 하지만 아직도 좀 막막하고 여전히 내가 정말 에너지를 쏟을 만한 게 뭔지 모르겠다면, 내가 준비한 몇 가지 제안을 건넨다.

답은 늘 가까이에 있다

세상을 바꾸는 법'이든, '내 삶을 바꾸는 법'이든, 보편적으로 적용할 수 있다는 조언은 이론상으로는 누구나 따라 할 수 있을 것 같지만 실제로는 잘 안 된다. 잠을 더 자고, 비행기를 덜 타고, 물은 더 마시고, 통조림 캔은 꼭 재활용하고, 고기는 줄이고, 옷은 적게 사고, 다회용 컵을 쓰고, 플라스틱을 줄이고, 아이는 한 명 덜 낳고, 채소와 과일은 하루에 다섯 가지씩 먹고, 얼음물로 목욕하고, 명상 일기 쓰고, 얼굴 요가까지 하라는 식이다.

 이게 바로 다들 말하는 만능 공식, 마법의 숫자, 기적의 비결이라는 것이다. 그럴듯하고 마음 훈훈해지는 조언이지만 정작 실질적인 변화와는 거리가 있다. 당신이 사는 동네나 도시, 나라가 추구하는 방향을 바꾸고 싶든, 단지 내 삶을 조금 나은 방향으로 바꾸고 싶든, 가장 효과적인 방법은 당신만이 할 수 있는 일을 하는 것이다. 그리고 그 일은 구체적일수록 효과가 더 크다. 진짜냐고? 그래프로 증명해 주겠다!

 나처럼 안경을 쓰는 사람이라면, 진이 빠졌거나 살짝 취기가 오른 어느 날, 이런 경험을 한 번은 해봤을 것이다. "안경 어딨어! 안경이 안 보여!" 그리고 긴 정적 끝에 방 한구석에서 누군가가 눈을 굴리며 이렇게 말했을 것이다. "지금 쓰고 있잖아." 우리는 종종 인생의 해답이 서랍을 몽땅 뒤지거나

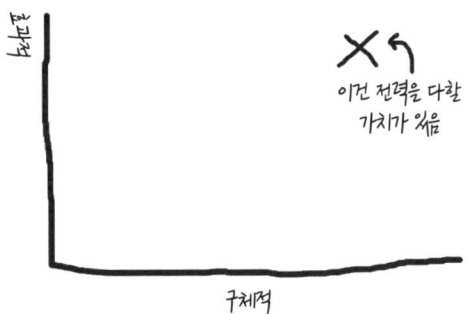

지구 반 바퀴쯤 돌아야만 나오는 무언가처럼 멀고 낯설다고 생각한다. 하지만 대부분 그 해답은 바로 우리 코 위에 있다. 너무 가까이 있어서 거기에 있는 줄도 모른 채 지나치는 거다.

자, 그렇다면 당신의 코 위엔 뭐가 있을까? 내가 수정구슬을 가진 것도, 전지전능한 것도 아니라서 콕 집어 말해줄 순 없다. 하지만 다행히 함께 찾아볼 방법은 알고 있다. 팟캐스트 '지구를 구하는 방법(How to Save A Planet)'의 진행자들은 '당신이 어떤 사람이고, 지금 무엇을 가졌는지' 구체적으로 써보는 벤 다이어그램을 그려보라고 제안한다. 이 연습은 내 생각을 깜짝 놀랄 만큼 긍정적으로 바꿔놓았다. 그러니 우리 같이 한번 해보자.

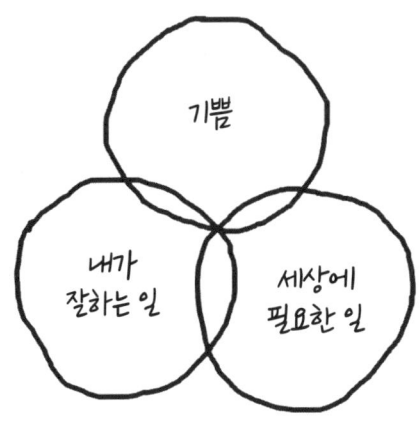

당신은 어떤 일을 잘하는가?

이 질문은 아주 직설적으로 받아들여도 된다. 당신은 어떤 분야에서 훈련을 받았는가? 이미 어떤 업계에서 일하고 있는가? 몸담은 직장이나 분야에서 어느 정도의 영향력이 있다면, 전혀 다른 분야로 비집고 들어가거나 퇴근 후 짬을 내어 변화를 시도하는 것보다 훨씬 더 의미 있는 변화를 만들어 낼 수 있다. 정책을 바꾸든, 부서의 방식에 변화를 주든, 노동조합을 만들든, 구내식당에 채식 메뉴를 추가하자고 제안하든 조직 내부에서 움직일 때 훨씬 더 강한 힘을 발휘할 수 있고, 그 과정에서 동료들의 삶도 함께 나아질 가능성이 높다. (변화 중심의 사이드 프로젝트를 직장 안에서 자발적으로 진행하는 건 이력서에도 매우 긍정적으로 작용한다. 이게 핵심은 아니지만 아주 환영할 만한 부수적인 효과다.)

당신은 이미 그 업계의 흐름을 잘 알고 있다. 어떤 구조로 돌아가는지, 어디에 허점이 있는지, 무엇을 더 개선할 수 있을지 외부인보다 훨씬 더 잘 파악할 것이다. 그러니 가장 좋은 방법은, 시스템 안으로 더 깊이 들어가 안에서부터 살짝씩 방향을 틀어보는 것일지도 모른다. 아니면 아예 자신만의 방식으로 새로운 틀을 만들어 그 분야의 규칙 자체를 새롭게 써 내려갈 수도 있다. 좀 더 넓게 보면 이렇게 질문할 수도 있다. 지금 당신이 속한 공동체는 어디인가? 사람들 대부분은 피하지만 당신은 그리 어렵지 않게 할 수 있는 일은 무엇인가? 퀴즈쇼에 나간다면 자신 있게 선택할 수 있는 분야는 무엇인가?

지금 세상에 필요한 일은 무엇일까?

소셜미디어 피드를 열어보거나 동네 신문만 펼쳐봐도 세상에 어떤 문제가 있는지 금방 알 수 있다. 어디에 빈틈이 있는지 찾아내는 건 당신의 예리한

눈에 달려 있다. 세상엔 앞서 '대충 집 꾸미기' 장에서 이야기한 것처럼 '제3의 공간'이 더 필요할지도 모르고, '대충 스타일링 하기' 장에서 다룬 '버섯 옷장'처럼 옷을 쉽게 관리하는 방법이 필요할지도 모른다. 더 나은 기차, 더 나은 정치인, 더 나은 식당, 더 나은 배관, 더 나은 사회복지, 더 나은 도로, 더 나은 쿠키 레시피, 더 나은 소셜미디어 플랫폼, 더 나은 근무시간, 더 나은 펍까지, 세상에 손볼 게 없는 것은 없다. 그러니 이건 당신에게 맡기겠다.

무엇이 당신을 즐겁게 하는가?

나는 즐거움이 클수록 내 영혼이 덜 고갈되는 걸 느낀다. 내 안 어딘가에는 비밀스러운 에너지와 열정의 저장소가 있는데, 이상하게도 내 몸은 즐거운 일을 해야만 그 문을 열어준다. 즐거움이라고 해서 꼭 가벼운 일만은 아니다. 춤추고 깡충거리는 어린애 같은 일일 필요도 없다. 누군가에게 즐거움은 풀어야 할 퍼즐일 수도, 해결해야 할 사건일 수도 있다. 또는 국회의원에게 몇 번이고 이메일을 보내 '제발 정신 차리라'고 독촉하는 끈질긴 인내심일 수도 있다. 온라인 팬덤이나 지극히 국소적인 지역 클럽만 봐도 사람들이 얼마나 사소한 것에까지 열광하는지 알 수 있다. 남들이라면 짜증 낼 세세한 것에 집요하리만큼 몰두하면서 즐거움을 찾는다. 즐거움을 주는 일이 장기적으로 꾸준히 할 수 있는 일이면 좋다. 예전에 비슷한 활동을 해본 적이 있거나, 평소에도 그런 활동에 흥미가 있었다는 이력이 있다면 더욱 좋다.

    이제 각 원 안에 아이디어가 가득 찼다면, 그중 두 개 이상의 원에 걸쳐 있는 건 뭘까? 세 가지 원 모두에 연결될 수 있는 공통의 주제나 프로젝트는 없을까? 당신이 비디오 게임을 좋아하든, 빈티지 자동차에 빠져 있든, 브라우니Brownie(걸스카우트 하위 단체로 7~10세 어린이가 참여하는 그룹 - 편집자) 리더든, 파쿠르parkour(도시나 자연환경에서 장애물이나 구조물을 이용해 빠르고 민첩

하게 이동하는 활동 - 편집자)를 하든 상관없다.

자신에게 한 번 물어보자. 이 커뮤니티를 어떻게 하면 더 나은 곳으로 만들 수 있을까? 더 오래 지키려면? 더 많은 사람을 끌어들이려면? 우리가 함께 머리를 맞대면, 지금보다 더 야심 찬 방향으로 나아갈 수도 있고, 현실적인 해법에 집중할 수도 있을 것이다. 기후행진에 함께 참여하는 테일러 스위프트 팬 모임이라든가, 미래의 교통수단에 관해 알리는 빈티지 자동차 행사, 도시계획 개선을 외치는 파쿠르 동호회, 혹은 성인들에게 비건 베이킹을 가르치는 브라우니 모임 같은 것 말이다.

이 연습을 하면서 나는 실제로 '죽은 행성에는 책이 없다(No Books on a Dead Planet)'라는 제목의 팟캐스트를 시작했다(태그라인은 "우리가 기후 책을 읽어줄 테니, 당신은 안 읽어도 돼요!"). 마케팅 업무를 할 때 그리고 개인 시간에도 몇 번 팟캐스트를 진행한 경험이 있었고, 기본 장비도 갖추고 있었다. 나는 책에 관해 수다 떨기를 정말 좋아하고, 어떤 책이 있는지도 꽤 잘 아는 편이다. 게다가 나는 대부분이 꺼리는 대중 앞에서 말하기를 잘한다. 내가 보기에 지금 우리에게 꼭 필요한 건 기후 위기에 관해 편하게 이야기할 수 있는 출발점이 더 많아지는 것이다. 관련한 책도 많고 다큐멘터리도 넘쳐난다.

하지만, 정작 나조차도 걱정만 많을 뿐 그 주제에 관해 읽는 것을 피하게 되고, 주변 사람들과 진지하게 대화하기도 어려웠다. 나는 이 부분이 기후 운동의 큰 문제처럼 느껴졌다. 해결책도 있고 계획도 있지만 '조금 관심 있는 상태'에서 '진심으로 참여하고 행동하려는 상태'로 나아가지 못한다는 것. 어떤 어려운 주제든 마찬가지다. 다른 사람들이 그 주제로 대화하는 걸 우연히라도 들은 뒤에야 비로소 자신도 말하기가 수월해진다. 이야기를 나누지 않으면 시작조차 할 수 없다.

그래서 이 팟캐스트는 사람들이 기후 위기에 관해 겁내지 않고 이야기하는 장면을 몰래 엿듣는 기회를 주기 위한 하나의 방식이다. 전문가가 아닌 사람들이 수다스럽고 완벽하지 않은 대화를 나누면서 문제를 직시하는 두려움을 조금이나마 덜고, 할 수 있다면 가끔 웃음도 섞어가며 함께 분위기를 만들어보자는 것이다.

자, 이제 원을 그리고 생각해 보자. 과연 어떤 아이디어가 튀어나올까?

대충 해보는 실험들

아직 원을 어떻게 채워야 할지 모르겠다면, 기준을 조금 낮춰서 짧고 간단한 실험부터 해보자. 우선 질문을 이렇게 바꿔보자.

당신은 어떤 일을 잘하는가? 나와 가까운 건 뭘까?
'티핑 포인트'에 관해 했던 이야기를 기억하는가? '잘하는 것'을 특정한 기술로만 생각하지 말고 세상 속에서 당신이 가진 고유한 위치라고 생각해 보라. 예를 들어, 당신은 교회나 절, 모스크 같은 곳에서 좋은 관계를 쌓아왔고, 그곳에서 꽤 알려진 사람일 수도 있다. 다른 누구의 말도 듣지 않는 할머니에게 당신이 가장 아끼는 손주일 수도 있고, 당신이 사는 곳은 사람들의 관심권 밖이거나 오해받는 곳일 수도 있다. 사랑하는 가족을 떠나보낸 후 그들에게 쏟을 사랑과 에너지를 어디에 써야 할지 몰라 방황하는 상태일 수도 있다. 트랜스젠더이거나, 장애가 있거나, 대중에게 익숙지 않은 문화적 배경을 가진 사람일 수도 있다.

당장 떠오르지 않는다면 몇 주 동안 그 질문을 마음속에 품고 다녀보라. 그리고 남들과는 다른 경험을 했을 때, 평소 말을 잘 나누지 않던 이와 대화했을 때, 당신이 사는 곳에서 뭔가 개선할 수 있다고 느끼는 순간을 기록해 보는 것이다. 이 실험이 끝나면 원 안에 넣을 아이디어나 실마리가 잔뜩 생졌을 것이다. 어쩌면 원이 너무 작아서 지우고 더 크게 다시 그려야 할지도 모른다!

지금 세상에 필요한 일은 무엇일까? 무엇이 사람들을 가로막고 있는가?

이 책에서 다룬 자립, 자신감, 자기표현, 운동 시작하기, 직장에서 자기 주장하기 같은 주제들을 떠올려 보자. 그리고 사람들이 그것들을 실천하지 못하게 가로막는 것은 뭘지 생각해 보자. 이 책을 읽는 동안 '리나, 이건 정말 비현실적인 제안이야! 많은 사람이 ＿＿＿ 때문에 그 조언을 따르지 못할 거야'라고 생각한 순간이 있었다면 그 '＿＿＿'이(가) 바로 시작점이 될 수 있다.

무엇이 당신을 즐겁게 하는가? 오랫동안 포기하지 않고 계속할 수 있는 일은 무엇인가?

'즐거움'이라는 단어는 종종 오해를 부른다. 무지갯빛 웃음과 유쾌함이 넘쳐야만 진짜 즐거움 같지만, 소명을 따른다는 건 꼭 그런 모습만은 아니다. 어떤 일을 하는 동안엔 고되고 지루하게 느껴질 수 있다. 그런데도 이상하게 하루를 그 일에 쏟고 나면 활기가 돌고, 뭔가 제대로 해낸 느낌이 든다. 계속하다 보면 더 잘하게 될 거란 확신도 생긴다. 나는 허무맹랑한 표현은 별로 안 좋아하지만, '지금 이게 나한테 딱 맞는 일이구나' 싶은 순간을 느껴본 적이 있다. 말로 설명하긴 애매하지만 그냥 '이게 맞는 것 같아'라는 느낌이 들 때가 있다.

당신도 그런 순간이 있는가? 그렇다면 그 순간들을 나열해 보라. 아주 사소하거나 별것 아닌 순간이어도 괜찮다. 어떤 기술이나 능력을 사용했는가?

어떤 환경에 있었는가? 이런 기억들이 바로 당신이라는 퍼즐을 푸는 열쇠다. 그러니 계속 냄새를 따라가라. 땅에 묻혀 있는 '뼈다귀'를 발견하게 될 테니 말이다.

철저히 계획했지만 해보지 않은 일들

나는 계획 세우기를 매우 좋아한다. 온라인 여행 플랫폼을 몇 시간씩 뒤지며 절벽 위나 외딴 마을의 호스텔과 작은 오두막을 즐겨찾기에 추가한다. 꿈의 옷장을 위한 천의 패턴, 옷의 실루엣, 소매 디자인을 모아놓은 디지털 보드도 있다. 정말 기막힐 팟캐스트 아이디어 폴더만 해도 벌써 일곱 개가 넘는다. 시작하기만 하면 크게 터질 거라고 확신한다. 소설도 여러 편 구상해 봤다. 줄거리며 인물 설정, 심지어 등장인물들이 일하는 사무실의 책상 배치까지 다 짜놨다. 한 번은 아예 콘퍼런스를 통째로 기획한 적도 있다. 케이크 먹는 시간부터 어떤 워크숍이 언제 열릴지까지 정성스레 구성했다. 심지어 강사는 전혀 모르는 사람들이며 연락처도 없었지만 말이다.

계획 세우기라는 취미에서 빠질 수 없는 또 한 가지는 그 계획을 친구들에게 떠들어대는 일이다. 내가 열게 될 책방 겸 행사 공간 겸 찻집, 내가 시작할 문학 도보 투어 회사, 내가 창립할 풍자적인 정당에 관해 머리에 그릴 수 있을 정도로 자세히 설명한다. 이 습관에는 장단점이 있다. 엉뚱하고 새로운 계획을 나눌 때는 짜릿하다. 하지만 몇 년 후 누군가 문득 "그때 그거, 어떻게 됐어?"라고 물으면 순간 찔린다. 막 새로운 아이디어를 꺼내려던 순간이라면 더더욱 말이다. 어쩜 그렇게 기억을 잘할까! 나한테 그걸 상기시키다니! 정말 내가 계획을 실행에 옮길 확신만 있다면, '친구 새로 사귀기'를 할 일 목록에 넣었을지도 모른다.

  내가 좀 기분이 삐딱할 땐 이런 나 자신이 지긋지긋하다. 정작 날아볼 일도 없는 하늘을 그려보고, 만들지도 않을 설계도를 펼쳐놓고선 얼마나 많은 시간을 허비했는지 모른다. '이 모든 게 그냥 무의미한 짓거리 아닐까?' 하는 생각이 들었다. 그래서 한 번은 무의미한 계획 세우기를 그만두기로 결심했다. 앞으로는 정말 실천할 일만 생각하고, 꼭 실행할 수 있는 것만 메모하겠다고 다짐했다. 그런데 결과는 참담했다. 내 머리는 지루함을 이기지 못하고, 결국 스스로를 해치는 방식으로 억지 재미를 찾아 나섰다.

  어떤 날은 도저히 참을 수 없었다. 모든 게 화면으로 꽉 찬 세상에서도 아이디어 하나가 머릿속에서 째깍거리며 관심 좀 달라는 듯 계속 따라다녔다. 그러다 우연히 2010년 네덜란드에서 성인 1,530명을 대상으로 한 연구를 보았는데, 참가자들이 가장 큰 행복을 느낀 시점은 휴가를 떠나기 직전이었다고 한다. 그 들뜬 기분은 몇 주, 때로는 몇 달 전부터 이어졌고, 막상 여행에서 돌아오면 행복감은 여행을 가지 않았던 사람들과 비슷한 수준으로 떨어졌다. 심지어 자주 여행하는 사람들도 전혀 여행하지 않는 사람들보다 행복도가 겨우 7퍼센트 높았을 뿐이었다.

  콘서트, 결혼식, 여행, 베이비 샤워 같은 크고 멋진 이벤트를 끝낸 사람들이 "왜 이렇게 공허하지?"라고 말하는 걸 종종 본다. 이걸 단순히 '현실은 늘 실망스럽다'라고 받아들이기보다는 자유롭게 계획하는 것에도 이로운 점이 있다고 생각하는 편이 더 낫지 않을까. 실행에 옮기든 말든, 끝까지 해내든 말든 그 자체로 충분히 가치가 있을 수 있다. 어른이 된 우리는 무언가를 끝까지 해내지 못하면 괜히 부끄러워한다. 어쩌면 그건, 우리가 어릴 적 상상력이 풍부했던 아이들이었기 때문이 아닐까? 바비 인형을 가지고 놀 때 단순히 키스만 시킨 게 아니라, 실바니안 패밀리 세트(작은 동물 가족 인형 시리즈 - 옮긴이) 안에 계급 구조를 만들고 세대 갈등을 그려냈던 아이들이다. 이제는 인형의 집 대신, 엑셀 시트와 포스트잇, 핀터레스트 보드 위에 우리만의 상상의 세계를 펼칠 뿐이다.

나는 이제야 깨달았다. 무언가를 끝까지 해내지 못했다고 해서 실패는 아니란 것을. 일을 시작하는 것 자체가 내 과정의 일부였다는 것을. 그것은 수많은 아이디어를 다듬고 솎아내는 방식이었다. 하나하나에 살짝씩 숨을 불어넣어 보고, 가능성을 시험해 보는 일. 어떤 아이디어는 밤새도록 날 설레게 만들 만큼 깊이 파고들고, 어떤 건 아침 햇살만 받아도 금세 시들어버리는 걸 지켜보는 과정이었다. 공상가는 현실주의자가 되기 위한 준비 단계다. 현실을 있는 그대로 받아들이고 그렇지 못한 사람을 비웃는 냉소적인 현실주의자가 아니라, 다른 사람들은 놓치는 숨은 단서를 모아 현실을 스스로 만들어내는 그런 현실주의자, 모두가 할 일 목록만 들여다보고 있을 때 저 언덕 너머에서 다가오는 변화를 알아차리는 그런 현실주의자다.

세상은 얼마나 많은 계획을 실행에 옮겼는지를 기준으로 자신을 평가하게 만든다. 머릿속에 떠오른 아이디어를 줄줄이 실행에 옮기는 사람은 흔히 '진취적'이라고 찬사받는다. 하지만 나는 이제 그렇게 믿지 않는다. 실행한 것보다 떠올린 아이디어의 수가 더 많을수록, 결국 실행하게 되는 선택의 '질'은 더 높아진다는 믿음이 생겼다. 우리는 가능한 모든 선택지를 상상해 보고, 선택하지 않은 것들에 대해서는 마음을 정리한다. 그 후에 실행에 옮기는 일은 그 모든 과정을 거친 후에도 여전히 남은, 가장 단단한 선택이다.

결론은 이 연습에 푹 빠질 수 있도록, 충분한 시간을 자신에게 허락하자는 것이다. 한 번만 해보고 관두지 말고, 여러 번 해보라. 마음껏 추측하고, 실수도 하고, 쓸모없어 보이는 생각들로 노트를 잔뜩 채워보라. 계획을 세웠다가 대충 엎어버리는 것도 괜찮다. 답은 구겨진 종이 더미가 발목까지 차야 비로소 찾게 될 수도 있으니까.

자리를 채우는 일

우리는 무언가 '하나'를 골랐을 때 나머지 전부를 포기하는 셈이라고 생각하기 때문에 선택하기가 두렵다. 이 예술 매체를 선택하면 다른 분야에는 절대 발을 들일 수 없다는 뜻일까? 패스트 패션에 반대하기로 결심하면 기아나 유방암, 멸종 위기의 기린에 대해선 더 이상 관심 갖지 말아야 하는 걸까? 우리는 한 가지 일에 헌신하면 그 외의 문제는 다루지 않았다고 비난받는다.

"X에 관해서는 말하면서 왜 Y에 관해서는 말하지 않죠?"

"왜 X에 관해서는 침묵하죠?"

"이 문제는 해결하려고 노력하지만 다른 문제는요?"

물론 아무것도 하지 않는 것이 오히려 나은 경우도 있다. 그리고 여러 가지 문제가 서로 연결돼 있다는 걸 모르면 변화도 허술할 수 있다. 하지만 조용히 침묵하면서 비난도 피하는 사람들은 결국 어떤 문제에도 손대지 않는 사람들이다. 우리는 행동하는 사람들을 깎아내릴 기회를 즐긴다. 심지어 그들을 굴욕감에 빠뜨려 다시는 아무것도 못 하게 만들 위험을 감수하기도 한다. 나는 사람들이 각자 하나의 문제에 진심을 다해 몰두할 수 있는 환경을 만드는 게 세상이 좀 더 순조롭게 굴러가는 방법이라고 믿는다. 하나의 문제에 깊이 파고들고, 진심으로 이해하고, 만져보고, 실험해 볼 수 있도록 말이다. 그런 다음 나머지 문제들을 위해 반쪽짜리 전략을 세우는 것이다.

작가이자 운동가인 존 그린John Green은 헬스케어 분야의 사회 정의에 초점을 맞춘 비영리 단체 '파트너스 인 헬스Partners In Health'와 함께 일했던 이야기를 들려준다. 그는 우리가 뉴스에서 재난을 접할 때, 문제의 본질을 이해하려 하기보다 기부하거나 잠깐 관심을 보이는 데 그치는 경우가 많다고 지적한다. 그래서 실질적인 도움이 되지 않거나 임시방편에 시간과 돈을 쓰는 경우가 많고, 결국 세상의 문제는 영원히 해결되지 않을 거라고 착각하기도 한다. 새로운 뉴스는 계속 쏟아지고, 우리는 금세 다른 곳으로 주의를 돌려 변화가 있었는지도 모르고 지나친다. 화면엔 늘 또 다른 지진, 또 다른 홍수, 또 다른 전쟁이 이어진다.

2014년, 존은 시에라리온에서 발생한 에볼라 사태에 대해 '파트너스 인 헬스'가 어떻게 조치하면 좋을지, 자신이 도울 수 있을지 알아보려고 그들에게 연락했다. 연락이 닿은 사람은, 시에라리온의 의료진 중 15퍼센트가 이미 에볼라로 사망한 상황에서 자선단체가 들어와 잠시 도움을 주고 떠나버린다면 시에라리온의 의료 시스템은 훨씬 더 심각해질 수 있다고 말했다. 그리고 덧붙였다. "우리는 현장으로 갑니다. 그리고 현장에 남을 겁니다. 당신도 함께 머물러 주시길 부탁드립니다!" 그린은 계속 참여하겠다고 약속했고, 경청하는 열린 자세로 주의를 기울이겠다고 다짐했다.

그 결과, 그린은 시에라리온에 새로 건설 중인 산부인과 병원 프로젝트에서 큰 역할을 맡았다. 이 병원은 산모와 유아 사망률을 해결할 뿐 아니라(시에라리온 여성 20명 중 1명은 평생 임신이나 출산과 관련된 사망 위험을 안고 있으며, 이 수치는 세계 최고 수준이다.) 지역 의료인을 양성하는 교육 기관의 기능도 함께 할 예정이다. 존 그린이 제안하는 방식은 단순하다. "다음 재난이 덜 끔찍하도록 지금 여기에 머무르자!" 꽤 합리적으로 들리지 않는가. 결국 우리에게 필요한 건 자리에 제대로 앉아 진지하게 임하는 자세다. 문 앞에 서 있다가 가끔 코만 들이밀었다가 금세 돌아 나오는 식이 아니라면, 우리는 이 모든 문제 앞에서 조용히 앉아 있을 준비가 되어야 한다. '남아서 함께하자'

는 계획에는 실제로 자리를 지키는 사람이 필요하지, 뺑뺑이 돌듯 자리를 바꾸는 사람은 필요 없다.

그런데 이렇게 많은 시간을 도대체 어디서 낼 수 있을까? 앉아서 깊이 경청하고, 문제 해결을 위한 전략을 고민하고, 중요한 인물과 시스템 그리고 진짜 필요한 게 뭔지 파악하는 데 쓰는 시간 말이다. 존 그린은 아마도 '하나를 선택하고 그 선택에 만족하는 마음'에서 이런 시간과 에너지를 얻은 것 같다. 또 하나 중요한 점은, 그가 다른 사람에게 자신과 똑같은 수준의 깊이와 참여를 요구하지 않는다는 것이다. 그는 자신의 큰 온라인 커뮤니티 안에서 작은 행동, 짧은 시간, 약간의 돈, 주의력이라는 작고 구체적인 약속을 바탕으로 전략을 세운다.

만약 당신이 '전력을 다하고 싶은 일'이 단지 개인의 차원을 넘어 더 널리 퍼지길 바란다면 이 전략을 기억하라. 몇몇 소수가 그 목적을 향해 전력을 다하고, 나머지 다수는 시간이나 돈을 아주 조금만 기여하는 방식. 이런 방식이야말로 가장 효과적이다. 시간 단위로 '요청 사항'을 정리해 보는 것도 좋다. 시간이 5분밖에 없다면 X를 해달라고 요청하고, 30분 있다면 Y를, 한 달에 하루쯤 시간을 낼 수 있다면 Z에 참여해달라고 제안하는 식이다.

마찬가지로, 자신이 온 마음을 다해 몰두하는 일에 다른 사람들의 관심이나 참여가 필요할 수도 있다. 자신이 준비한 공연을 보러 와주기를 바라거나, 정기적으로 뉴스레터를 읽어주기 바라거나, 자신이 좋아하는 프랜차이즈의 매력을 이해해 주기를 바라는 경우도 있다. 그럴 때는 상대방의 '대충하기' 성향도 고려할 필요가 있다. '어떻게 하면 그 내용을 요약해서 전달할 수 있을까?', '어떻게 하면 상대가 더 쉽게 반응하거나 참여할 수 있을까?'

'8만 아워스(80,000 housr)'는 사람들이 사회에 최대한 좋은 영향을 미칠 수 있는 직업을 선택하도록 돕는 비영리 기관이다. 그들은 영향력이 큰 직업을 찾는 데 초점을 맞춘다. 하지만, 그들조차도 경우에 따라선 (솔직히 말해 불공평한 이유로) 시간을 비싸게 팔 수 있는 사람들이 자원봉사 대신 그 시간에 돈을 벌어 좋은 목적에 기부하는 편이 더 낫다고 인정한다. 물론 그 직업이 목적과 정면으로 충돌하지 않아야 한다. 예를 들어, 석유 산업 전략가가 야근해서 번 돈을 환경 단체에 기부하는 건 좀 아이러니하다. 최악의 경우 대의를 한 걸음 전진시키고 두 걸음 후퇴시키는 꼴이 된다.

'클라이언트어스ClientEarth'는 좋은 예다. 이 단체는 뛰어난 국제 변호사들로 구성되어 있고, 오직 '지구'만을 의뢰인으로 삼는 환경 보호 단체다. 이들은 지구를 대신해 사람들을 고소한다. 나도 더 많은 법이 바뀌고, 지구를 보호하는 법률이 제정되기를 바란다. 그런데 놀랍게도 꽤 많은 법이 이미 존재한다는 사실을 알게 되었다. 그 법들은 수많은 사람이 온 힘을 다해 얻어냈지만, 정작 문제는 정부와 기업이 그 법을 지키지 않는다는 것이다.

나도 그들과 같은 목표가 있지만, 그런 일을 하려면 법률에 관한 깊은 전문 지식이 필요하다. 나는 법대생도 아니고, 내 시간이 그들에게 실질적으로 큰 도움이 되지 않을 수 있다는 사실도 잘 안다. 그래서 나는 이미 만든 법을 지키도록 많은 것을 희생하며 전력을 다하는 사람들을 존중하는 마음으로 매달 조금씩 기부한다. 그들이 법을 지키지 않는 사람들을 고소할 수 있도록 지원하는 것이다. 다른 자선 활동처럼 화려하거나 건전하게 느껴지지 않을지도 모르지만, 나는 솔직히 이 방법이 가장 실질적인 효과를 낼 수 있다고 믿는다.

만약 당신이 아직 전력을 다할 만한 어떤 일을 고르지 못했거나 그럴 준비가 되어 있지 않더라도 변화를 만들고 싶다면, 지금은 다른 방식으로 기여할 수 있다. 당신이 정말 멋지다고 느끼고 희망을 품게 해주는 활동가나 단체, 캠페인 세 곳만 추려서 목록을 만들어보자. 그리고 그들이 제안하는 '대충의 요청'이 무엇인지 살펴보고, 할 수 있을 때 그 요청을 실천해 보는 것이다. 열정을 뒷받침하는 '엉덩이 조력자'의 역할은 누구나 맡을 수 있다. 우리는 그런 사람이 필요하다.

누군가가 자신이 전념하는 과제에 대해 '반쯤만' 노력하는 것처럼 보여도 게으르거나 무례하다고 판단하면 안 된다는 점이 가장 중요하다. 물론 우리가 집중하는 사안이 다른 문제와 어떻게 연결되는지를 이해하는 것은 중요하다. 하지만 결국 우리가 성과를 내기 위해서는 다른 이들 역시 자신에게 중요한 문제에 집중할 수 있도록 허락해야 한다. 그들이 자신만의 '전념할 과제'를 자유롭게 선택할 수 있다고 믿는 편이 훨씬 효율적이다. 그리고 그들의 '부족해 보이는 반응'에 불만을 쏟기보다는 그 에너지를 다른 곳에 쓰는 것이 더 낫다. 그들을 더 효과적으로 참여시킬 전략을 고민하거나, 자신과 대화할 만한 더 적합한 대상이 누구인지 찾아보는 일 말이다.

세상의 변두리 어딘가에서

자, 여기까지가 내가 해줄 수 있는 말이다. 당신을 밖으로 내보낼 시간이다. 내가 가르쳐줄 수 있는 건 다 가르쳤고, 이제 남은 건 당신과 당신의 엉덩이뿐이다. 의자 위에서 주춤하지 말고, 삶이라는 무대에서 제대로 자리 잡기를 바란다. 인생이란 무대는 충분히 볼 만한 가치가 있고, 박수 보낼 만한 일도 정말 많다.

마지막으로, 완벽함은 무의미하다는 사실을 상기시키기 위해 '부츠 끈을 잡아당겨 스스로 일어서다'라는 표현의 기원을 들려주고 싶다. 현대에 와서는 이 표현을 남의 도움 없이 혼자 힘으로 무언가를 해내는 것으로 이해한다. 이런 식으로 혼자 해낸 사람은 자부심을 가질 만하다. 힘들다고 불평하지 않고, 불가능해 보이는 상황에서도 시간 낭비 없이 결과를 만들어냈다는 뜻이다.

그런데 이 표현의 시작은 그런 뜻이 아니었다. 기록에 따르면, 이 말이 처음 인쇄물에 등장한 것은 1834년에 나온 미국 신문이었다. 당시에는 누군가가 말도 안 되는 일을 시도한 것을 비꼬기 위해 사용했다. '머프리 씨는 부츠 끈을 당겨 자신을 킴벌랜드 강이나 헛간 울타리 너머로 던지는 데 성공했을 것이다.' 이후 19세기 내내 이 표현은, 터무니없는 일을 시도하는 사람을 조롱하거나, 정부가 시민들에게 불가능한 일을 기대하면서 정작 아무 도움도 주지 않는 행태를 비판하는 데 사용되었다.

다음은 1836년 〈버몬트 워치맨 앤드 스테이트 저널Vermont Watchman and State Journal〉에 실린 기사다. '시민의 합리적인 자유를 인정하는 헌법을 가진 정부가 실질적인 교육을 장려하지 않으면서도 지속 가능성을 기대한다는 것은, 한 사람이 자신의 부츠 끈을 잡아당겨 자신을 들어 올리려는 시도만큼이나 터무니없는 일이다.' 이 표현의 의미가 이렇게 바뀐 데에는, '성공'에 대한 모든 책임을 개인에게 지우고, 실패했을 때의 비난도 전적으로 개인에게 돌리는 사회적 경향이 어느 정도 작용했을지도 모른다.

우리가 '비범해질 수 있다'는 말은 칭찬처럼 들리지만, '비범해져야만 한다'는 기대는 곧 지옥행 편도 티켓이다. 이런 사고방식은 자기도 모르게 쉽게 흡수되며, 내면에 한 번 자리 잡고 나면 좀처럼 사라지지 않는다. 이 책을 읽는 동안, 독자가 스스로 불가능한 기대를 걸어놓고 이루지 못했다고 자책하던 자기 모습을 되돌아보며 웃을 수 있었기를 바란다. 우리는 무엇이든 해낼 수 있을지도 모른다. 하지만 모든 것을 다 해내야 한다고 자신에게 요구하는 것은 공정하지 않다. 그것은 무의미할 뿐 아니라, 무엇보다 외롭다. 모든 것을 혼자서 해낼 수 있다면, 그 여정에 다른 사람을 데려갈 이유도 없어진다. 그러나 우리는 이미 살펴보았듯, 다른 사람의 존재가 필요하다. 지금 자신이 줄 수 있는 게 절반뿐이라면 오히려 좋은 일이다. 또 다른 누군가의 절반과 더해질 수 있기 때문이다. 그건 단순한 수학이다.

지금 지쳐 있다고 느낀다면, 당신만 그런 것이 아니다. 다행히 부스러기만큼 남은 에너지도 여전히 에너지이고, 먼지 같은 희망도 분명한 희망이다. 완전히 '아무것도 없는' 상태란 존재하지 않는다. 나는 지금까지 진짜로 텅 빈 땅콩버터 병을 본 적이 없다. 누군가가 '다 비었다'고 말해도, 토스트에 바를 만큼은 항상 긁어낼 수 있다. 게다가, 완성된 존재로 살아가는 삶이란 얼마나 지루하겠는가. 완벽하게 완성된 인간으로 존재한다는 건 어쩌면 지옥 같은 일일지도 모른다. 불완전하게 살아가는 것은 인간적이며, 망치더라도 계속 춤추는 삶은 신성하다. 당신과 당신의 엉덩이는 아직 갈 길이 멀지만, 산 중턱에서 내려다보는 풍경도 꽤 괜찮다. 거기서 다시 만나자. 초콜릿은 내가 챙겨가겠다.

감사의 말

이 자리를 빌려 꼭 고마움을 전하고 싶은 사람들이 있다. 먼저 크레이그, 차를 기막히게 끓이는 내 인생의 훌륭한 동반자. 당신이 아니었다면 이 책은 아직도 '언젠가 할 일 목록'에만 있었을 거야. 내가 키를 잡고도 노래나 흥얼대며 방향 감각을 잃고 있을 때도 묵묵히 노를 저어줘서 고마워.

그리고 편집자 케이트, 기발하면서도 엉뚱한 아이디어로 나를 계속 괴롭혀댔지만 그건 참 즐거운 괴로움이었어. 이제 내 가장 어두운 비밀(필요할 땐 깐깐한 척하지만, 맞춤법은 만취 상태고 쉼표는 종잇조각 뿌리듯 남발한다는 것)까지 알게 된 공동 편집자 로렌과 조시에게도 고마워. 계약도 성공시키고, 거기에 상냥함까지 갖춘 내 에이전트 해티에게도 진심을 담아 고마움을 전하고 싶어.

"나 이거 못 하면 어쩌지!"라며 납치된 새끼 돼지처럼 꽥꽥거릴 때 나를 억지로 끌고 가서 결국 이 책을 쓰게 만든 라, 조지, 켈리, 아리엘, 해나, 루시. 당신들이 나를 알아 온 시간을 다 합치면 무려 103년이야. 끔찍하다! 제발 우리 늙어서까지도 서로를 예쁘게 봐줍시다.

출간 전 원고를 읽고 도와준 베타 리더들에게도 감사의 말을 전하고 싶어. 내가 확신에 찬 문장 앞에 괜히 붙인 '내 생각엔', '아마도' 같은 단어를 시원하게 삭제하며 "자신 있게 말해!"라고 일갈한 로지아나, 내가 너무 어두운 농담으로 빠져들지 않게 잡아준 패디, 언제나 넘치는 열정으로 반응해 준 사라, 주석 하나하나가 단독 스탠드업 공연 같았던 헬렌, 영국식 표현의 늪에서 날 구해준 산네, 매의 눈으로 오류를 잡아낸 렉스, 내 썰렁한 농담에도 통크게 웃어 준 릴리, 그대들이 이 책의 숨은 일등 공신입니다.

마지막으로 인터넷이라는 작은 펍에서 나를 따뜻하게 맞아주고, 생각과 술잔과 따뜻한 말들을 기꺼이 나눠준 '거의 낯선 이들'께. 이 책을 그 술잔에 담긴 고마움이라 생각하고 한 잔 받는 셈 치고 즐겨주시면 좋겠습니다.

참고 자료

대충 살기 선언문

- A hand-picked, abbreviated list of interesting resources I found while writing this book, should you want to explore some of the topics I've discussed.

대충 선택하기

- The Glass Half Full: How Optimists Get What They Want From Life and Pessimists Can Too, Suzanne C. Segerstrom, Robinson, 2009
- 'The Science of Procrastination & ADHD', Sci Guys Podcast #228, 2022
- Washing Up is Good for You, Dept. Store for the Mind, Aster, 2017

대충 스타일링 하기

- www.GoodOnYou.eco

- 'Where Do Your Old Clothes Go?', Lucy Rodgers, BBC News, 11 February 2015, www.bbc.co.uk/news/magazine-30227025
- 'Clothing Returns Are Killing Us?', Cary Sherburne, Texintel, www.texintel.com/blog/clothing-returns-are-killing-us-did-you-know-that-most-returns-end-up-in-landfill
- 'Your Brand New Returns End Up in Landfill', Harriet Constable, BBC Earth, www.bbcearth.com/news/your-brand-new-returns-end-up-in-landfill
- Consumed: The Need for Collective Change: Colonialism, Climate Change & Consumerism, Aja Barber, Brazen, 2021

대충 경력 쌓기

- 'Why Women Don't Apply for Jobs Unless They're 100% Qualified', Tara Sophia Mohr, Harvard Business Review, 25 August 2014, hbr.org/2014/08/why-women-dont-apply-for-jobs-unless-theyre-100-qualified
- Religion for Atheists: A Non-Believer's Guide to the Uses of Religion, Alain de Botton, Hamish Hamilton, 2012
- 'Stop Firing Your Friends', Olga Khazan, The Atlantic, 28 June 2023, www.theatlantic.com/ideas/archive/2023/06/stop-breaking-up-with-friends/674540/

대충 집 꾸미기

- 'Moving On, a Love Story', Nora Ephron, New Yorker, 29 May 2006, www.newyorker.com/magazine/2006/06/05/moving-on-nora-ephron

- 'I Watched 151 Celebrity House Tours and They're Full of Lies', Kendra Gaylord, YouTube, 2023, www.youtube.com/watch?v=9X8M7ENDlJ8
- 'Maybe Nancy Meyers Doesn't Want You to Stop Focusing on Her Beautiful Movie Kitchens', Yohana Desta, Vanity Fair, 10 June 2019, www.vanityfair.com/hollywood/2019/06/nancy-meyers-movie-kitchens-sexism
- 'The Housing Crisis is Still Being Underplayed', John Burn-Murdoch, Financial Times, 12 January 2024, www.ft.com/content/f21642d8-da2d-4e75-886e-2b7c1645f063
- 'Which Houseplants Should You Buy to Purify Air? None of them', Sarah Gibbens, National Geographic, 14 November 2019, www.nationalgeographic.com/science/article/houseplants-dont-purify-indoor-air
- Losing Eden: Why Our Minds Need the Wild, Lucy Jones, Allen Lane, 2020

대충 몸 챙기기

- 'There's a Way to Get Healthier Without Even Going to a Gym. It's Called NEAT', Will Stone, NPR, 22 July 2023, www.npr.org/sections/health-shots/2023/07/22/1189303227/neat-fitness-non-exercise-activity-thermogenesis
- 'The 10,000 Steps Myth', Maintenance Phase podcast, 25 April 2023
- How the Body Knows Its Mind: The Surprising Power of the Physical Environment to Influence How You Think and Feel, Sian Beilock,

Simon & Schuster, 2015
- Pleasure Activism: The Politics of Feeling Good, Adrienne Maree Brown, AK Press, 2019
- 'Skin Care: Is Anti-Aging a Scam?', Science Vs podcast, 18 May 2023
- 'How the Anti-Aging Industry Turns You Into a Customer for Life', Emily Stewart, Vox, 28 July 2022, www.vox.com/the-goods/2022/7/28/23219258/anti-aging-cream-expensive-scam
- 'The Review of Beauty' Substack from Jessica DeFino
- Clean: The New Science of Skin and the Beauty of Doing Less, James Hamblin, Bodley Head, 2020
- 'Your Amazing Regenerating Body', Gaia Vince, New Scientist, 14 June 2006
- 'What Those "Dermatologist Recommended" and "Clinically Proven" Labels on Your Lotions and Soap Actually Mean', Lydia Ramsey Pflanzer, Business Insider, 20 October 2015

대충 희망 품기

- The Village Effect: Why Face-to-Face Contact Matters, Susan Pinker, Spiegel & Grau, 2014
- 'Strong Nonverbal Skills Matter Now More Than Ever in This "New Normal",
- Jon Michail, Forbes, 24 August 2020, www.forbes.com/councils/forbescoachescouncil/2020/08/24/strong-nonverbal-skills-matter-now-more-than-ever-in-this-new-normal/
- On Connection, Kae Tempest, Faber, 2020

- 'Hope is an Embrace of the Unknown', Rebecca Solnit, Guardian, 15 July 2016, www.theguardian.com/books/2016/jul/15/rebecca-solnit-hope-in-the-dark-new-essay-embrace-unknown
- 'Is Your Carbon Footprint BS?', How To Save a Planet podcast, March 2021
- 'What Are the Most Powerful Climate Actions You Can Take? The Expert View', Damian Carrington, Guardian, 9 May 2024, https://www.theguardian.com/environment/article/2024/may/09/what-are-the-most-powerful-climate-actions-you-can-take
- 'The Cotton Tote Crisis', Grace Cook, New York Times, 24 August 2021, www.nytimes.com/2021/08/24/style/cotton-totes-climate-crisis.html
- 'You Want to Reduce the Carbon Footprint of Your Food? Focus on What You Eat, Not Whether Your Food is Local', Hannah Ritchie, Our World In Data, January 2020, ourworldindata.org/food-choice-vs-eating-local
- 'Does Writing to Your MP Actually Work?', Leah Astbury, Amnesty International, 26 January 2017, www.amnesty.org.uk/blogs/ether/does-writing-your-mp-actually-work
- Therapy is . . . Magic: An Essential Guide to the Ups, Downs and Life-Changing Experiences of Talking Therapy, Jo Love, Yellow Kite, 2021

대충 살기를 권합니다

초판 1쇄 인쇄 2025년 11월 25일
초판 1쇄 발행 2025년 12월 1일

지은이 | 리나 놈스
옮긴이 | 김미란
펴낸이 | 심남숙
펴낸곳 | ㈜한문화멀티미디어
등록 | 1990. 11. 28 제21-209호
주소 | 서울시 강남구 봉은사로 317 아모제논현빌딩 6층
전화 | 영업부 2016-3500 편집부 2016-3507
홈페이지 | http://www.hanmunhwa.com

만든 사람들
책임 편집 | 강정화 디자인 | 하현정
제작 | 이정희 인쇄 | 천일문화사

ISBN 978-89-5699-496-3 03320

- 이 책은 저작권법에 따라 보호를 받는 저작물이므로 본사의 허락 없이 임의로 내용의 일부를 인용하거나 전재, 복사하는 행위를 금합니다.
- 잘못된 책은 본사나 서점에서 바꾸어 드립니다.